Oliver Decker und Christoph Türcke (Hg.)

Kritische Theorie – Psychoanalytische Praxis

»PSYCHE UND GESELLSCHAFT«
HERAUSGEGEBEN VON JOHANN AUGUST SCHÜLEIN
UND HANS-JÜRGEN WIRTH

Oliver Decker und Christoph Türcke (Hg.)

Kritische Theorie – Psychoanalytische Praxis

Psychosozial-Verlag

Bibliografische Information der Deutschen Nationalbibliothek
Die Deutsche Nationalbibliothek verzeichnet diese Publikation in der Deutschen
Nationalbibliografie; detaillierte bibliografische Daten sind im Internet über
<http://dnb.d-nb.de> abrufbar.

© 2007 Psychosozial-Verlag
E-Mail: info@psychosozial-verlag.de
www.psychosozial-verlag.de
Alle Rechte vorbehalten. Kein Teil des Werkes darf in irgendeiner Form (durch
Fotografie, Mikrofilm oder andere Verfahren) ohne schriftliche Genehmigung des
Verlages reproduziert oder unter Verwendung elektronischer Systeme verarbeitet,
vervielfältigt oder verbreitet werden.
Umschlagabbildungen:
Sigmund Freud, Foto: © A. W. Freud et al./Paterson Marsh Ltd.;
Theodor W. Adorno, Foto: © Ilse Mayer-Gehrken/Suhrkamp Verlag.
Umschlaggestaltung nach Entwürfen des Ateliers Warminski, Büdingen.
Satz: Barbara Brendel
ISBN 978-3-89806-593-1

Inhaltsverzeichnis

Vorwort *Oliver Decker & Christoph Türcke*	7
Zwischen Sozialpsychologie und Ethik – Erich Fromm und die „Frankfurter Schule" *Gunzelin Schmid Noerr*	15
Der Praxisbegriff der Kritischen Theorie *Michael Schwandt*	45
Übertreibungen. Adornos Kritik psychoanalytischer Theorie und Praxis *Christine Kirchhoff*	59
Gemischte Gefühle. Adorno, die kritische Theorie und die psychoanalytische Praxis *Richard Klein*	74
Körper, Sprache, Trieb – Psychoanalyse als innere Revolte *Rolf-Peter Warsitz*	103
Adornos Analysekritik im Lichte moderner psychoanalytischer Problemstellungen *Jochen Schade*	129
Kontrolliert die Psychoanalyse?! Eine Skizze *Claus-Dieter Rath*	147
Kritische Theorie des Subjekts und emanzipatorische Praxis. Zur gesellschaftlichen Bedeutung der Psychoanalyse *Hans-Joachim Busch*	168

Inhaltsverzeichnis

Vom glücklichen Bewusstsein, vom unglücklichen
Bewusstsein und vom plötzlichen Erscheinen des Guten 182
Angelika Ebrecht

Autorinnen und Autoren 196

Vorwort

Vom 21. bis zum 23. Oktober 2005 fand in Zusammenarbeit von Universität Leipzig und Hochschule für Grafik und Buchkunst eine wissenschaftliche Arbeitstagung mit dem Titel „Kritische Theorie und psychoanalytische Praxis" statt. Das Gelingen des Vorhabens war keinesfalls sicher, die Nachfrage übertraf aber bei weitem die Erwartung der Veranstalter. Trotz der stattlichen Zahl der Teilnehmerinnen und Teilnehmer entstand eine intensive Diskussionsatmosphäre, nicht nur mit den Referenten und Referentinnen, sondern auch zwischen den Teilnehmenden selbst. Nicht zuletzt trug der Tagungsort, die Räume der Alten Nicolai-Schule, zum Gelingen bei. So entschlossen wir uns, die Vorträge als Tagungsband zu veröffentlichen. Wir bedauern, die Diskussion nicht dokumentieren zu können, aber wir hoffen, zum Nachlesen der Vorträge anzuregen, die diese intensive Auseinandersetzung möglich gemacht haben.

Von Anfang an wurde das Verhältnis zwischen den Angehörigen des Frankfurter Instituts für Sozialforschung und der Psychoanalyse durch Spannung gekennzeichnet – eine durchaus kreative Spannung, die historisch-materialistische Theorie und politische Praxis neu zum Schwingen brachte. Später wich die Spannung eher der Anspannung, zumindest gegenüber jenem Teil der Psychoanalyse, der als der Prüfstein ihrer Theorie gedacht war: ihrer therapeutischen Praxis.

Als Max Horkheimer die Leitung des Frankfurter Instituts für Sozialforschung übernahm und das Programm „einer fortwährend dialektischen Durchdringung und Entwicklung von philosophischer Theorie und einzelwissenschaftlicher Praxis" (Horkheimer 1932, S. 23) entwickelte, war von Anfang an klar, dass kritische Psychologie – und damit war Psychoanalyse gemeint – zu den Forschungsaufgaben gehören sollte. Zeugnis dafür war die Berufung des Psychoanalytikers Erich Fromm in den inneren Kreis des Instituts. Anfangs war die Rezeption der Psychoanalyse durch das junge Institut für Sozialforschung noch von der Absicht getragen, die Vermittlungsprozesse zwischen ökonomischer Basis und Überbauphänomenen zu analysieren. Dabei sollte die psychoanalytische Erfahrung in doppeltem Sinne nutzbar gemacht werden: Als Wissen um psychische Prozesse, das aus psychoanalytisch-therapeutischer Praxis stammt, und als empirisch-wissenschaftliche Ermittlung der Art und Weise, wie das gesellschaftliche Ganze sich im Individuum niederschlug. Standards gesetzt haben die Institutsmitarbeiter dann mit zwei sowohl theoretisch als auch forschungspraktisch neuartigen Studien (Autorität und

Familie 1936, Studies in Prejudice 1950). Beide wären ohne erfahrungsgesättigte psychoanalytische Begriffe und psychoanalytischen Zugang nicht denkbar gewesen.

Zwischen den beiden Studien lag eine bemerkenswerte Umorientierung. Als Erich Fromm, Autor der ersten, noch in Deutschland erstellten Studie, sich in den USA in den 40er Jahren vom Institut trennte, verschob sich dort auch die Rezeption der Psychoanalyse. Immer mehr wurde psychoanalytische Praxis als eine Versöhnung mit dem Bestehenden begriffen, gab sie doch ein individuelles Glücks- und Heilsversprechen. Fromm – und neben ihm Karen Horney – wurde vorgeworfen, auf die Selbstentmündigung der Analysanden hinzuarbeiten. Adornos und Marcuses Generaleinwand gegen die psychoanalytische Therapie lautete, dass sie den Konflikt zwischen dem Allgemeinen – der Gesellschaft – und dem Besonderen – dem Individuum – zuungunsten des letzteren löse.

Eine Versöhnung mit dem Bestehenden war für Horkheimer und Adorno angesichts von Nationalsozialismus und Exil zum unerträglichen Gedanken geworden. Will man verstehen, warum es zu einer Neubestimmung des Ortes kam, den die Psychoanalyse in der Kritischen Theorie einnimmt, muss man diese Entwicklung in Rechnung stellen: Die Shoah wurde Bezugspunkt jedes folgenden Gedanken. „Unter diesem Eindruck verschob sich das Interesse der Kritischen Theorie von der Theorie der ausgebliebenen Revolution zur Theorie der ausgebliebenen Zivilisation." (Schwandt 1999, S. 105).

Mit Theodor W. Adorno fand dieses Misstrauen gegenüber jeder Praxis, auch der psychoanalytischen, ihren gewichtigsten und wortmächtigsten Vertreter. Seine Kritische Theorie der Gesellschaft ist in jedem ihrer Sätze vom psychoanalytischen Denken durchdrungen, er polemisiert aber mit wachsender Schärfe gegen die psychoanalytische Heilbehandlung. Man kann Adorno zugute halten, dass er den Anpassungsdruck der psychoanalytischen Kur vor Augen hatte, sowie das von Analysanden abverlangte Arbeitsbündnis, das auf einem unhintergehbaren Realitätsprinzip aufbaut. Was ist aber von seiner Einschätzung zu halten, dass „noch die gelungene Kur [...] das Stigma des Beschädigten, der vergeblichen und sich pathisch übertreibenden Anpassung" trägt (Adorno 1955, S. 57) oder wenn er eine Linie zieht vom Sanatoriumsdirektor über Vergnügungsmanager zu „Menschenschlachthäusern, weit hinten in Polen" (1951, S. 70)?

Damit sind die zentralen Fragen der Tagung benannt: Wie verhält sich eine Kritische Theorie der Gesellschaft heute zu einer psychoanalytischen Praxis? Und wie verhalten sich Psychoanalytiker zu einer Kritik der Gesellschaft, zur Kritik der

Konstitutionsbedingungen von Subjektivität und zu einer Kritik psychoanalytischer Praxis? Daraus resultieren weitere Fragen: Wenn heute psychoanalytische Terminologie in Zusammenhang mit kritischer Gesellschaftstheorie tritt, so werden von beiden Seiten die Begriffe selten neu zum Klingen gebracht. Ist die Grenze gegenseitiger Befruchtung von Kritischer Theorie und Psychoanalyse erreicht? Hatte Foucault Recht, die psychoanalytische Praxis als Selbsttechnologie zu bezeichnen, mit der sich der Einzelne dem gesellschaftlichen Ganzen weiter unterwirft, als es in der Kontrollgesellschaft vorstellbar gewesen wäre? Ist die psychoanalytische Therapie als Instrument der Disziplinargesellschaft zu verstehen?

Dieser Punkt bekommt gerade in Zusammenhang mit der jüngeren Entwicklung im Gesundheitssystem ein neues Gewicht: Das Psychotherapeutengesetz bringt Veränderungen der psychoanalytischen Weiterbildungseinrichtungen mit sich. Die Psychotherapeuten werden durch Instrumente der Qualitätssicherung und die Analysanden durch Strukturveränderungen der Versorgung (bspw. der Gesundheitskarte) mit Veränderungen des gesellschaftlichen Zugriffs auf die therapeutische Beziehung konfrontiert. Fordert dieser Zugriff der Gesellschaft durch die Institutionen der Versorgung eine Verfeinerung der Anpassungsleistung? Dann wäre der Anpassungsdruck noch stärker und subtiler, als ihn die Frankfurter Theoretiker angenommen haben.

Der thematische Aufbau der Tagung spiegelt sich in der Reihenfolge der Beiträge in dem vorliegenden Band wieder. Erich Fromm ist die Schlüsselfigur für das sich wandelnde Verhältnis der Kritischen Theorie zur psychoanalytischen Praxis. *Gunzelin Schmid Noerr* eröffnet den Reigen mit einer Rekonstruktion dieses Verhältnisses. Er unterteilt die nachlassende Verbundenheit Fromms zum Frankfurter Institut bis hin zur wissenschaftsöffentlich ausgetragenen Trennung vom Frankfurter Institut in drei Phasen: Die erste Phase (1929–1935) ist gekennzeichnet vom Wissenschaftsprogramm Horkheimers bei der Übernahme der Institutsdirektion. An prominenter Stelle, in seiner Antrittsvorlesung, verweist Horkheimer auf die von Fromm durchgeführte Studie zu Arbeitern und Angestellten in der Weimarer Republik. Einer Phase zunehmender Entfremdung von 1936–1939 folgt, so Schmid Noerr, dann mit der endgültigen Trennung Fromms vom Institut seit 1946 die dritte Phase. Diese ist gekennzeichnet durch die nun offen ausgetragene Entgegensetzung einer negativen und ihrem Verständnis nach konsequent dialektischen Gesellschaftstheorie durch Marcuse und Adorno gegen Fromms Versuch, die Freudsche Psychoanalyse von der Antinomie zwischen Gesellschaft und Subjekt zu befreien.

Diese Rekonstruktion gestattet Schmid Noerr eine Prüfung der Frommschen Kategorien und führt ihn zu einer Sicherung der Gemeinsamkeiten von Kritischer Theorie und Frommscher Sozialpsychologie.

Dass die Personalie Erich Fromms am Institut kennzeichnend ist für eine grundlegende theoretische Verschiebung in der Kritischen Theorie, wird auch deutlich, wenn *Michael Schwandt* den Stellenwert der Praxis in einer Kritischen Theorie in Augenschein nimmt. Stand zu Anfang der Institutsarbeit in den 20er und 30er Jahren des zwanzigsten Jahrhunderts noch die Idee einer gesellschaftlich-umwälzenden Praxis Pate bei der Definition der Forschungsfelder, so veränderte sich unter dem Eindruck der Shoah die programmatische Zielrichtung der wissenschaftlichen Arbeit. Theodor W. Adorno und Herbert Marcuse nahmen hierbei entgegenstehende Positionen ein. Für Adorno war, wie Schwandt ausführt, die Parteinahme für das Einzelne die letzte Möglichkeit, Reste von Freiheit und Autonomie gegen die Totalität einer verwalteten Welt zu sichern. Das hat ihm den Vorwurf der Resignation eingebracht – zu Unrecht, wie Schwandt zeigt. Allerdings stand Adorno der Vorstellung seiner Studierenden, revolutionäre Praxis zu betreiben, weit skeptischer gegenüber als Marcuse. Dieser sah begründete Hoffnung, dass revolutionäre Praxis auch innerhalb der kapitalistischen Gesellschaft den bestehenden Konflikt zwischen Individuum und Gesellschaft nicht nur zu Gunsten der Gesellschaft löst. Zwar steht für Marcuse wie für Adorno die Gesellschaft in unauflösbarem Widerspruch zum Individuum. Aber Marcuse sieht hierin ein Merkmal vor allem der gegenwärtigen Gesellschaft, nicht das Kennzeichen jeder Vergesellschaftung. Dadurch eröffneten sich ihm weitere Handlungsfelder politischer Praxis im Kapitalismus als Adorno.

Christine Kirchhoff untersucht die Psychoanalyse-Kritik Adornos und legt deren blinde Flecken frei, die ihr einen Verlust dialektischen Denkens anzeigen. Dabei führt sie Adorno gegen Adorno an: Sie fragt, was gerade an dessen Übertreibungen gegen die Psychoanalyse wahr sei. Wenn er die Psychoanalyse für unfähig erklärt, das Subjekt im Entscheidenden, nämlich in seiner gesellschaftlichen Stellung, über sich aufzuklären, so stellt sich die Gegenfrage: Was würde passieren, wenn solch radikale Aufklärung mit den Mitteln einer psychoanalytischen Therapie verfolgt würde? Die Antwort ist zwingend: Diese Psychoanalyse verlöre ihr ureigenes Potential: Den Einzelnen in seinen ureigenen Wünschen und Ängsten ernst zu nehmen. Träte sie in die Fußstapfen der Kritischen Theorie, würde sie also erst recht zu einem Element der Totalität. Hier gibt es, so Kirchhoff, einen bewahrenswerten Stachel in der Kritik Adornos: Sie enthält die Mahnung an die

Psychoanalyse, ihrer Wahrheit gegen von außen kommende Zielsetzungen treu zu bleiben.

Die psychoanalytische Praxis hat, so führt *Richard Klein* aus, in der ersten Generation Kritischer Theoretiker eine signifikante Leerstelle hinterlassen. Sie findet keinen eigenständigen Ort in der Kritischen Theorie. War die Psychoanalyse als Theorie noch Hilfswissenschaft einer Kritischen Theorie, so ist die psychoanalytische Praxis nur mehr Objekt ihrer Polemik. Die Dilemmata, in denen sich die Psychoanalyse befindet, werden nicht aus ihr selbst heraus entwickelt und auf die realen Widersprüche der Gesellschaft zurückgeführt. Adorno, Horkheimer und Marcuse gelangen nicht wirklich zu einer „immanenten Kritik" der Psychoanalyse, am wenigsten Adorno, vielleicht wegen seiner idiosynkratischen Nähe zu ihr. In den Minima Moralia findet Klein zwar die Methode der Psychoanalyse – Erfahrungsfragment an Erfahrungsfragment zu reihen – zu einer soziokulturellen Diagnose verdichtet, aber um den Preis der Autonomie der Psychoanalyse und ihrer Begrifflichkeiten. Folgte diese schon früh manifest werdende Weigerung der kritischen Durchdringung und Aneignung der Psychoanalyse nach Ansicht Kleins in den 30er Jahren noch dem Diktat der sich zuspitzenden gesellschaftlichen Widersprüche, so hat sich dieser Mangel bis heute zu einem handfesten Defekt der Kritischen Theorie ausgewachsen. Nur wenn sie die versäumte „immanente Kritik" nachholt, kann sich ihr Verhältnis zur Psychoanalyse neu beleben.

Rolf-Peter Warsitz will dazu beitragen, indem er an einer Vermittlung von philosophischer Reflexion und psychoanalytischer Selbstreflexion arbeitet. Der Begriff der Spontaneität ist dabei der Ausgangspunkt der therapeutischen Praxis einer negativ-dialektischen Psychoanalyse. Eng verbunden damit ist der Begriff der Revolte, die ebenso ein emanzipatorisches wie pathologisches Phänomen sein kann. Sie reicht bis in die psychoanalytische Therapie hinein, sofern es auch hier Opposition gegen die Zwangsstruktur gibt, die eine Identifizierung mit einem Objekt stets impliziert. Warsitz beleuchtet verschiedene Formen der Revolte in aktuellen Pathologien, vor allem in narzisstischen Störungen. Mehr als nostalgische Überhöhung des verlorenen Vaters sind sie Kennzeichen des zerbrechenden Subjekts. Dessen pathologischer Protest gegen die Zwangslogik soll in der Therapie beredt werden. Was diese auf Selbstreflexion basierende Redekur bedeutet, wird im Anschluss an Kristeva entlang der Trias von Körper – Sprache – Trieb entwickelt.

Jochen Schade führt das Faszinierende und Kränkende der Adornoschen Diktion vor Augen. Die Radikalität und Pointierung des Autors Adorno provoziert Zustimmung – und trägt selbst Züge der Gewalt an sich. Die wertschätzende Haltung, die Adorno der Person und Theorie Freuds entgegen bringt, findet sich in seinen Stellungnahmen zur Therapie nicht wieder. Obwohl er, wie Schade argumentiert, kaum die innerfachlichen Auseinandersetzungen der Psychoanalyse zur Kenntnis genommen hat und über die nach-Freudsche Literatur kaum orientiert war, ist er im Gestus gegen die psychoanalytische Therapie apodiktisch und unversöhnlich. Als positiv hervorhebenswert erscheint ihm einzig ihre Strenge. Doch die psychoanalytische Behandlung geht längst andere und zum Teil „weichere" Wege, als von Freud vorgezeichnet, ohne sich damit dem Vorwurf des Revisionismus auszusetzen, und selbst die strengen Analyseformen verlangen vom Analytiker ein hohes Maß jener mimetischen und deutenden Fähigkeit, die Adorno für den Umgang mit Kunstwerken eingefordert hat. Die Nähe psychoanalytischer Praxis zu seiner Ästhetischen Theorie aber hat er nicht gesehen.

Wenn Adorno, Horkheimer und Marcuse auch vor der zu Anpassungszwecken reduzierten analytischen Psychotherapie warnen, die sich zu einer Kontrollausübung über Menschen macht, sind sie dennoch, so *Claus-Dieter Rath*, Verfechter der „strengen Psychoanalyse" als Statthalter der Subjektbefreiung. Rath erörtert, auch unter Bezug auf Michel Foucault und auf Jacques Lacan, mehrere Dimensionen von „Kontrolle der Psychoanalyse": Beschränkung auf eine Versorgungsleistung (Analytiker als „Leistungserbringer"), Bewahrung und Erneuerung des Freudschen Denkens durch einen kontrollierenden Vergleich mit dem „Urtext", Problematik der (Selbst-)Kontrolle der Aufmerksamkeit des Analytikers, der sich damit dem Sprechen des Analysanten und der Dimension der Überraschung verschließt, unterschiedliche Konzeptionen der „Kontrollanalyse".

Hans-Joachim Busch stellt die Entstehungsgeschichte der Kritischen Theorie des Subjekts dar: als eng verwandt mit der Kritischen Theorie der Gesellschaft, jedoch mit ausdrücklichem Bezug auf die Psychoanalyse als empirische Wissenschaft. Dieser Wechsel der Psychoanalyse von einer Hilfswissenschaft in das Zentrum einer kritischen Theorie konnte zwar einerseits an Adorno anschließen, etwa an das späte Zugeständnis der Eigenständigkeit von Soziologie und Psychologie, bedurfte aber, wie Busch ausweist, einer neuen Anstrengung, der sich vornehmlich Klaus Horn und Alfred Lorenzer unterzogen: Die Perspektive einer Sozialpsychologie, die die Gesellschaft gewissermaßen vom subjektiven Ende betrachtet, musste entwickelt werden. Ausgangspunkt war, so Busch, die von Habermas zuerkannte eigene Erkenntnisposition der Psychoanalyse. Busch zeichnet die aus dieser „systematischen Selbstreflexion" der Psychoanalyse entstehende Kritische Theorie des Subjekts nach.

Der Abschluss dieses Bandes, der Beitrag von *Angelika Ebrecht*, beschäftigt sich mit dem Heilsversprechen der Psychoanalyse bzw. der Heilserwartungen der Analysanden. Die Erwartung des absolut „Guten", des „Glücks" ist sowohl eine klinisch relevante Phantasie als auch Fluchtpunkt Kritischer Theorie. Deren Ausgangspunkt jedoch, den sie mit der Psychoanalyse teilt, ist gerade das Gegenteil davon: das „unglückliche Bewusstsein". In der Kritischen Theorie führt es vornehmlich dazu, über das Falsche des gesellschaftlichen Ganzen zu reflektieren. Aber Kritische Theorie, so Ebrecht, enthält immer auch Momente, in denen das Gute oder das Glück als Funken des ganz Anderen aufleuchten. Gerade wegen ihres gemeinsamen Ausgangs vom „allgemeinen Unglück" stehen beide, Kritische Theorie und Psychoanalyse, für den Glücksanspruch des Individuums ein.

Das ermutigt die Herausgeber, auch über diesen Band hinaus an einem intensivierten Ineinandergreifen von Kritischer Theorie und psychoanalytischer Praxis weiterzuarbeiten.

Leipzig, im Februar 2007   Oliver Decker & Christoph Türcke

Literatur

Adorno, Th. W. (1951). Minima Moralia. Reflexionen aus dem beschädigten Leben. In: Ders. Gesammelte Schriften Band 4. Frankfurt/M.: Suhrkamp.
Adorno, Th. W. (1955). Zum Verhältnis von Soziologie und Psychologie. In: Ders. Gesammelte Schriften Band 8. Frankfurt/M.: Suhrkamp.
Adorno, T. W., Frenkel-Brunswick, E., Levinson, D. J. & Sanford, R. N. (1950). *The Authoritarian Personality*. New York: Harper.
Horkheimer, M. (1932). Die gegenwärtige Lage der Sozialphilosophie und die Aufgaben eines Instituts für Sozialforschung. In: Ders. Schriften Band 3. Frankfurt/M.: Fischer.
Horkheimer, M., Fromm, E. & Marcuse, H. (1936). Studien über Autorität und Familie: Forschungsberichte aus dem Institut für Sozialforschung. Springe: zuKlampen (2006).
Schwandt, M. (1999). Subjektkonstitution und politische Praxis. Die Stellung der Psychoanalyse in der Kritischen Theorie. Psychoanalyse 3, 98–114.

Gunzelin Schmid Noerr

Zwischen Sozialpsychologie und Ethik – Erich Fromm und die „Frankfurter Schule"

1. Ein Grenzgänger der Psychoanalyse

Erich Fromm ist hierzulande als Sozialpsychologe und politischer Publizist bekannt geworden, den zunächst nur genauere Kenner seines Werdegangs mit der „Frankfurter Schule" der dreißiger Jahre in Verbindung brachten. Seit den 1960er Jahren wurde er mit einer Reihe gesellschaftskritischer Bücher, vor allem mit *Haben und Sein* (1976), zu einer Leitfigur der damaligen Alternativ- und Friedensbewegung. Nicht nur theoretisch entwickelte er Vorschläge für einen humanistischen Sozialismus (*Wege aus einer kranken Gesellschaft* (1955), *Die Revolution der Hoffnung* (1968)), er engagierte sich auch praktisch und aktualpolitisch in Abrüstungsinitiativen, in der Sozialistischen Partei der USA und in der Präsidentschafts-Wahlkampagne Eugene McCarthys gegen Richard Nixon. Der ernsthaften Auseinandersetzung mit seinem Denken wirken diese Seiten seines Werks heute jedoch eher entgegen. Hinzu kommt, dass die gegenwärtigen Theorie-Diskussionen in der Psychoanalyse, ungeachtet der ursprünglichen thematischen Breite des Freudschen Ansatzes, meist um im engeren Sinn klinische Fragen kreisen, zu denen sich Fromm nur wenig geäußert hat. Und schließlich ist sein Werk mit einer Kritik an Freud verbunden, die ihm das Etikett eines „Revisionisten" eingetragen hat.

Ein „Revisionist", nämlich einer der Kritischen Theorie der Gesellschaft, war er auch in der Sicht des nach den USA emigrierten Frankfurter Instituts für Sozialforschung, mit dem es nach zehn Jahren der Mitarbeiterschaft 1939 zum Bruch kam. Seinen äußeren Anlass hatte dieser Bruch in persönlichen Differenzen und finanziellem Streit. Zugleich gab es aber auch gravierende theoretische Divergenzen, und die sind bis heute von Interesse. Noch zu Lebzeiten Fromms, bis 1980, wurde sein Anteil an der Kritischen Theorie vielfach vernachlässigt, wobei man sich nicht nur an den Auskünften Max Horkheimers orientieren konnte, sondern auch an denen Fromms selbst, der auf Eigenständigkeit und Abgrenzung Wert legte. Seither aber rückte der Arbeitszusammenhang des Instituts für Sozialforschung als ganzer, wie er vom Ende der zwanziger bis Anfang der vierziger Jahre bestand, wieder mehr in das Blickfeld, und dementsprechend wurde auch Fromms Beitrag zur Profilierung dieses Forschungsansatzes neu gewürdigt. Wie aber passt diese Beurteilung mit den grundlegenden Differenzen zwischen ihnen zusammen? Auch aus heutiger Sicht nämlich erscheint der Bruch als unvermeidlich. Denn in Fromms Werk herrscht letztlich ein ganz anderer Denkstil vor als in der negativen-dialektischen Sozialphilosophie Horkheimers, Theodor W. Adornos und selbst Herbert Marcuses. Während diese der prinzipiellen Ambivalenz aller sozialen Tatsachen und Bewertungen nachforschen, war Fromms Denkstil vorwiegend idealtypisierend und an dichotomischen Entgegensetzungen orientiert.

Das Lebenswerk Fromms, das dem Zusammenhang von Psyche und Gesellschaft gewidmet ist, ist durch ein Spannungsverhältnis zwischen sozialpsychologischer Analyse und Veränderungsappell gekennzeichnet. Einerseits kombinierte Fromm sozialpsychologisch die Strukturtheorien von Freud und Marx miteinander, um die gesellschaftlichen und psychischen Ursachen des menschlichen Verhaltens freizulegen. Andererseits begehrte er zeitlebens als Sinnsucher und Weltverbesserer gegen eben diese determinierenden Verhältnisse auf. Dabei griff er auf Modelle der religiösen und profanen, individuellen und kollektiven Lebensumkehr zurück, auf die mystischen Erweckungslehren Buddhas und Meister Eckharts, auf Spinozas Ethik ohne Sollen, auf Marx Entfremdungskritik und auf Freuds Psychotherapie. Biographisch grundlegend waren dabei die eigenen frühen Erfahrungen eines quasi mittelalterlichen, sich vom Wirtschaftsleben und von der Anpassung an den liberalen Zeitgeist bewusst absetzenden orthodox-jüdischen Ethos. An den kritischen Theorien von Marx und Freud interessierte ihn nicht zuletzt deren (von diesen Autoren selbst eher beiläufig eingestandenen oder gar verleugneten) normativer Sinn: Welche aktuellen Situationsdeutungen und Zielvorstellungen liegen dem politischen oder therapeutischen Handeln zugrunde? Wie lässt sich tugendethisch für ein nachkapitalistisches Gesellschaftsmodell, eine alternative Charakterstruktur argumentieren? So wurde Fromm zu einem Grenzgänger zwischen Psychoanalyse und Soziologie, Forschung und breitenwirksamer Publizistik, Ethik und Wissenschaft, Religion und Marxismus, westlicher und östlicher Kultur.

Ob auch der spätere Fromm nach seinem Ausscheiden aus dem Institut der Kritischen Theorie zuzurechnen ist, hängt natürlich davon ab, was man unter diesem Namen fassen möchte. Während die Institutsleiter als theoretischen Trennungsgrund Fromms „revisionistische" Psychoanalyse-Auffassung ansahen, sah Fromm selbst die Revision eher auf Seiten des Instituts. Burkhard Bierhoff (1991a, S. 76), der dieser späteren Sicht Fromms folgt, schlägt deshalb vor, dessen Werk als „die andere Kritische Theorie" aufzufassen, nämlich „als modifizierte Weiterführung des frühen Programms". Mir scheint es jedoch angemessener, in dieser Frage die jeweiligen Modifikationen sowohl des Frommschen als auch des Horkheimerschen, Adornoschen bzw. Marcuseschen Denkens zu berücksichtigen. Im Ganzen gesehen gab es weder synchronisch-interpersonell noch diachronisch eine einheitliche „Frankfurter Schule" mit einem dogmatisch fixierten Lehrgehalt, an dem man Abweichungen eindeutig messen könnte.

Die Chronologie der Begegnung zwischen Fromm und den Kernmitgliedern des damaligen Instituts für Sozialforschung lässt sich schematisch in drei Abschnitte unterteilen. Diese sind: die Phase der integralen Mitarbeit Fromms im Institut in Frankfurt, Genf und New York von 1929 bis 1935, die seiner Mitarbeiterschaft unter zunehmender Entfremdung 1936 bis 1939 und, nach einer Phase des Schweigens, die der schriftlichen Angriffe und Gegenangriffe seit 1946. Meine Ausführungen werden in ihrer Gliederung im Großen und Ganzen dieser Chronologie folgen, wobei ich an die Darstellungen der drei bezeichneten Abschnitte jeweils einige systematische Überlegungen anknüpfen werde. Abschließend werde ich, nach einem vorläufigen Resümee, auch auf Nachwirkungen und Neuformulierungen der Debatte um Fromm eingehen.

2. Auf dem Weg zu einer Theorie des Gesellschafts-Charakters (1929–1935)

Horkheimers Antrittsrede als Institutsdirektor von 1931 über *Die gegenwärtige Lage der Sozialphilosophie und die Aufgaben eines Instituts für Sozialforschung* lässt sich als eine Art Gründungsmanifest der „Frankfurter Schule" verstehen. In diesem Vortrag umriss er das Projekt einer materialistischen Sozialphilosophie als wechselseitige Durchdringung von philosophischer Theorie und einzelwissenschaftlicher Praxis. Dabei ging es, wie es in einem Vorwort zur Eröffnung der

Zeitschrift für Sozialforschung hieß, um den „Zusammenhang zwischen dem wirtschaftlichen Leben der Gesellschaft, der psychischen Entwicklung der Individuen und den Veränderungen auf den Kulturgebieten im engeren Sinn" (Horkheimer 1932, S. 32). Der Psychoanalyse kam dabei nun eine besondere Rolle zu. Denn der Zusammenhang von „ideellen und materiellen Verläufen" lässt sich, diesem Forschungsprogramm zufolge, nur dann begreifen, wenn man „psychische Zwischenglieder" in Rechnung stellt.

Horkheimer nannte auch sogleich ein erstes Anwendungsfeld dieser Forschungen, nämlich „die qualifizierten Arbeiter und die Angestellten in Deutschland" (1931, S. 33). Er bezog sich hier auf die von Fromm unter Mitarbeit von Hilde Weiß und anderen begonnene sozialpsychologische Untersuchung, die aus verschiedenen Gründen fragmentarisch blieb und erst fünfzig Jahre später von Wolfgang Bonß unter dem Titel *Arbeiter und Angestellte am Vorabend des Dritten Reiches* (1980) herausgegeben wurde. Fromm war Dozent des Frankfurter Psychoanalytischen Instituts, das 1929 seitens der Heidelberger Südwestdeutschen Psychoanalytischen Arbeitsgemeinschaft um Frieda Reichmann gegründet worden war, und das bis 1933, geleitet von Karl Landauer, im Gebäude des Frankfurter Instituts für Sozialforschung untergebracht war. 1930 wurde Fromm, der ursprünglich Soziologe war, als Leiter der sozialpsychologischen Abteilung des Instituts für Sozialforschung eingestellt. Ziel der auf Repräsentativität angelegten und zugleich qualitativ interpretierenden Untersuchung war die Erhellung der politischen, sozialen und kulturellen Einstellungen von Arbeitern und Angestellten. Diese Frage war, angesichts der politischen Krise der späten Weimarer Republik, alles andere als bloß von akademischem Interesse.

Die Studie zielte nicht nur auf bewusste Ansichten, sondern auch und gerade auf die für das tatsächliche politische Handeln entscheidenden unbewussten Motivlagen. Bei der Wahl der zugrunde gelegten sozialpsychologischen Kategorien[1] ging Fromm von einem schlichten Rechts-Links-Schema aus: Er unterschied die politischen Grundeinstellungen nach „konservativen", „sozialistischen" und „liberalen" Auffassungen und ordnete diese dann mit Hilfe der psychoanalytischen Theorie der libidinösen Entwicklungsstufen und Charakterfixierungen jeweils einem „autoritären", „radikalen (revolutionären)" und „ambivalenten" Persönlichkeitstypus zu. Diese durchaus normativ gemeinte Einteilung entsprach weniger der gesellschaftlichen Wirklichkeit, als dass sie, wie Wolfgang Bonß urteilt, „letztlich nur das

---

1 Fromm entwickelte diese in seinem Aufsatz 1932.

Selbstbild bzw. die Eigenideologie der Weimarer Linken widerspiegelte" (Bonß 1980, S. 36). Die wissenschaftstheoretische und -historische Pointe besteht nun aber darin, dass dieses durchaus fragwürdige Schema im Zuge der Interpretation der Erhebungsdaten selbst falsifiziert wurde. Diese zeigten nämlich, dass politische Ansichten und Charakterstrukturen keineswegs im erwarteten Maß korrelierten. Vielmehr wiesen auch sozialdemokratisch und kommunistisch organisierte Arbeiter eine trotz ihrer revolutionären politischen Bekenntnisse verbreitete Bereitschaft zur Autoritätsunterwerfung auf. Dieses Forschungsresultat ließ einen ernst zu nehmenden, breiteren Widerstand gegen den zur Herrschaft gelangenden Nationalsozialismus nicht erwarten, was sich 1933 auf verhängnisvolle Weise bestätigen sollte. Immerhin aber zog das Institut daraus noch rechtzeitig die Konsequenz, die Emigration einzuleiten, und konnte so seine Fortexistenz sichern.

Ende 1933 war Fromm, nach einem längeren Kuraufenthalt in der Schweiz, nach Chicago übersiedelt, und als sich das Institut 1934 in New York wieder etabliert hatte, war er ebenfalls dorthin gezogen. In den seit 1932 in der *Zeitschrift für Sozialforschung* erschienenen Aufsätzen entwickelte er seinen sozialpsychologischen Ansatz weiter. Seinen wichtigsten Beitrag für das Institut lieferte er mit den Erhebungen zum Projekt über *Autorität und Familie*, zu dem er auch einen entscheidenden theoretischen Beitrag lieferte (1936a). Die zentrale Kategorie war hier, wie auch in Fromms Sozialpsychologie insgesamt, die des „Charakters", die in der Arbeiter- und Angestellten-Untersuchung noch „libidinöse Struktur" oder „Persönlichkeitstypus" und dann in späteren Arbeiten „Gesellschafts-Charakter" hieß. Die Konzentration auf den Begriff des Charakters entsprang der damals intensiven Diskussion mit Horkheimer, die auch durch den Briefwechsel dieser Jahre dokumentiert wird. Horkheimer war vor allem an einer „Anthropologie des bürgerlichen Zeitalters"[2] interessiert. In Anknüpfung an den Marxschen Begriff der „Charaktermaske" hatte er schon in der *Dämmerung* (1931/34) den Begriff des Charakters psychologisch und gesellschaftskritisch verwendet. Zu dieser Zeit wiesen Horkheimers und Fromms Einstellungen gegenüber der Freudschen Theorie ein hohes Maß an Gemeinsamkeit auf: Kritik des Psychologismus in der historischen Erklärung, Kritik des Biologismus in der Triebtheorie, zeitdiagnostische Zentralstellung des autoritär-masochistischen Charakters, sogar positiver Rekurs auf den Begriff der Liebe (vgl. dazu Klein-Landskron 1992).

---

2 So der Untertitel zu Horkheimer 1936.

Der Frommsche Begriff des Gesellschafts-Charakters bezeichnet eine für eine Gesellschaft typische Konstellation der unbewussten Triebkräfte. Er ist eine theoretische Konstruktion, die für diejenigen motivationalen Dispositionen stehen soll, die in den meisten Mitgliedern einer Gesellschaft vorherrschen. „Der Gesellschafts-Charakter internalisiert äußere Notwendigkeiten und spannt auf diese Weise die menschliche Energie für die Aufgaben eines bestimmten ökonomischen und gesellschaftlichen Systems ein." (Fromm 1941, S. 383) Die sozioökonomische Lebensweise der Gruppe prägt den Gesellschafts-Charakter, und dieser stabilisiert wiederum die Lebensweise.

> „Die Aufgabe des Gesellschafts-Charakters besteht darin, die Energien der Mitglieder der Gesellschaft so zu formen, daß ihr Verhalten nicht mehr einer bewußten Entscheidung bedarf, ob sie sich dem Sozialgefüge einordnen sollen oder nicht; daß die Menschen vielmehr so handeln wollen, wie sie handeln müssen, und daß sie gleichzeitig darin eine Genugtuung finden, sich gemäß den Errungenschaften der Kultur zu verhalten." (Fromm 1949, S. 210)

Der Begriff des Gesellschafts-Charakters ist zweifellos ein Grundstein der sozialpsychologischen Theorie des gesellschaftlichen Unbewussten und Verdrängten. Dieser von Fromm in entscheidendem Maße mit geprägte Ansatz wirkt bis heute der Sache nach in vielen Analysen nach, auch wenn dabei nur selten explizit auf Fromm rekurriert wird. Als Vermittlungsbegriff zwischen gesellschaftlicher und psychischer Struktur ist er freilich ein Begriff von sehr hohem Abstraktionsniveau, der mit den konkreten individualpsychischen Erlebnisformen nur sehr bedingt zur Deckung kommt. Seine Problematik lässt sich an seinem Gestaltwandel bei Fromm selbst ablesen. Entstanden in Anlehnung an Freuds Auffassung der Charakterbildung als Fixierung auf bestimmte Stufen der prägenitalen psychosexuellen Entwicklung, versuchte Fromm schon sehr bald, ihn deutlicher soziologisch, als interaktives Beziehungsmuster, zu formulieren. So wurde aus dem „analen" der „autoritär-masochistische" und schließlich der „autoritäre" Charakter. Von Anfang an ging es Fromm dabei auch um eine Kritik an Freuds Ableitung kultureller Verhaltensmuster aus libidinösen oder aggressiven Triebstrebungen, also um eine Kritik des Psychologismus. Dem gegenüber sprach Fromm prononciert von der „gesellschaftlichen Determiniertheit" des Charakters als Resultat der Internalisierung ökonomischer Zwänge.

Blickt man von heute aus auf Fromms Werk im Ganzen zurück, dann sieht man, dass das Konzept des Gesellschafts-Charakters gleichsam von sich aus zur Spezifizierung tendiert, je nachdem, auf welche ökonomisch-sozialen Strukturen es bezogen wird. So etwa beschreibt Fromm (1947, S. 47 ff.) im Hinblick auf die in der modernen Industriegesellschaft rapide angestiegene Bedeutung des Arbeitsmarktes den entsprechenden „Marketing-Charakter", der das Denken, Fühlen und Wollen der einzelnen auf die Optimierung ihres eigene Tauschwerts ausrichtet. Im selben Kontext unterscheidet Fromm, unter grundlegenden, anthropologischen und ethischen Gesichtspunkten, zwischen „produktiven" und „unproduktiven" Charakterorientierungen, das heißt zwischen solchen, die die Entfaltung der – von Fromm stillschweigend normativ ausgezeichneten! – menschlichen Möglichkeiten zum Ziel haben oder diese beschneiden. Auch im weiteren Verlauf seiner Arbeiten differenziert Fromm sein Konzept weiter aus. Das Schlagwortregister zur von Rainer Funk herausgegebenen Gesamtausgabe seiner Schriften führt auf sieben Seiten eine umfangreiche Liste von je besonderen Nuancierungen auf, vom aggressiven, amerikanischen, anal-hortenden, anal-sadistischen, ausbeuterisch-hortenden, ausbeuterisch-rebellierenden, ausbeuterisch-rezeptiven bis zum schizoiden, traditionsgebunden-autoritären, verkrüppelten und zwanghaften Charakter.

Man kann aber auch schon an dieser kleinen Auswahl des Spektrums des Frommschen Charakterbegriffs sehen, dass das Problem nicht in seiner zu großen Allgemeinheit besteht, sondern dass hier abwechselnd klinisch-diagnostische, soziologisch-deskriptive und ethisch-normative Aspekte zur jeweiligen Begriffsbildung führen. Fromm hat die Ebenen der *Erlebnis*analyse subjektiver Strukturen und der *Bedingungs*analyse objektiv-gesellschaftlicher Strukturen nicht immer hinreichend deutlich unterschieden, so dass seine Sozialpsychologie in solchen Fällen contre coeur doch in Gefahr steht, die aus der klinischen Praxis entwickelten Begriffe psychologistisch auf das soziale Feld zu übertragen und dieses zu pathologisieren. Eine sinnvolle Verwendung des Begriffs des Gesellschafts-Charakters setzt voraus, das Spannungsverhältnis zwischen individueller Triebstruktur und Gesellschafts-Charakter aufrechtzuerhalten. Darüber hinaus muss Klarheit über die jeweils eingenommene Abstraktionsebene bestehen, also darüber, welche jeweils übergreifende gesellschaftliche Formation oder historisch-soziologisch bestimmte Gruppe als Träger gesellschaftlicher Anforderungen zu identifizieren ist und unter welchen Bedingungen sich diese wandeln. Und schließlich ist zu unterscheiden, ob Werte und Normen als objektiver Gegenstand der Forschung, als subjektive Wertbasis des/ der Forschenden oder als Bestandteil der theoretischen Systematisierung erscheinen.

3. Zur Kritik der Freudschen Triebtheorie (1936–1939)

1935 erschien in der *Zeitschrift für Sozialforschung* Fromms Aufsatz *Die gesellschaftliche Bedingtheit der psychoanalytischen Therapie*, seine erste ausführlichere Freud-Kritik. Fromm wandte hier sein sozialpsychologisches Grundschema, die Entgegensetzung von autoritärer, liberaler und (später so genannter) humanistischer Einstellung, auf die Freudsche psychoanalytische Technik und Kulturtheorie selbst an, indem er Freuds *bewusst* liberale Haltung (seine Kritik der bürgerlichen Sexualmoral, seinen moralischen Werterelativismus innerhalb der analytischen Situation) einer *unbewusst* repressiven, die Tabus der bürgerlichen Ordnung bestärkenden Haltung gegenüberstellte. Er interpretierte Freuds Verfahren als Ausdruck des inneren Widerspruchs der bürgerlichen Idee der Toleranz, und seine Kritik ließe sich mit einem späteren Ausdruck Marcuses durchaus als eine „Kritik der repressiven Toleranz" in der Psychoanalyse überschreiben. Sollte die Psychoanalyse ihren Ort in einer historisch-materialistischen Gesellschaftstheorie erhalten, dann mussten zugleich die bürgerliche Beschränktheit der originären Begrifflichkeit Freuds, sein Biologismus, seine Naturalisierung der patriarchalischen Familie und des Ödipuskomplexes, seine Überschätzung der Determination durch infantile Erlebnisse und Unterschätzung der gegenwärtigen Realfaktoren, seine kulturnormative Rechtfertigung des Triebverzichts der Kritik verfallen.

Bezüglich dieser Grundrichtung seiner Argumentation durfte sich Fromm mit den anderen Institutsmitgliedern durchaus einig wissen. Und doch stieß seine Argumentation vor allem bei Adorno auf heftige Ablehnung. Fromm stellte nämlich den teils liberalistischen, teils autoritären Zügen des Freudschen Verfahrens eine positive Alternative gegenüber, die er – Ansätze dazu fand er bei Georg Groddeck und Sandor Ferenczi – als „Befreiung der Moral von ihrem tabuistischen Charakter" und als „unbedingte Bejahung des Glücksanspruchs des Patienten" (1935, S. 137) umschrieb. Aber wie Marcuse später die (im Unterschied zur bürgerlichen) wahre Toleranz mit einer parteilichen Intoleranz gegenüber dem falschen Bewusstsein verknüpft sah, so sah Adorno wahre Menschenfreundlichkeit in der Zerstörung des in der Konsumgesellschaft allgegenwärtigen Trugbildes von Menschenfreundlichkeit. Entsprechend wollte er die triebversagende Tendenz der Psychoanalyse nicht einfach abmildern, sondern dialektisch „aufheben". Nach der Lektüre von Fromms Aufsatz schrieb er in einem Brief an Horkheimer vom 21.3.1936 (S. 498):

Fromm „hat mich in die paradoxe Situation gebracht, Freud zu verteidigen. Sentimental und falsch unmittelbar, eine Mischung von Sozialdemokratie und Anarchismus, vor allem ein empfindlicher Mangel an dialektischem Begriff. Er macht es sich mit dem Begriff der Autorität viel zu leicht, ohne den ja schließlich weder Lenins Avantgarde noch die Diktatur [gemeint ist offenbar die des Proletariats] zu denken ist. Ich würde ihm dringend raten, Lenin zu lesen. Und welcher Art sind die Gegenpäpste gegen Freud! Nein, gerade wenn man wie wir Freud von links kritisiert, dürfen nicht solche Dinge wie das läppische Argument vom ‚Mangel an Güte' passieren. Genau das ist der Dreh, den die bürgerlichen Individualisten gegen Marx haben. Ich kann Ihnen nicht verschweigen, daß ich in dieser Arbeit eine wirkliche Bedrohung der Linie der Zeitschrift sehe [...]."

Fromm wie Adorno kritisierten die repressiven Züge Freuds im Namen der unerfüllten Triebansprüche. Während aber Fromm diesen Ansprüchen durch eine entsprechend veränderte Haltung des Analytikers zur Geltung verhelfen wollte, sah Adorno in Freuds pessimistischem Autoritarismus vor allem die Illusionslosigkeit über die Unaufhebbarkeit des Widerspruchs von Trieb und Kultur. Er wollte den ungeschmälerten Begriff der Lust, wie er später in den *Minima Moralia* schrieb, der Utopie einer vernünftigen Gesellschaft vorbehalten, wo er erst, gerade als blind somatischer, intentionsloser Impuls, sein Recht hätte. Nicht aber sollte Lust zur institutionell verordneten oder auch therapeutisch erzeugten „Genussfähigkeit" verkürzt werden. Es waren offenbar *theoretische* Gründe, das Leitbild illusionsloser Erkenntnis, die Adorno gegen Fromms Überlegungen zur therapeutischen *Praxis* aufbrachten. Und doch verstieg er sich später auch zum Entwurf einer entsprechenden Praxis, wenn er schrieb:

„[...] so müßte eine kathartische Methode, die nicht an der gelungenen Anpassung und dem ökonomischen Erfolg ihr Maß findet, darauf ausgehen, die Menschen zum Bewußtsein des Unglücks, des allgemeinen und des davon unablösbaren eigenen, zu bringen und ihnen die Scheinbefriedigungen zu nehmen, kraft derer in ihnen die abscheuliche Ordnung nochmals am Leben sich erhält, wie wenn sie sie nicht von außen bereits fest genug in der Gewalt hätte. Erst in dem Überdruß am falschen Genuß, dem Widerwillen gegens Angebot, der Ahnung von der Unzulänglichkeit des Glücks, selbst wo es noch eines ist, geschweige denn dort, wo man es durch die Aufgabe des vermeintlich krankhaften Widerstandes gegen sein positives Surrogat erkauft, würde der Gedanke von dem aufgehen, was man erfahren könnte." (Adorno 1951, S. 68)³

Diese Überlegungen lassen sich, wie Klein-Landskron (1987, S. 98) bezüglich eines späteren Adorno-Textes zutreffend interpretiert, als philosophische Verallgemeinerung der Freudschen Regeln der Abstinenz und der Übertragungsdeutung in der analytischen Situation verstehen. Sie bestechen durch ihre dialektische Raffinesse und Radikalität, und doch fällt es schwer, sich jenes psychoanalytische „Sanatorium", das Adorno 1941 aus Angst vor materieller Verelendung zu gründen gegenüber Horkheimer vorschlug, (Adorno 1941, S. 152, Anm. 2) nicht als durchaus schaurige Einrichtung zur Desillusionierung falschen Glücks auszumalen, in der das psychische Leiden, wie auch immer vorläufig, noch potenziert würde. Und wie sollte ein die ganze Menschheit umfassendes Unglücksbewusstsein mit einer blind-intentionslosen Lust zusammengehen, die nur sich selbst zum Zweck hat und Glücksansprüche anderer nicht kennt? Wie sollte der Gedanke an eine *mögliche* Erfahrung wahren Glücks aufkommen, wenn nichts in der *realen* therapeutischen Beziehung ihr entgegenkommen sollte? Adorno vertiefte die Differenz zwischen den Glücksansprüchen hier und jetzt und dem Begriff des ungeschmälerten Glücks zum schier unüberbrückbaren Abgrund, über den er dann mit seiner Idee von psychoanalytisch-therapeutischer Methode allzu souverän hinweg segelte. Jedoch enthält der Gegensatz zwischen Fromm und Adorno, trotz dessen zunächst kaum plausibler Gegenposition, zwei Aspekte von bleibender sachlicher Relevanz: die *praktische* Frage nach Technik und Ziel der Therapie und die *theoretische* Frage nach Vereinbarkeit oder Antagonismus zwischen Trieb und Kultur.

a) Die *praktische* Frage der richtigen psychoanalytischen Behandlungstechnik wird bis heute gegensätzlich beantwortet. Freud hatte mit seinem Verfahren auf die Durcharbeitung des Wiederholungszwangs gesetzt: „Wir müssen", schrieb er bezüglich seiner Neurosepatienten, „so grausam es klingt, dafür sorgen, daß das Lei-

---

3 Entsprechend hoffte später Marcuse im Rahmen seiner politischen Kritik der „reinen" (unterschiedslosen) Toleranz auf die „katalytische Kraft jenes unglücklichen Bewußtseins, das nicht in der archetypischen, persönlichen Befreiung von der Frustration schwelgt – hoffnungsloses Wiederaufleben des Es, das früher oder später der allgegenwärtigen Rationalität der verwalteten Welt unterliegen wird –, sondern das den Schrecken des ganzen in der privatesten Versagung erkennt und sich in dieser Erkenntnis verwirklicht." (Marcuse 1965, S. 126)

den des Kranken in irgendeinem wirksamen Maße kein vorzeitiges Ende finde." (Freud 1919, S. 245) Zu der von Ferenczi in Abgrenzung so genannten „klassischen Technik" Freuds wurden schon sehr bald Alternativen entwickelt, die nicht zuletzt aus der Erweiterung des Indikationsgebietes der Psychoanalyse über die Grenzen der Neurose hinaus resultierten. Johannes Cremerius (1979) hat diese beiden Formen als „Einsichtstherapie" und als „Therapie der emotionalen Erfahrung" bezeichnet und systematisch analysiert – übrigens ohne den Namen Fromms auch nur zu nennen. Während die von Freud geprägte, mit Einsicht arbeitende Technik stärker vernunftorientiert ist und um die ödipale Konfliktszenerie kreist, bezieht sich die Technik der emotionalen Erfahrungen eher auf präödipale Defizite, die sie in Form einer „mütterlichen" Holding-Therapie (Winnicott) auszugleichen sucht.[4] Auch im Falle Fromms darf man sich diese aber nicht simplifizierend als eine Beziehung des Seid-nett-zueinander vorstellen. Einerseits lehnte Fromm es ab, sich hinter die Couch zu setzen, weil es für ihn in der Analyse um eine Beziehung ging, bei der ihm der Gesichtsausdruck des Anderen unverzichtbar war. Er nannte dies „Bezogensein aus der Mitte" (Fromm 1959, S. 141). Andererseits warnte er vor dem Abgleiten der freien Assoziation ins freie Geschwätz und riet dazu, ein solches strikt zu unterbinden (ebd., S. 196).

Fromms Rekurs auf Groddeck und Ferenczi wirft ein weiteres Licht auf den Bruch zwischen ihm und dem Institut. Es ist nämlich nicht so, dass – wie gelegentlich verkürzend dargestellt wird – Fromm sich erst unter dem Einfluss und im Zusammenhang mit der amerikanischen Beziehungspsychologie von Freud distanziert und dem Institut entfremdet hätte. Vielmehr machte Fromm hier Erfahrungen bloß explizit, die sein Verständnis der Psychoanalyse von Anfang an geprägt hatten. Zur Psychoanalyse kam der Judaist und Soziologe Fromm über Frieda Reichmann, mit der zusammen er in Heidelberg 1923 ein psychoanalytisches Sanatorium gründete. Die dort praktizierte eigentümlich „wilde" Mischung aus Lebensgemeinschaft, jüdisch-orthodoxen Religionspraktiken, koscherem Restaurant und psychoanalytischer Therapie verhalf dem Therapeutikum zum scherzhaften Namen des „Thorapeutikums". Zusammen mit Reichmann besuchte er deren Freund Groddeck in Baden-Baden, bei dem er auch Karen Horney und Ferenczi kennenlernte. Be-

---

4 Dass es sich hier um einen in der abendländischen Geschichte immer wieder ausgetragenen Gegensatz handelt, wird durch eine spätmittelalterliche Parallele deutlich: In der Armenpflege waren damals zwei Mönchsorden gleichermaßen tätig, Dominikaner und Franziskaner. Während jene ihr Handeln auf Vernunftgründe stützten, beriefen sich diese auf die Stimme des Gewissens und den gefühlsmäßigen Impuls des Mitleids.

reits in diesem Freundeskreis diskutierte man kritisch über Freuds Patriarchalismus, seine universalistische Auffassung des Ödipus-Komplexes und seine pessimistische Kulturtheorie. Ohne diese frühen prägenden Erfahrungen hätte die Beziehung zur Freudschen Theorie wie auch zum Forschungsansatz des Instituts sicherlich einen anderen Verlauf genommen.

b) Der andere Aspekt der Adornoschen Fromm-Kritik, die Frage nach dem *theoretischen* Status der Freudschen Triebtheorie, wurde in der Folgezeit zu einem der zentralen Themen der Kulturismus-Revisionismus-Debatte. Auslösend dafür war ein von Fromm für die *Zeitschrift* geplanter, in der Korrespondenz von ihm so genannter „prinzipieller Aufsatz" zur Freudschen Triebtheorie. Dessen erste Fassung erntete in einer institutsinternen Diskussionsrunde reichlich Kritik, so dass sich Fromm zu einer gründlichen Umarbeitung entschloss. Die Ende 1937 erstellte neue Fassung war im Umfang um mehr als das dreifache angewachsen, kam aber auf Grund verschiedener widriger Umstände nicht mehr zur Veröffentlichung und galt später als verschollen, bis sie schließlich von Rainer Funk im New Yorker Nachlass aufgefunden und 1992 unter dem Titel *Die Determiniertheit der psychischen Struktur. Zur Methode und Aufgabe einer Analytischen Sozialpsychologie* (Fromm 1937) herausgegeben wurde. Der Aufsatz ist vor allem deshalb bedeutsam, weil er den im veröffentlichten Werk selbst nicht begründeten Schritt hin zu der Auffassung darstellt, dass die das gesellschaftliche Handeln bestimmenden Triebe nicht sublimierte oder reaktiv verarbeitete sexuelle seien, sondern aus dem gesellschaftlichen Lebensprozess selbst resultierten. Fromm nennt hier als Anstoß zu seiner Revision der Triebtheorie in erster Linie seine analytischen Erfahrungen mit den Erscheinungsformen des „analen Charakters" – nach Freud (1908, S. 25) vor allem Ordentlichkeit, Sparsamkeit, Eigensinn –, deren Deutung als Fixierung prägenitaler Sexualität allzu oft therapeutisch fruchtlos blieb. Andererseits waren diese Charakterzüge wiederum in einem Maße mit der umgebenden gesellschaftlichen Lebenspraxis verbunden und derart verbreitet, dass ihre Erklärungsbasis durch Triebfixierung als allzu schmal erschien.

Solche sowohl innertherapeutischen als auch soziologischen Erwägungen führten Fromm nun dazu, sich von eben dem Aspekt der Freudschen Theorie entschieden zu distanzieren, den der frühere Freudomarxismus noch als Verbindungsstück zur Gesellschaftstheorie herausgestellt hatte: von Freuds physiologischen Materialismus. Fromm interpretierte Freuds Psychoanalyse als Konglomerat von zwei im Grunde unvereinbaren Erklärungsansätzen. Auf der einen Seite sah er eine

Erklärung der Triebstruktur aus den durch die Umwelt geformten, konflikthaften *Objektbeziehungen*, in deren Rahmen das Individuum seine natürlichen Bedürfnisse zu befriedigen lernt – und dies schien ihm das einzig akzeptable Erklärungsprinzip –, auf der anderen Seite sah er eine entsprechende Erklärung aus umweltbedingten Abspaltungen und Umwandlungen der sich phasenweise entwickelnden infantilen *Sexualität*.

„Wir glauben, daß die erste Methode Freuds konsequent fortgesetzt und zum generellen Erklärungsprinzip aller psychischen Impulse und Haltungen gemacht werden muß, mit Ausnahme der Impulse natürlich, die wie Sexualität, Hunger, Durst usw. keiner psychologischen Deutung, sondern einer physiologischen Erklärung bedürfen. Die Annahme aber, daß Impulse wie Sparsamkeit, Ehrgeiz, Ordentlichkeit usw. als direkter Ausfluß sexueller Strebungen – genauer gesagt der prägenitalen Libido – verstanden werden können, erscheint uns unhaltbar." (Fromm 1937, S. 51)

Dass Sexualität „keiner psychologischen Deutung bedürfe", diese Behauptung markierte in der Tat einen radikalen Trennungsstrich gegenüber Freud. Sie setzte allerdings einen entschieden verengten, naturalistisch reduzierten Begriff von Sexualität voraus. Fromm rechnete Freud nun kurzerhand zur Klasse der „Instinkttheoretiker", die zu den jeweils von ihnen als grundlegend angesehenen Verhaltensweisen passende naturale Anlagen konstruiert hätten.

Fromm suchte also zwei Elemente der psychischen Struktur strikt auseinander zu halten: „die natural gegebenen physiologischen Triebe, und die historischen sich im gesellschaftlichen Prozeß entwickelnden psychischen Impulse." (Fromm 1937, S. 59) Deutlich wird hier, dass Fromm den originären Freudschen Triebbegriff auf eine problematische Weise naturalistisch zurechtstutzte, die erst seinen eigenen Übergang zur Objektpsychologie zwingend erscheinen lassen sollte. Aber so berechtigt es auch ist, von der Instinktentbindung des Menschen auszugehen und ihn als „nicht festgestelltes Tier" (Nietzsche), als weltoffenes und handelndes Wesen zu bestimmen,[5] so wenig plausibel erscheint es doch, die sozialen Bedürfnisse von

---

5 Eine sachliche Parallele zu Fromms Beschreibung der fortlaufend sich erweiternden, auf soziale Beziehungen sowie die Aneignung von Dingen gerichteten Triebziele besteht partiell auch zu Arnold Gehlen, der diese dynamische Struktur der motivationalen Grundlage des Handelns treffend als „Nachwachsen der Antriebe" bezeichnet: „Die Bedürfnisse elementarer Art, die bloßen Minimumsbedürfnisse der Abhilfe physischer Not, müssen erweitert werden können zu Bedürfnissen nach den Mitteln dazu und nach den Mitteln dieser Mittel, also

ihrer Verankerung in der Intimität der basalen Erlebnisfiguren, die Freud „Trieb" nannte, abzuschneiden. Hatte Fromm in einem Brief an Karl-August Wittfogel vom 18.12.1936, in dem er seine neue Auffassung umriss, noch geschrieben: „Das Problem ist in der Psychologie wie in der Soziologie die dialektische Verflochtenheit der naturalen und der historischen Faktoren" (1936b), so blieb er in seiner theoretischen Darstellung eben diese dialektische Analyse schuldig, indem er Freuds angeblich einseitigen Naturalismus durch einen komplementär einseitigen Kulturismus ersetzte: Die gesellschaftlich erzeugten Impulse „bilden den Gegenstand der spezifisch menschlichen Psychologie" (Fromm 1937, S. 59).

Die Gegenposition Horkheimers und Adornos lässt sich keineswegs als Bestätigung Freuds auffassen. In seinem Vortrag *Die revidierte Psychoanalyse* (1946) kritisierte Adorno die „revisionistische Schule" vor allem in Gestalt Horneys.[6] Dabei hob er an der Freudschen Triebtheorie die „Einsicht in die Unentrinnbarkeit kultureller Konflikte, in die Dialektik des Fortschritts" (Adorno 1952, S. 23) hervor. An der Triebtheorie interessierte ihn nicht ihre zugegeben fragwürdige anthropologische Dimension, sondern ihre Konfliktgestalt, die vorgesellschaftliche Impulshaftigkeit und deren Unterdrückung, der schockhaft-traumatische Eingriff der Gesellschaft in die Intimität, die ursprünglich traumatisierende soziale Konstruktion des Individuums. Für Adorno ging es also – darin bestand zunächst Einigkeit mit Fromm – um eine gesellschaftstheoretische Aufklärung über die Gesellschaftsblindheit der Freudschen Kategorien. Aber im Unterschied zu Fromm maß er diesen gleichwohl einen eminenten heuristischen Wert für die Erschließung der Tiefendimension repressiver Vergesellschaftung bei. So wandte er sich gegen Horneys soziologische Desexualisierung der Bezogenheits-Kategorien, nicht nur der Zuneigung, sondern auch des Sadismus:

---

vereindeutigte und intelligente Sachinteressen werden: die Bedürfnisse müssen den Handlungen nachwachsen [...]." (Gehlen 1940, S. 52).

6 Soweit er hier Fromm erwähnte, tat er dies eher affirmativ als kritisch, nämlich im Rekurs auf die anfängliche Idee der „revisionistischen Schule", auf den an sich berechtigten Einspruch gegen die autoritären Tendenzen in Freuds Werk. Aber er formulierte doch eine Reihe von Einwänden, die offenbar auch auf Fromm gemünzt waren, ohne dessen Namen zu nennen (so beispielsweise gegen die Kritik an Freuds Mangel an Güte, wobei er seinen Gedanken aus jenem zitierten Brief von 1936 wieder aufnahm). Er ging also mit Fromm explizit schonender um, als es seiner eigenen Auffassung entsprach. Dies entsprach wohl einer institutspolitischen Entscheidung Horkheimers (vgl. dessen Brief an Friedrich Pollock vom 28.9.1941), der dann dafür sorgte, dass 1941 in der *Zeitschrift für Sozialforschung* eine äußerst wohlwollende Rezension von Ernst Schachtel über Fromms *Furcht vor der Freiheit* erschien.

> „Als diese Theorie des Sadismus, die ihn zu einer rein gesellschaftlichen Verhaltensweise verdünnt, von Horney aufgestellt wurde, führte die faschistische Ausrottungspolitik den grausamen Beweis für die Identität des angeblich nur gesellschaftlichen Machtstrebens mit sexuellen Impulsen [...]." Und gegen die Reduzierung der gesellschaftlich typischen Deformation der Persönlichkeit auf den sozioökonomischen Begriff der Konkurrenz wandte er ein: „Für die soziale Realität ist in der Epoche der Konzentrationslager Kastration charakteristischer als Konkurrenz." (Adorno 1952, S. 28, 32)

Bei solchen Formulierungen nahm Adorno nun aber eine bestimmte gesellschaftliche Interpretation der Freudschen Kategorien als unmittelbar evident in Anspruch, ohne sie seinerseits persönlichkeitstheoretisch umformulieren zu können. Er verharrte bei der kritischen *Dechiffrierung*, von der der Weg nicht weiter zur sozialisationstheoretischen *Konzeptualisierung* führte. Die von Adorno genannten Gründe, an der Freudschen Triebtheorie festzuhalten, konnten – ohne dass dies bei ihm tatsächlich zum Ausdruck gekommen wäre – ihrer Struktur nach nur vorläufige sein.

Fromm hat auf Adornos Kritik der „revisionistischen Schule" nicht reagiert. Der Verlauf der dann folgenden, thematisch nah verwandten Marcuse-Fromm-Debatte von 1955/56 lässt allerdings vermuten, dass es auch zwischen Adorno und Fromm kaum zu einer fruchtbaren Auseinandersetzung gekommen wäre – zu starr erscheinen die jeweiligen Selbst- und Fremdpositionierungen. Wichtige gesellschafts- und ideologiekritische Gemeinsamkeiten wurden durch eher irreführende Alternativen wie den von Abstinenz und Güte verdeckt.

> „Weshalb", so Klein-Landskron (1987, S. 99) diesen Scheingegensatz schlichtend, „sollten nicht gelegentlich reife Formen der Zuwendung erlaubt sein, wenn sie nur vom Therapeuten so differenziert gehandhabt werden, daß der Analysand, wo nötig, die anspornende Erfahrung verbindlicher Zuwendung und Teilnahme machen kann und dennoch an anderer Stelle die Verstärkung infantiler Klischees vermieden wird?"

Hinsichtlich der Kritik an der Triebtheorie ist eine sinnvolle Einigungsformel sicherlich weniger erreichbar, da die theoretischen Implikationen der Kritik sowohl in der Frommschen als auch in der Adornoschen Version weit verzweigt sind. Allerdings schließen sich die jeweiligen Forderungen nach einer sozialwissenschaftlich aufgeklärten Psychoanalyse, Adornos Forderung, „Sexualität" als Tiefendimension der gesellschaftlichen Formung und Deformation innerer Natur zu analysieren, und Fromms Forderung, den Biologismus interaktionistisch zu überwinden, der Sache nach keineswegs aus. Eben deshalb ist am *heuristischen* Wert der Triebtheorie durchaus festzuhalten. Aber Heuristik und Metaphorik können die angemessene Theorie selbst nicht ersetzen.

4. Psychoanalyse und Ethik (seit 1946)

Der 1939 vollzogene Bruch zwischen Fromm und dem New Yorker Institut für Sozialforschung hatte mehrere äußere und innere Gründe: unter anderem den Streit über die (durch die finanziellen Verluste des Instituts bedingte) Einstellung der Gehaltszahlungen an Fromm beziehungsweise über die Höhe der Abfindung, persönliche Enttäuschungen und Divergenzen (insbesondere seit Adornos Übersiedelung in die USA), die ausbleibende Finanzierung der Publikation der *Arbeiter- und Angestellten-Studie*, theoretische Differenzen bezüglich der Psychoanalyse und im Ganzen ein sich zunehmend ausprägender Unterschied zwischen dialektischem und idealtypisierndem Denkstil. Von der Thematik her noch ganz dem Zusammenhang der Institutsarbeit verpflichtet, von seinem theoretischen Hintergrund her aber bereits neu orientiert war Fromms erste und vielleicht wichtigste Buchveröffentlichung, *Die Furcht vor der Freiheit* (1941). Sie stellt eine frühe Formulierung des heute so genannten Problems der Individualisierung dar. Fromm interpretierte dabei die verschiedenen, dem totalitären Nazismus wie dem konsumsteigernden Kapitalismus angepassten Charakterstrukturen jeweils als Formen der Flucht vor der Last möglicher Freiheit. Er wollte zeigen, wie die Menschen sich unter den mit der Individualisierung verbundenen Gefühlen von Angst und Ohnmacht erneut in Abhängigkeit und Unterwerfung begeben. Fromm fand nun seine eigene psychoanalytische Identität und eine neue theoretische Heimat in der Zusammenarbeit mit Harry Stuck Sullivan, dem Begründer der „Interpersonalen Psychoanalyse", und an dessen Washington School of Psychiatry.

Für diese Orientierung der Psychoanalyse wurde das Thema der Moral dadurch zum Problem, dass mit ihr Freuds Dichotomie von Trieb und Kultur auch im therapeutischen Rahmen überwunden und jene positiven Normen und Werte namhaft gemacht werden sollten, die dem Menschen zur Verwirklichung seiner selbst verhelfen konnten. Eben diesem Konzept galten, neben dem Vorwurf der oberflächlichen Soziologisierung, weitere Einwände in Adornos Vortrag von 1946 gegenüber der revidierten Psychoanalyse Horneys. Dabei bezog sich Adorno wiederum zunächst positiv auf Fromms frühere Feststellung, Freud analysiere einerseits die Moral in ihrer Genese aus dem neurotischen Schuldkomplex und vertrete andererseits selbst einen ganz unanalysiert bleibenden Standpunkt der bürgerlich-autoritären Moral. Sein Vorwurf lautete, die Revisionisten hätten durch ihre soziologische Rechtfertigung konventioneller moralischer Normen Freuds doppelte Moral nur durch eine neue doppelte Moral ersetzt.

1947 veröffentlichte Fromm sein Buch *Man for Himself. An Inquiry into the Psychology of Ethics*, auf deutsch 1947 unter dem Titel *Psychoanalyse und Ethik* erschienen. Vor allem auf diese Schrift bezog sich dann Marcuse in seinem Aufsatz *The Social Implications of Freudian ‚Revisionism'*[7] von 1955, der noch einmal im selben Jahr als Epilog zu seinem Freud-Buch *Eros and Civilisation* (1955) veröffentlicht wurde. Diese Auseinandersetzung, vermehrt durch darauf folgende Antworten und Nach-Antworten Fromms und Marcuses, bildete die später so genannten Kulturismus-Revisionismus-Debatte über die psychoanalytische Theorie und Therapie. Unter den vielen inhaltlichen Aspekten der Debatte will ich hier nur einen zentralen hervorheben, weil er in der bisherigen Aufarbeitung eher zu kurz gekommen ist, nämlich eben das Problem der Moral.[8]

Freuds Behandlung der Moral war zunächst ganz in der aufklärerischen Tradition der Moralkritik von Hobbes bis Marx und Nietzsche, der Entlarvung und Desillusionierung vorgeblich höherer Werte gestanden. Diese Moralkritik war nie frei von Widersprüchen, auch bei Freud nicht, da sie implizit selbst moralisch

---

7 Der Titel spielt auf Fromms Aufsatz über *Die gesellschaftliche Bedingtheit der psychoanalytischen Therapie* an. Später sollte dann Fromms *Die Krise der Psychoanalyse* (1970) ursprünglich einen Epilog über Marcuse enthalten, mit dem er sich für dessen Epilog in *Eros and Civilisation* revanchiert hätte (vgl. Fromm, 1990, Vorwort des Herausgebers). Sind dies Indizien für eine gewisse Verhakelung der beiden ‚feindlichen Brüder'?

8 Hinsichtlich der Termini „Moral" und „Ethik" halte ich mich hier an eine in der Philosophie heute zumeist übliche Verwendungsweise, nach der unter „Moral" das jeweils an einem bestimmten Ort und zu einer bestimmten Zeit vorherrschende Gefüge von handlungsleitenden Überzeugungen, Werten, Zielen, normativen Urteilen und Gefühlen verstanden wird. Dementsprechend gibt es wissenschaftliche (psychologische, soziologische oder historische) Theorien der Moral, die nach Entstehung und Funktion von Moralen fragen. Demgegenüber ist „Ethik" gleichbedeutend mit Reflexion über Moral, das heißt mit Moralphilosophie. Die Ethik begründet oder rechtfertigt moralische Setzungen und knüpft damit an alltägliche moralische Einstellungen und Urteile an, die sie begrifflich analysiert und fortentwickelt. Der Unterschied von Moraltheorie und Ethik entspricht dem von Beobachter- und reflektierter Teilnehmerperspektive.

motiviert war. Denn Freud hielt ausdrücklich an gewissen moralischen Standards nicht nur für den Therapeuten, sondern auch für den Analysanden und das Ziel der Therapie fest, ohne sie doch ethisch zu begründen. Als normativer Horizont der „Nacherziehung zur Überwindung innerer Widerstände", wie er in diesem Zusammenhang die Therapie charakterisierte, schien es ihm keiner besonderen Reflexion zu bedürfen. Als er das Ziel der Behandlung mit der bekannten Formel „Wo Es war, soll Ich werden" umriss, begnügte er sich hinsichtlich des Verhältnisses zu moralischen Ansprüchen mit der Auskunft, es gehe darum, das Ich „vom Über-Ich unabhängiger zu machen" (Freud 1933, S. 516). Dass Ich an die Stelle von Es treten *soll*, bezeichnet – in ungeklärtem Widerspruch zum Begriff des Ich als dem Organisator der Verdrängung – die Präferenz der inneren Freiheit autonomer Willensentscheidungen, und dementsprechend ist die Technik auch nicht moralisch neutral.

Insofern war die Reflexion des Moralproblems in der Psychoanalyse durch Fromm zunächst durchaus naheliegend und legitim. Er identifizierte nun das Freudsche Über-Ich als Ausdruck einer „autoritären Ethik", um dieser die „humanistische Ethik" entgegenzustellen. „In einer autoritären Ethik bestimmt eine Autorität, was für den Menschen gut ist, und stellt die Gesetze und Normen der Lebensführung auf; in einer humanistischen Ethik gibt sich der Mensch seine Norm selbst und unterwirft sich ihr aus eigenem Willen." (Fromm 1947, S. 10) Dabei ist „der Mensch" allerdings nicht der empirische einzelne, dessen jeweilige Normsetzungen nach wie vor unter Autoritarismusverdacht stehen, sondern der von Psychoanalyse und humanistischer Ethik auf seine „Natur" hin bestimmte Mensch. Letzter Bezugspunkt moralischer Fragen ist das objektiv zu bestimmende Wohlergehen des Menschen. Auf diese Weise wollte Fromm Normen für die „Kunst des Lebens" formulieren, ähnlich wie etwa Normen für den Bau einer guten Brücke aus der Physik abgeleitet werden. Dabei übersah er allerdings, dass technische Normen nur dann handlungsleitend sind, wenn eine Entscheidung über den Zweck des technischen Mittels bereits vorgegeben ist. Eine solche Entscheidung ist aber bezüglich des richtigen Lebens gerade nicht vorgegeben, sondern Gegenstand der moralischen Erörterung innerhalb oder außerhalb der Therapie.

Während Fromm auf diese Weise kaum eine ethische Begründung der Psychoanalyse leistete, gab er jedoch umgekehrt wichtige Hinweise auf den Beitrag der Psychoanalyse zur ethischen Reflexion.[9] Es gibt demzufolge keine moralischen

---

9 Insofern erscheint der Untertitel der englischen Erstveröffentlichung von *Man for Himself, An Inquiry into the Psychology of Ethics*, angemessener als der deutsche Titel *Psychoanalyse und Ethik*.

Leitvorstellungen, die sich nicht auch, unter Mithilfe der verschiedenen Abwehrmechanismen, für einen pathologischen Lebensentwurf im ganzen funktionalisieren ließen. Würde, Gerechtigkeit, Freiheit und andere moralische Prinzipien haben eine psychosoziale Geschichte, durch die sie auch mit ihrer Negation verbunden sind. Sie lassen sich dann sogar mit Massenmord vereinbaren, wenn die Opfer aus der Menge derjenigen Wesen ausgeschlossen werden, für die die Moralbegriffe als relevant angesehen werden.

Wie reagierte nun Marcuse auf Fromms Proklamation eines obersten Wertes, der Mensch solle zu sich selbst finden und um seiner selbst willen leben, jenes Wertes, den er unter dem Titel „produktive Orientierung" in seine Charakterologie eingefügt hatte? Marcuse warf Fromm vor, die originär psychoanalytische Blickrichtung auf geistige Ideale und kulturelle Werte umgedreht zu haben: Hatte Freud die idealistische Ethik materialistisch desillusioniert und ihre konformistischen und repressiven Züge verdeutlicht, so vergeistige Fromm die kulturellen Normen mit Hilfe von Ethik und Religion. Statt die pathogenen Anteile der Moral zu analysieren, fasste Fromm die Neurose im Wesentlichen als moralisches Problem auf, als Mangel an Mut, für sich selbst zu stehen. Da Fromm zugleich noch an der Freudschen Kritik der neurotischen Züge der gesellschaftlichen Moral festhalten wollte, musste er zwischen negativer und positiver, unproduktiver und produktiver Moral unterscheiden. Diese Unterscheidung war aber, so Marcuse, starr dichotomisch sowie theoretisch nicht begründet und der herrschenden Ideologie entnommen. Als Ziel der Therapie eine reife Persönlichkeit vorzustellen, die im Einklang mit den gesellschaftlichen Normen lebt, hieße, Freuds Einsicht widerrufen, dass „die ‚Persönlichkeit' [nichts ist] als ein domestiziertes Individuum, das Hemmung und Aggression internalisiert und nutzbringend verwendet hat" (Marcuse 1955, S. 253). Demgegenüber proklamiere Fromm ein positives Persönlichkeitsbild, das nach seinen eigenen gesellschaftskritischen Einsichten gar nicht verwirklicht werden könne. Ziel der Therapie im Sinne Fromms könne deshalb nur Anpassung ans Bestehende oder Rebellion und Märtyrertum sein, und Fromm schwanke unentschieden zwischen beidem. Eine konsequentere Gesellschaftskritik jedoch, die Freuds Einsichten in sich aufgenommen habe, gehöre einem Bewusstsein an, dem

> „diese Werte selbst unerträglich [werden], da es sie als mitschuldig an der Versklavung des Menschen erkennt. [...] Freuds Frage, ob die höheren Werte der Kultur nicht um einen zu hohen Preis für den Einzelnen errungen wurden, sollte ernst genug genommen werden,

um die psychoanalytischen Philosophen davon abzuhalten, diese Werte zu predigen, ohne ihren verbotenen Inhalt zu enthüllen, ohne zu zeigen, was sie dem Einzelnen *verweigert* haben." (Marcuse 1955, S. 258)

Die zunächst unvereinbar erscheinenden Gegenpositionen Fromms und Marcuses entsprangen offenbar den unterschiedlichen Blickrichtungen beider Kontrahenten. Fromm fasste den psychoanalytischen Prozess als Arbeit an repressiven und emanzipatorischen Normen und Werten auf, die er einerseits anthropologisch zu begründen und andererseits gesellschaftskritisch zu extrapolieren suchte. Dagegen ging Marcuse von den Kernbegriffen von Freuds Neurosentheorie und Kulturtheorie aus, um die darin enthaltenen ideologischen und mehr noch, ihre ideologie- und gesellschaftskritischen Potentiale herauszuschälen. Dabei zeigt sich nun – bei aller, im Verlauf der Debatte immer mehr auch emotionalen Tönung von Kritik und Gegenkritik – eine strukturelle Gemeinsamkeit: Beide Kontrahenten suchten nach einer Instanz, die gegenüber Formen repressiver Vergesellschaftung den Anspruch auf Freiheit bewahrt. Diese sah Fromm im Entfaltungspotential der menschlichen Natur, während Marcuse hier die Triebstruktur in ihrer Gegensätzlichkeit zur Gesellschaftsstruktur in Anschlag brachte, wobei sie diese Aufgabe bei Marcuse nur dadurch übernehmen konnte, dass er sie – zum Beispiel in der These von der möglichen Selbstsublimierung der Triebe (Marcuse 1955, S. 199f.) – ebenfalls anthropologisch als Entfaltungspotential deutete. Lässt man die wechselseitigen Polemiken beiseite und lässt man in beiden Fällen die Intention einer psychoanalytisch orientierten Gesellschaftskritik gelten, dann kann man davon sprechen, „daß es sich bei den Sichtweisen von Fromm und Marcuse um ‚funktional äquivalente Perspektiven' in der theoretischen Rekonstruktion [...] des Verhältnisses von Individuum und Gesellschaft [handelt]" (so Burkhard Bierhoff 1991b, S. 133).

Marcuse hatte gegenüber Fromm, und ebenso schon Adorno gegenüber Horney, recht, wenn sie deren bloß konventionelle oder theoretisch unzureichend begründete Unterscheidung von produktiven und kontraproduktiven Werten und Normen kritisierten. Unrecht hatten sie aber mit der dabei implizierten Annahme, dass eine solche Unterscheidung weder sinnvoll noch überhaupt möglich sei. Dementsprechend ist die Kritische Theorie selbst später auch nachdrücklich auf ihre eigenen normativen Voraussetzungen hin befragt worden. Hinsichtlich der verschiedenen Moralauffassungen scheint mir hier, aus heutiger Sicht, der Rekurs auf die evolutionistische Konzeption der Moral hilfreich zu sein, wie sie unter anderem von Piaget und Kohlberg ausgearbeitet worden ist. Diese Theorie betrifft die Entwicklung von Anforderungen der Rollenkonformität hin zur Regularität selbstakzeptierter Prinzipien. Sie erlaubt es, eine ganze Reihe ethischer Kontroversen über die Begründung der Moral zu schlichten, indem die konkurrierenden Moralprinzipien jeweils verschiedenen evolutionären Stufen zugeordnet werden. Sie erlaubt es grundsätzlich auch, die manchmal verwirrende, scheinbare Paradoxie einer moralisch intendierten Kritik der Moral aufzulösen. Der scheinbare Immoralismus der Psychoanalyse ist demnach nicht nur Ausdruck der Kritik der unheilvollen Kräfte der Moral, sondern zugleich Vehikel einer anderen Moral. Freud verwarf einiges vom Moralkodex seiner Zeit, insofern er es für neurotische Strukturen mitverantwortlich machte, und zielte zugleich implizit auf eine postkonventionelle Moral der individuellen Prüfung universeller Vernunftansprüche. Und vor allem erlaubt das Konzept der Moralentwicklung, den wichtigsten Bereich moralischer Konflikte, nämlich den zwischen verschiedenen Moralansprüchen, besser in den Blick zu bekommen. Während Freud die neurotischen Konfliktlinien, seinem Persönlichkeitsmodell entsprechend, vor allem als solche zwischen Moralvorschriften und Trieben sowie Moralvorschriften und dem Ich nachzeichnete, ergeben sich im Rahmen der evolutionistischen Konzeption auch Widersprüche zwischen den Normen selbst, die sich auf unterschiedlichen Ebenen organisieren. Aber weder Fromm noch Marcuse standen die begrifflichen Werkzeuge zur Verfügung, um die Dialektik von konventioneller und postkonventioneller Moral, ihre Einheit und Differenz, im Einzelnen begründen zu können.

5. Resümee. Nachwirkungen und Neuformulierungen

Die Auseinandersetzung zwischen Fromm und dem sogenannten inneren Kreis des Instituts für Sozialforschung (Horkheimer, Adorno, Marcuse) ging um das recht verstandene Freudsche Erbe in der kritischen Theorie der Gesellschaft. Sachlich ist sie bis heute nicht ausgeschöpft. In diesem Sinne ziehe ich ein vorläufiges Resümee meiner Darstellung.

(1) Fromms Entwurf der psychoanalytischen Sozialpsychologie war ein Kernelement des interdisziplinären, sozialphilosophisch orientierten Forschungsansatzes der Kritischen Theorie. Diese stellte allerdings keine zeitübergreifend identische Lehre aus, an der „Abweichungen" eindeutig ablesbar wären. Ihre

Einheit war dezentral. Der Bruch zwischen Fromm und den Philosophen des Instituts hat eine ganze Reihe von Ursachen, deren vielleicht tiefste die Differenz zwischen idealtypisierendem und dialektischem Denken darstellt.

(2) Fromms Sozialpsychologie spielte sowohl als theoretisches Konstrukt der Vermittlung zwischen ideellen und materiellen Anteilen der Gesellschaft als auch als empirisches Projekt der Erforschung unbewusster Handlungsorientierungen eine wichtige Rolle für die Horkheimersche Idee des interdisziplinären Materialismus. Ihre zentrale Kategorie ist der später so genannte Gesellschafts-Charakter. Dieser ist, als historische Kategorie, gegenüber Fromms Bestimmungen heute selbstverständlich inhaltlich weiter zu spezifizieren und zu differenzieren. Insgesamt bleibt Fromms Ansatz für die Sozialpsychologie mit ihrer undogmatischen Verbindung von qualitativer und quantitativer Untersuchungsmethode bis heute paradigmatisch.

(3) Nach 1935 weisen die Psychoanalyse-Auffassungen Fromms und Adornos beziehungsweise Horkheimers zunehmend auseinander. Kennzeichnend dafür ist Fromms Verabschiedung der Triebtheorie zugunsten einer Beziehungstheorie auf der einen Seite und Horkheimers, Adornos und dann auch Marcuses gesellschaftskritische Dechiffrierung der Triebtheorie auf der anderen Seite. Diese Differenz bezieht sich sowohl auf die praktische Frage nach Ziel und Technik der Therapie als auch auf die theoretische Frage nach dem gesellschaftlichen Gehalt der psychoanalytischen Begrifflichkeit. Während in praktischer Hinsicht Adorno allzu souverän die Erfordernisse und Möglichkeiten der Therapie überspielt, greift in theoretischer Hinsicht Fromm mit seiner Freud-Kritik zu kurz.

(4) Fromms Thematisierung der ethischen Implikationen des psychoanalytischen Verfahrens wie auch der psychoanalytischen Aufklärung über Ethik war grundsätzlich berechtigt, wenn auch noch belastet durch eine bloß konventionelle und undialektische Entgegensetzung von „autoritärer" und „humanistischer" Ethik. Die Kritische Theorie, die, Horkheimer zufolge, dadurch bestimmt war, die gesellschaftlichen Voraussetzungen und Folgen der Wissenschaften in diese selbst reflexiv einzuholen, war in ihren eigenen Grundbegriffen gleichsam ethisch imprägniert, und sah deshalb die Verselbständigung ethischer Begründungen als idealistischen und individualistischen Rückfall an. „Es gibt kein richtiges Leben im falschen" (Adorno 1951, S. 43), das hieß: es gibt keine positive Ethik mehr angesichts der Ohnmacht des einzelnen gegenüber der

Übermacht der gesellschaftlichen Verhältnisse. Ethik schien dann nur noch möglich als negative, als Lehre von den Verhinderungen des richtigen Lebens. Diese Sicht krankt allerdings ihrerseits daran, dass Ethik nicht eigentlich einen Möglichkeitsrahmen vollkommener Erfüllung voraussetzt, sondern sich gerade auf eine unvollkommene Welt bezieht. Mit Fromm, aber auch über Fromm hinausgehend, kann eine differenziertere Moraltheorie heute dazu beitragen, das psychoanalytische Verfahren auch als „angewandte Ethik" verständlich zu machen, ohne in die Proklamation eines insgeheim konformistischen Wertekanons zurückzufallen.

(5) Die von Ferenczi angestoßene und von Fromm aufgegriffene Frage einer emotional zuwendenden therapeutischen Methode ist in der Gegenwart in die Konzeption von klassischer und nicht klassischer Technik gemündet. Weniger geklärt und bis heute umstrittener sind die normativen Implikationen der Therapie, also die Frage, ob mit ihr bestimmte Ziele verbunden sind, sein können, müssen oder nicht sein dürfen.

(6) Hinsichtlich der Triebtheorie schließlich gibt es heute keine einheitliche Tendenz. Einige Theoretiker greifen auf die Dualität von Sexual- und Ichtrieben zurück, einige auf die von Lebens- und Todestrieb, eine Mehrheit aber scheint die Triebtheorie weniger zu verwerfen als zu suspendieren, um sich stattdessen auf den wesentlich flexibleren „Wunsch" zu beziehen, der auch den Vorteil hat, die Psychoanalyse auf ihr ureigenstes Gebiet, die Subjektivität des Erlebens, zu beschränken. Jedoch entsteht gerade daraus die Notwendigkeit, der Erlebnisanalyse eine bedingungsanalytische Sozialisationstheorie zur Seite zu stellen. Während Freuds Triebbegriff die bedingungsanalytische Erklärung in Richtung einer biologischen Fundierung suggerierte – ein Ansatz, der heute auch seitens der Neurophysiologie bestärkt wird –, versprachen die Gesellschaftstheorien Fromms und seiner Kritiker auf je unterschiedliche Weise eine entsprechende soziale und historische Erklärung unbewusster Determinanten des Wollens und Handelns.

Hinter dem Streit um die Triebtheorie, so Axel Honneth, wird erst der „eigentlich fruchtbare Kern" des Frommschen Revisionismus sichtbar, nämlich sein „sozialisationstheoretischer Neuansatz" (Honneth 1989, S. 21), in dem der sozialen Interaktion ein Eigensinn sowohl gegenüber natürlichen als auch ökonomischen Determinanten eingeräumt werde. Gegenüber dieser Inanspruchnahme Fromms ist allerdings festzustellen, dass „Sozialisation" für Fromm primär eine anthropologische

Kategorie ist. Und zwar ist sie eine der beiden Formen, „in denen sich der Mensch zur Welt in Beziehung setzt"; während „Assimilation" die Aneignung von Dingen meint, ist „Sozialisation" die Form, in der der Mensch „sich zu den Menschen (und zu sich selbst) in Beziehung setzt" (Fromm 1947, S. 41). Diese Formen der Bezogenheit – damit tritt sie an die Stelle, die Fromm zuvor der Libidoorganisation zugewiesen hatte – stellen für ihn die Basis der Charakterstrukturen dar. Schon an dieser Begriffsbestimmung wird nun aber deutlich: So zutreffend Honneths Hinweis darauf ist, dass die Verbindung von Psychoanalyse und Gesellschaftstheorie vor allem einer ausgeführten Sozialisationstheorie bedarf, so wenig liegt diese selbst bei Fromm schon vor.[10] Nicht nur Adornos und Marcuses These von der Scheinhaftigkeit allen Glücks unter Bedingungen totaler Vergesellschaftung heute, auch und gerade Fromms von humanistischer Absicht getragene, positive Bestimmung der umfassend glücksfähigen Persönlichkeit bedürften, um nachprüfbar zu sein, der sozialisationstheoretischen Konkretion, die aber gerade fehlt. Fromm war mehr an einer Typologie der Bezogenheit (mit der normativen Grundunterscheidung zwischen produktiven und nicht-produktiven Orientierungen) interessiert als am konkreten Nachvollzug des sozialisatorischen Aufbaus der Persönlichkeitsstruktur.

Eben dies beanspruchte jene andere, spätere Kritik der Freudschen Triebtheorie: In den siebziger und achtziger Jahren legte Lorenzer eine apologetische und zugleich transformierende Deutung der Freudschen Metapsychologie vor. Lorenzer kritisierte den Freudschen Biologismus aus einer Perspektive, in der, bei aller notwendigen Einbeziehung sozialer Interaktion in den Aufbau der subjektiven Struktur, die Körperbestimmtheit des Erlebens nicht ausgeblendet werden sollte. Dementsprechend bemühte er sich um eine Reformulierung des Freudschen Triebbegriffs,[11] wobei er einerseits metatheoretisch die Konzeptualisierung des praktisch-therapeutischen Verfahrens, andererseits sozialisationstheoretisch die Verschränkung von natürlichen und sozialen Faktoren in der Entwicklung der Persönlichkeitsstrukturen untersuchte. Er verstand Psychoanalyse explizit als kritische Theorie des Subjekts, das heißt er zielte auf eine methodologisch abgesicherte

---

10 So auch die Einschätzung bei Klein-Landskron 1987, S. 95, 98.

11 Vgl. Lorenzer 1972, S. 16 ff. und 41 ff. Die Formulierung dieses Ansatzes blieb auf verschiedene Schriften verstreut und fragmentarisch. Ein Versuch der Systematisierung und Fortführung findet sich beispielsweise bei Butzer (1991).

Vermittlung[12] von psychoanalytischer Erlebnisanalyse und sozioökonomischer Bedingungsanalyse subjektiver Strukturen. Anders als der frühe Freudomarxismus und noch Fromm konzipierte er den Brückenschlag zwischen Psychoanalyse und Gesellschaftstheorie auf dem Weg einer kritischen Erschließung von Gegenstand, Verfahren und Begrifflichkeit der Psychoanalyse. Während Fromm geglaubt hatte, eine entsprechende Verbindung nur herstellen zu können, indem er das Konstrukt der von Sexual- und Selbsterhaltungstrieben unabhängigen Sozialtriebe beziehungsweise der basalen Bezogenheit bildete, sah sich Lorenzer genötigt, den Begriff des Triebes als den eines Gefüges von psychisch-organismischen, sozialisatorisch hergestellten „Interaktionsformen" neu zu bestimmen.

Der Begriff des Triebes sollte also seiner mystifizierenden Hülle entkleidet werden, ohne den darin aufbewahrten Erfahrungskern preiszugeben: die psychische Struktur als Sozialität der inneren Natur zu begreifen.

„Wir haben", so Lorenzer (in: Görlich 1980, S. 312), „diesen Trieb-Begriff eine Mystifikation zu nennen, und zwar eine beispielhafte Mystifikation gerade darin, daß das, was der Begriff vorstellt, die irreführende Maskerade eines grandiosen Bewußtseinszuwachses enthält: Freud hatte mit der Trieblehre aufgedeckt, daß alles Erleben einen sinnlich-körperlichen Kern hat. Aber die Erkenntnis der Natürlichkeit des Erlebens diente zugleich dazu, die Beweggründe der Persönlichkeit ins Urzeitliche, Geschichtslose zu verschieben. Unsere Aufgabe ist es nun, den Schleier dieser Mystifikation zu durchdringen, um den Zusammenhang von Triebstruktur und Erleben als Leitlinie einer Theorie der objektiv bedingten Subjektbildung vorzuweisen, als Leitlinie einer Theorie, die von einer *gesellschaftlich hergestellten* Triebstruktur die Beziehung zu den objekti-

---

12 Vermittlung, nicht Gleichsetzung, wie beispielsweise Reiche (1995, S. 246) hartnäckig missversteht. In seinem Rundumschlag erklärt Reiche sämtliche Übertragungsversuche psychoanalytischer Einsichten auf den Bereich der Gesellschaft von den frühen Freudomarxisten bis heute kurzerhand für gescheitert. Das zentrale Argument dafür ist die von Adorno über Foucault bis Luhmann und Habermas auf je eigene Weise plausibel gemachte Eigengesetzlichkeit des Sozialen, die sich nicht mehr anthropozentrisch konzipieren lässt. Genau von der entsprechenden unreduzierbaren Heteronomie sozialer und individueller Strukturanalysen ging allerdings auch Lorenzer selbst aus (vgl. beispielsweise seine Bezugnahme auf den Strukturalismus Louis Althussers, in: Görlich 1980, S. 303). „Vermittlung" sollte demnach nicht letztendliches Zur-Deckung-Bringen bedeuten, sondern einen konzeptionellen Nachvollzug von Wirkungszusammenhängen des Sozialen auf die Individuen und (wie auch immer ausnahmsweise) umgekehrt.

ven Bedingungen der biologischen Natur ebenso wie zu den objektiven Bedingungen der gesellschaftlichen Prozesse aufzudecken hat."

Wenn Bierhoff, der innerhalb der neueren Fromm-Literatur wohl am intensivsten die von Görlich mit Lorenzer betriebene Aufarbeitung des Kulturismus-Revisionismus-Streits zur Kenntnis genommen hat, urteilt, dass „am Ende [...] Lorenzer und Görlich Freud nicht weniger revidiert [haben] als Fromm und Marcuse", so ist das deskriptiv zwar richtig, vernachlässigt aber die Unterscheidung zwischen einer Revision der mystifizierenden Begrifflichkeit und einer Revision des damit intendierten Erfahrungsgehalts.

Bierhoff betont in seiner Metakritik der Görlich-Lorenzerschen Fromm-Kritik zahlreiche Übereinstimmungen zwischen Marcuses und Fromms „Revisionismen", Übereinstimmungen, die aus der gemeinsamen gesellschaftstheoretischen und -kritischen Orientierung resultieren. So kommt er zu der generellen Einschätzung,

> „daß der Streit zwischen Marcuse und Fromm Ausdruck einer Rezeptionsstörung ist. [...] Jedenfalls erscheinen, sobald man sich interpretierend auf den Bezugsrahmen der jeweiligen Autoren einläßt und die einzelnen Argumente nachvollzieht, die Unterschiede erkennbar geringer. [...] Beide üben eine radikale Kritik in humanistischer Absicht, der eine auf der Grundlage einer historisierten und soziologisierten Triebtheorie, der andere auf der Grundlage einer Anthropologie, die das Möglichkeitspotential des Menschen in den Blick nimmt; die Maßstäbe der Kritik sind zwar unterschiedlich begründet, messen jedoch in beiden Fällen [...] den Menschen daran, inwieweit er in der Aufarbeitung der ‚falschen' Bedürfnisse ‚wahre' Bedürfnisse ausformt und seine Kräfte im Sinne einer nicht-destruktiven Produktivität realisiert." (Bierhoff 1991b, S. 155)

Was als Kerndifferenz zu bleiben scheint, ist die (an Marcuse anschließende) Kritik Lorenzers, Fromm „habe die gesellschaftliche Prägung des Menschen auf der ‚Ebene der Normen und der Bewußtseinsauseinandersetzungen' angesiedelt, ‚so daß das Physiologisch-Sinnliche aus der geschichtlichen Determinierung herausfallen mußte'" (Bierhoff 1991b, S. 153, bezüglich Lorenzer in: Görlich 1980, S. 328). Jedoch habe sich Fromm, so Bierhoffs Verteidigungsargument gegenüber diesem Vorwurf, durchaus „um eine Balance zwischen biologischen und sozialen Prozessen bemüht" (Bierhoff 1991b, S. 154).

In der Tat anerkennt Fromm die biologische Dimension, indem er anthropologisch von physiologischen Trieben bzw. Grundbedürfnissen ausgeht. In Reaktion auf die gesellschaftlichen *Bedingungen*, unter denen diese Bedürfnisse jeweils befriedigt werden können, entwickeln sich dann, ihm zufolge, die psychischen Impulse, das jeweilige menschliche „Grundverhältnis". So unterscheidet Fromm auch zwischen psychischem *Charakter* und konstitutionell-physiologischem *Temperament* (vgl. Fromm 1947, S. 37 ff.). Aber das Verhältnis zwischen Biologischem und Sozialem bleibt bei ihm letztlich bloß additiv, aufgeteilt in verschiedene Bereiche oder Ebenen, die inhaltlich nicht miteinander vermittelt sind. Demgegenüber erscheint es als sozialisationstheoretische Aufgabe, zu erklären, wie die „natürlichen" Bedürfnisse (Hunger, Durst und Schlafbedürfnis) auf den verschiedenen Stufen der psychischen Entwicklung für das Kind selbst emotional, kognitiv und praktisch überhaupt erst interpretierbar gemacht werden. Die Strebungen nach Selbsterhaltung, dinglicher Aneignung, interpersoneller und intrapersoneller Bezogenheit können offenbar nicht unabhängig voneinander ausgebildet werden.

Klammert man sich nicht zu eng-dogmatisch an theoretische Konzepte, dann schließen sich aus heutiger Sicht – dies scheint mir ein Ergebnis der neueren Fortführungen des alten „Revisionismus"-Streits zu sein – eine nicht biologistische Triebtheorie und eine Tiefenpsychologie der sozialen Bezogenheit keineswegs aus. Kulturtheorie, Sozialisationstheorie und Moraltheorie sind mit den mikroanalytischen Mitteln der Psychoanalyse nicht weniger aufzuklären, als sie ihrerseits die zunächst erkenntnis- und praxiskonstitutiven Blickverengung der Psychoanalyse erweitern. Dabei ist auch der Frommsche Versuch, den Begriff einer entfalteten Subjektivität und reifen Persönlichkeit über die Negation von Deformation hinaus zu konkretisieren, nicht mehr von vornherein unter den Verdacht der ideologischen Anthropologisierung zu stellen. Die Erfahrungsgehalte sowohl der Triebpsychologie als auch der Sozialpsychologie der „Grundverhältnisse" sind sozialisationstheoretisch zu konkretisieren und zu erklären. Sie entsprechen den beiden Aspekten des psychoanalytischen Erkenntnisgegenstandes, der Naturhaftigkeit des Sozialen und der Sozialität der menschlichen Natur.

In einem 1975 gehaltenen Vortrag über *Die Bedeutung der Psychoanalyse für die Zukunft* griff der späte Fromm, scheinbar ganz unbefangen, noch einmal den Horkheimerschen Ausdruck „kritische Theorie" auf. In der Tat wird hier die – über alle theoretischen und persönlichen Differenzen hinweg bestehende – Gemeinsamkeit der Ansätze deutlich. Nachdem Fromm darauf eingegangen war, wie die Psychoanalyse u.a. durch Vulgärfreudianismus und Ich-Psychologie um ihren revolutionären Stachel gebracht worden war, schloss er mit den Worten:

„Für mich besteht die Zukunft der Analyse darin, daß sie wieder eine kritische Theorie wird, indem sie hilft, die heute in den Individuen und in der Gesellschaft entscheidenden Verdrängungen aufzuklären, Widersprüche aufzuhellen und Ideologien zu entzaubern [...]. Wagt es die Psychoanalyse, diese heute zentralen Konflikte zu berühren, dann wird sie allerdings wieder unpopulär werden und ebenso bekämpft werden, wie sie einmal bekämpft worden ist, als sie eine kritische Theorie war." (Fromm 1975, S. 200 f.)

Literatur

Adorno, Th. W. (1936). Brief an Max Horkheimer vom 21.3.1936. In: Horkheimer, M., Gesammelte Schriften Bd. 15. S. 496 ff. Frankfurt/M.: Fischer.
– (1941). Brief an Horkheimer vom 17.8.1941. In: Horkheimer, Max, Gesammelte Schriften Bd. 17. S. 152, Anm. 2. Frankfurt/M.: Fischer.
– (1951). Minima Moralia. In: Ders., Gesammelte Schriften Bd. 4. Frankfurt/M.: Suhrkamp.
– (1952). Die revidierte Psychoanalyse. In: Ders., Gesammelte Schriften Bd. 8. S. 20 ff. Frankfurt/M.: Suhrkamp.
Bierhoff, B. (1991a). Erich Fromm und das Institut für Sozialforschung. In: Wissenschaft vom Menschen. Jahrbuch der Internationalen Erich-Fromm-Gesellschaft, Bd. 2: Erich Fromm und die Kritische Theorie. S. 55 ff. Münster, Hamburg: Lit-Verlag.
– (1991b). Triebstruktur oder soziale Beziehungen. Anmerkungen zur Kulturismus-Debatte. In: Wissenschaft vom Menschen. Jahrbuch der Internationalen Erich-Fromm-Gesellschaft, Bd. 2: Erich Fromm und die Kritische Theorie. S. 128 ff. Münster, Hamburg: Lit-Verlag.
– (1993). Erich Fromm. Analytische Sozialpsychologie und visionäre Gesellschaftskritik. Opladen: Westdeutscher Verlag.
Bonß, W. (1980). Kritische Theorie und empirische Sozialforschung. In: Fromm, Erich, Arbeiter und Angestellte am Vorabend des Dritten Reiches. S. 7 ff. München: Deutscher Taschenbuch Verlag (1983).
Butzer, R. J. (1991). Zur Dechiffrierung des Freudschen Triebbegriffs. Zeitschrift für Sexualforschung 4, 1 ff.
Cremerius, J. (1979). Gibt es zwei psychoanalytische Techniken? Psyche 33, 577 ff.
Freud, S. (1908). Charakter und Analerotik. In: Ders., Studienausgabe Bd. VII. S. 23 ff. Frankfurt/M.: Fischer.
– (1919). Wege der psychoanalytischen Therapie. In: Ders., Studienausgabe Ergänzungsband, S. 239 ff. Frankfurt/M.: Fischer.
– (1933). Neue Folge der Vorlesungen zur Einführung in die Psychoanalyse. In: Ders., Studienausgabe Bd. I, S. 447 ff. Frankfurt/M.: Fischer.
Fromm, E. (1932). Die psychoanalytische Charakterologie und ihre Bedeutung für die Sozialpsychologie. In: Ders., Gesamtausgabe Bd. I. S. 59 ff. München: Deutscher Taschenbuch Verlag.

- (1935). Die gesellschaftliche Bedingtheit der psychoanalytischen Therapie (1935). In: Ders., Gesamtausgabe Bd. I, S. 115 ff. München: Deutscher Taschenbuch Verlag.
- (1936a). Studien über Autorität und Familie. Sozialpsychologischer Teil. In: Ders., Gesamtausgabe Bd. I, S. 139 ff. München: Deutscher Taschenbuch Verlag.
- (1936b). Brief an Karl-August Wittfogel vom 18.12.1936. In: Ders., Gesellschaft und Seele, Schriften aus dem Nachlass, Gesamtausgabe Bd. 7. Weinheim und Basel: Beltz. Vorwort des Herausgebers, S. 15. München: Deutscher Taschenbuch Verlag.
- (1937). Die Determiniertheit der psychischen Struktur durch die Gesellschaft. Zur Methode und Aufgabe einer Analytischen Sozialpsychologie. In: Ders., Gesellschaft und Seele, Schriften aus dem Nachlass Bd. 7. S. 23 ff. Weinheim und Basel: Beltz.
- (1941). Die Furcht vor der Freiheit. In: Ders., Gesamtausgabe Bd. I, S. 215 ff. München: Deutscher Taschenbuch Verlag.
- (1947). Man for Himself. An Inquiry into the Psychology of Ethics. Dt.: Psychoanalyse und Ethik. In: Ders., Gesamtausgabe Bd. 2, S. 1 ff. München: Deutscher Taschenbuch Verlag.
- (1949). Über psychoanalytische Charakterkunde und ihre Anwendung zum Verständnis der Kultur. In: Ders., Gesamtausgabe Bd. I, S. 207 ff. München: Deutscher Taschenbuch Verlag.
- (1955). Wege aus einer kranken Gesellschaft. In: Ders., Gesamtausgabe Bd. IV, S. 1 ff. München: Deutscher Taschenbuch Verlag.
- (1959). Das Unbewusste und die psychoanalytische Praxis. In: Ders., Schriften aus dem Nachlass, Gesamtausgabe Bd. 7. S. 111 ff. Weinheim und Basel: Beltz 1992.
- (1968). Die Revolution der Hoffnung. Für eine Humanisierung der Technik. In: Ders., Gesamtausgabe Bd. IV, S. 255 ff. München: Deutscher Taschenbuch Verlag.
- (1970). Die Krise der Psychoanalyse. In: Ders., Gesamtausgabe Bd. VIII, S. 47 ff. München: Deutscher Taschenbuch Verlag.
- (1975). Die Bedeutung der Psychoanalyse für die Zukunft. In: Ders., Gesamtausgabe Schriften aus dem Nachlass Bd. 7. S. 167 ff. Weinheim und Basel: Beltz.
- (1976). Haben und Sein. Die seelischen Grundlagen einer neuen Gesellschaft. In: Ders., Gesamtausgabe Bd. II, S. 269 ff. München: Deutscher Taschenbuch Verlag.
- (1980). Arbeiter und Angestellte am Vorabend des Dritten Reiches. Eine sozialpsychologische Untersuchung. In: Ders., Gesamtausgabe Bd. III, S. 1 ff. München: Deutscher Taschenbuch Verlag.
- (1990). Die Entdeckung des gesellschaftlichen Unbewussten. Zur Neubestimmung der Psychoanalyse. In: Ders., Gesamtausgabe, Schriften aus dem Nachlass Bd. 3. Weinheim und Basel: Beltz.

Gehlen, A. (1940). Der Mensch. Seine Natur und seine Stellung in der Welt. Wiesbaden: Aula 1986.

Görlich, B., Lorenzer, A., Schmidt, A. (1980). Der Stachel Freud. Beiträge und Dokumente zur Kulturismus-Kritik. Frankfurt/M.: Suhrkamp.

Honneth, A. (1989). Kritische Theorie. Vom Zentrum zur Peripherie einer Denktradition. Kölner Zeitschrift für Soziologie und Sozialpsychologie 41, S. 1 ff.

Horkheimer, M. (1931). Die gegenwärtige Lage der Sozialphilosophie und die Aufgaben eines Instituts für Sozialforschung. In: Ders., Gesammelte Schriften Bd. 3, S. 20 ff. Frankfurt/M.: S. Fischer.
- (1931/34). Dämmerung. Notizen in Deutschland. In: Ders., Gesammelte Schriften Bd. 2, 1987, S. 309 ff. Frankfurt/M.: S. Fischer.
- (1932). Vorwort zu Heft 1 des I. Jahrgangs der Zeitschrift für Sozialforschung. In: Ders., Gesammelte Schriften Bd. 3, 1988, S. 36 ff. Frankfurt/M.: S. Fischer.
- (1936). Egoismus und Freiheitsbewegung. In: Ders., Gesammelte Schriften 4, 1988, S. 9 ff. Frankfurt/M.: S. Fischer.
- (1941). Brief an Friedrich Pollock vom 18.9.1941. In: Ders., Gesammelte Schriften Bd. 17, 1996, S. 177 ff. Frankfurt/M.: S. Fischer.

- Klein[-Landskron], E. (1987). Die Theorie des Subjekts bei Erich Fromm. Frankfurt/M.: Campus.
- (1992). Max Horkheimer und Erich Fromm. In: Kessler, Michael & Funk, Rainer (Hg.). Erich Fromm und die Frankfurter Schule. S. 161 ff. Tübingen: Francke.

Lorenzer, A. (1972). Zur Begründung einer materialistischen Sozialisationstheorie. Frankfurt/M.: Suhrkamp.

Marcuse, H. (1955). Eros and Civilisation. Dt.: Triebstruktur und Gesellschaft. Frankfurt/M.: Suhrkamp (1968).
- (1965). Repressive Toleranz. In: Ders., Schriften Bd. 8. S. 136 ff. Frankfurt/M.: Suhrkamp.

Reiche, R. (1995). Von innen nach außen? Sackgassen im Diskurs über Psychoanalyse und Gesellschaft. Psyche 49, 227 ff.

Michael Schwandt

Der Praxisbegriff
der Kritischen Theorie

Gegenstand dieses Artikels ist der Praxisbegriff der Kritischen Theorie. Die dabei gewählte politikwissenschaftliche Perspektive kann hoffentlich auch für einen Diskurs, bei dem die Psychoanalyse im Zentrum der Betrachtung steht, einen Eindruck davon vermitteln, zu welchem Ziel oder Ende sich die Kritische Theorie gesellschaftliche Praxis vorgestellt hat. Der Schwerpunkt liegt darauf, zu zeigen, wie sich der Begriff von gesellschaftlicher Praxis innerhalb der frühen Kritischen Theorie in den 20er und 30er Jahren des inzwischen vergangenen Jahrhunderts herausgebildet und später verändert hat. Dazu werden zuerst einige Eckpunkte aus der Institutionalisierungszeit und dem Exil des Instituts für Sozialforschung benannt, unter anderem das Verhältnis zur Psychoanalyse. Zu dieser Zeit bewegten sich die Vorstellungen von Praxis noch in einem von Max Horkheimer gesetzten programmatischen Rahmen. Der Gang der Darstellung wird dann in den Nachkriegsjahren unterschiedliche Einschätzungen über die Möglichkeit und den Charakter von Praxis innerhalb der Kritischen Theorie aufzeigen. Exponenten der sich hierbei gegenüberstehender Positionen sind T.W. Adorno und Herbert Marcuse, die beide stark von der psychoanalytischen Theorie inspiriert waren. Abschließend wird dann anhand der Positionen von Adorno und Marcuse das Spannungsfeld entwickelt, in dem die späte Kritische Theorie über Praxis reflektierte. Welche Folgen die Erkenntnisse der Kritischen Theorie für die Psychoanalytische Theorie und für die therapeutische Praxis heute haben mag, wird hoffentlich noch von Anderen, fachlich dazu berufenen Autoren ausgeführt.

Michael Schwandt

Die Institutionalisierung der Kritischen Theorie

Entstanden aus einer unabhängigen, westeuropäischen Interpretation des Marxismus in den zwanziger Jahren war die Kritische Theorie von Anfang an politischer Praxis eng verbunden. Marx' Gesellschaftskritik formulierte die Erkenntnis, dass in der bürgerlichen Epoche die Menschen nicht Herren der aus ihrer eigenen Praxis hervorgegangenen Gesellschaft sind. Sie seien dieser vielmehr unterworfen. Die gesellschaftliche Reproduktion, Praxis also im allerweitesten Sinne, vollziehe sich nach abstrakten ökonomischen Gesetzen und damit hinter dem Rücken der und auch durch die Individuen hindurch, welche bloß als Vollstrecker dieser allgemeinen Gesetze handelten und diesen bei Strafe des ökonomischen Untergangs nachkommen müssten. Als ihrer eigenen Gesellschaft und deren praktischer Gestaltung nicht mächtig, verharrten die Menschen, so Marx' Urteil, in der Vorgeschichte ihrer Gattung: Ihre Praxis sei bewusstlos. Dass die kapitalistische Gesellschaft fähig sei, ihre Reproduktion auf sogar immer wieder erhöhter Stufe zu leisten, mache dabei ihre geschichtliche Würde und Notwendigkeit aus. Um diesen auch praktisch zu nennenden Prozess bekümmert sich Kritische Theorie allerdings erst einmal nicht. Praxis bedeutete ihren Vertretern statt dessen: Gesellschaftliches Handeln des Menschen zur Veränderung dieser von ihm selbst geschaffenen Lebenswelt. Die Intention, die Gesellschaft zu verändern, bedarf einer anderen, auf den von Marx kritisierten Zustand reflektierenden Praxis. Horkheimer richtet die Arbeit des Instituts für Sozialforschung (IfS), dessen Direktor er wird, entsprechend aus:

> „Es gibt keine Theorie der Gesellschaft (...) die nicht politische Interessen mit einschlösse, über deren Wahrheit anstatt in scheinbar neutraler Reflexion nicht selbst wieder handelnd und denkend, eben in konkreter geschichtlicher Aktivität, entschieden werden müßte."
> (Horkheimer 1937, S. 275)

Die Arbeit des Instituts sollte also nicht der Praxis der Reproduktion, sondern der Praxis der Umwälzung der bürgerlichen Gesellschaft zugute kommen. Praxis bedeutet nicht Teilnahme an den Selbstregulation der bürgerlichen Gesellschaft, sondern ein die gesamten gesellschaftlichen Verkehrsformen und Eigentumsverhältnisse umwälzendes Tun. Der Gründer des Instituts, Felix Weil, hoffte sogar, es einst einem *„siegreichen deutschen Rätestaat übergeben zu können."* (Wiggershaus 1988, S. 19). Es ging der Kritischen Theorie schon zu Beginn wortwörtlich ums Ganze. Aber in diesem Begriff von Praxis steckte auch von Beginn an ein Widerspruch. Die Entstehung der Kritischen Theorie war ja gerade durch das Versagen des Marxismus motiviert, wo dieser als Revolutionstheorie angetreten war und die Einheit von Gesellschaftstheorie und politischer Praxis hatte begründen wollen: *„Die Lehre von Marx ist allmächtig, weil sie wahr ist"* (Lenin 1913, S. 3). Das Anknüpfen der Kritischen Theorie an Marx' Werk als einer Philosophie politischer Praxis war also motiviert durch das historische Scheitern eben dieses Anspruchs.

Die Psychoanalyse in der Kritischen Theorie: Hilfswissenschaft, nicht therapeutische Methode

Das von Horkheimer bei seinem Amtsantritt vorgestellte Forschungskonzept würde man heute interdisziplinär nennen. Die benannte Krise des Marxismus galt es seiner Meinung nach zu überwinden durch die Durchdringung von philosophischer Theorie mit einzelwissenschaftlicher Praxis, wie er die Arbeit des IfS programmatisch beschrieb. Der Psychologie wurde im Kanon der erforderlich werdenden Fachwissenschaften ein prominenter Platz eingeräumt, und die psychoanalytische Strömung war damals deren fortgeschrittenste und kritischste Gestalt. Horkheimer hatte die Forschungsrichtung vorgegeben, und Erich Fromm als Fachwissenschaftler führte sie in seinem programmatischen Aufsatz „Aufgaben einer analytischen Sozialpsychologie" in der institutseigenen „Zeitschrift für Sozialforschung", detailliert aus. Im Wesentlichen schrieb Fromm der zu begründenden Sozialpsychologie die Aufgabe zu, die konkreten Vermittlungsprozesse zwischen ökonomischer Basis und Überbauphänomenen, soweit diese im menschlichen Seelenleben repräsentiert seien, zu erforschen. Da die Psychoanalyse sowohl materialistisch als auch historisch vorgehe, indem sie zum einen die psychischen Abläufe als Erscheinung noch unbeobachtbarer physischer Prozesse betrachtet und zum anderen die Genese des Individuums als einen eigengesetzlichen, historischen Prozess, bestünde eine weitgehende methodische Übereinstimmung zwischen der Marxschen Gesellschaftstheorie und ihrer neuen Hilfswissenschaft. Um die zu medizinischen Zwecken entwickelte Individualpsychologie nun für die Gesellschaftskritik fruchtbar zu machen, waren nach Fromm daher keine großen Modifikationen notwendig:

> „Die sozialpsychologischen Erscheinungen sind aufzufassen als Prozesse der (...) Anpassung des Triebapparates an die sozialökonomische Situation. Der Triebapparat selbst ist (...) biologisch gegeben, aber weitgehend formbar; den ökonomischen Bedingungen kommt die Rolle als primär formende Faktoren zu. Die Familie ist das wesentliche Medium, durch das die ökonomische Situation ihren formenden Einfluß auf die Psyche des Einzelnen ausübt. Die Sozialpsychologie hat die (...) sozial relevanten seelischen Haltungen und Ideologien (...) und insbesondere deren unbewußte Wurzeln aus den Einwirkungen der ökonomischen Bedingungen auf die libidinöse Struktur zu erklären." (Fromm 1932, S. 40)

Offenbar stellte sich diese Umsetzung der ökonomischen Basisprozesse in Bewusstseinsinhalte doch wesentlich komplizierter dar, als in den Tagen der Klassiker der politischen Ökonomie vermutet. Hier lag nun das Aufgabengebiet der analytischen Sozialpsychologie als einer wissenschaftlichen Teildisziplin innerhalb von Horkheimers Kritischer Theorie. Das Verhältnis zur ursprünglichen Anwendung der psychoanalytischen Theorie, der psychoanalytischen Behandlung, war dabei unter den Theoretikern des Instituts von Anfang an eher ambivalent. Nachdem sein Freund Leo Löwenthal bei Frieda Fromm-Reichmann in psychoanalytischer Behandlung gewesen war, begann Horkheimer 1928 eine Analyse bei Karl Landauer. Soweit heute bekannt war Horkheimers einziges Problem sein Unvermögen, öffentlich ohne vorbereiteten Text frei zu sprechen. Nach einem Jahr war dies behoben und die Analyse, die vermutlich eher Lehr- denn therapeutischen Charakter gehabt hatte, beendet. Adorno und Marcuse hingegen verspürten trotz ihres ausgeprägten Interesses an der Theorie ganz und gar keine persönliche Neigung oder Neugier, sich einer solchen Kur zu unterziehen, aus der sich zumindest bei Adorno später eine ausgesprochene Ablehnung der Psychoanalyse als Therapie entwickelte, und auch Marcuse reagierte auf Nachfragen, warum er trotz seiner Begeisterung für die Psychoanalyse nicht analysiert sei, mitunter eher patzig. Obwohl das Institut für Sozialforschung einiges beitrug, um die Psychoanalyse an der Frankfurter Universität zu etablieren, bleiben die Berührungspunkte mit dem Hauptbetätigungsfeld der meisten Psychoanalytiker, der Therapie, vergleichsweise gering.

Der Paradigmenwechsel Kritischer Theorie

Die empirische Sozial-, nicht die Individualpsychologie, war also die Form der Anwendung der psychoanalytischen Theorie in der Kritischen Theorie. 1932 bereitet das Institut in Folge der ersten so gesammelten Erkenntnisse sein Exil in der Schweiz und in Frankreich vor. Tiefgreifende Konsequenzen für die theoretische Konzeption der Kritischen Theorie ergaben sich dann auf dem Höhepunkt des Zweiten Weltkrieges, als die Nachrichten über den Völkermord an den europäischen Juden, dem niemand Einhalt gebot, zur Gewissheit wurden. Die Wiederkehr von technologisch potenzierter Barbarei inmitten der Zivilisation und aus ihrem Innersten heraus, wofür seitdem die Chiffre Auschwitz gebräuchlich geworden ist, hatte in den Augen der Kritischen Theorie der Marxschen Theorie den geschichtsphilosophischen Boden, der ohnehin schwankend geworden war, nun völlig entzogen:

„Man spricht vom drohenden Rückfall in die Barbarei. Aber er droht nicht, sondern Auschwitz war er; Barbarei besteht fort, solange die Bedingungen, die diesen Rückfall zeitigten, wesentlich fortdauern." (Adorno 1966, S. 674)

Unter diesem Eindruck verschob sich das Interesse von Adorno und Horkheimer von der *„Theorie der ausgebliebenen Revolution"* auf die *„Theorie der ausgebliebenen Zivilisation"* (vgl. Wiggershaus 1988, S. 347). Nicht nur im Nationalsozialismus, auch im Stalinismus und in den noch demokratisch verfassten Gesellschaften des Westens sahen Horkheimer und seine Mitarbeiter verschiedene Erscheinungsformen einer totalen Vergesellschaftung, welche die sozial gespaltene Klassengesellschaft endgültig abgelöst und die Individuen, ohnehin schon immer bedroht, vollends entmächtigt hatte. Der Spätkapitalismus erscheint ihnen dabei als die konsequente Vollendung der bürgerlichen Gesellschaft, die sich zum Zweck ihrer eigenen Expansion und Stabilisierung fortwährend selbst umwälzt. Die sich entwickelnden Produktivkräfte sprengen aber nicht mehr, wie noch von Marx erwartet, die Produktionsverhältnisse; im Gegenteil dehnen sich jene universal aus. Sowohl räumlich, über die ganze Welt, als auch in die Tiefe, in gesellschaftliche Bereiche, die bislang noch nicht unter dem Tausch- und Konkurrenzprinzip organisiert gewesen sind. Das ökonomische, politische und kulturelle System wird dem einzelnen Menschen gegenüber omnipräsent, einheitlich und dabei höchst leistungsfähig; keine Sphäre des Privaten bleibt ihm mehr verschlossen. Noch bevor dynamische und halbwegs festgefügte Ich-Strukturen, wie sie in der klassischen psychoanalytischen Theorie beschrieben werden, entstehen können, greifen gesellschaftliche Kräfte weit unvermittelter als in früheren Epochen in den Sozialisationsprozess ein. Spricht Marcuse nun von der „*Eindimensionalität*" der gesellschaftlichen Realität, welche den Charakter eines „*Systems*" annimmt, so klagt Adorno mit derselben Intention den „*Verblendungszusammenhang*" der gesellschaftlichen „*Totalität*" an und befindet in der bekannten Umkehrung des Hegel-Wortes „*Das Ganze ist das Unwahre*". Dies muss Konsequenzen für das Verhältnis der Kritischen Theorie zur Praxis haben. Die revolutionäre Umgestaltung der Gesellschaft war ohnehin bereits mangels eines dazu historisch qualifizierten kollektiven Subjekts unbefristet vertagt; aber auch eine bisher noch soziologisch fassbare herrschende Klasse verschwindet nun zugunsten einer sachlichen (man könnte heute versucht sein zu sagen: systemischen) Verselbständigung:

> „Weiter wird Herrschaft über Menschen ausgeübt durch den ökonomischen Prozeß hindurch. Dessen Objekte sind längst nicht mehr nur die Massen, sondern auch die Verfügenden und ihr Anhang (...) Die Verselbständigung des Systems gegenüber allen, auch gegenüber den Verfügenden, hat einen Grenzwert erreicht." (Adorno 1968, S. 360ff.)

> „Und diese wechselseitige Abhängigkeit ist nicht mehr das dialektische Verhältnis von Herr und Knecht (...) sondern eher ein ‚circulus vitiosus', der beide einschließt, den Herrn und den Knecht." (Marcuse 1967, S. 53)

Praxis in der totalitären Gesellschaft

Obsolet geworden ist also schon lange das Paradigma der menschlichen Vernunft, das in der Aufklärung das Menschenwesen charakterisierte und das die Hoffnung auf ein säkulares Reich der Vernunft auf Erden durch eine Praxis der Aufklärung geschürt hatte. Obsolet geworden ist ebenso das Paradigma der Arbeit, die als gesellschaftskonstituierendes Moment im Marxismus diejenigen Kräfte entfesseln sollte, die die überkommene Gesellschaftsordnung sprengen und dem Sozialismus in der politischen Praxis des Klassenkampfes zum Sieg verhelfen sollte. Danach kann die Kritische Theorie keinen Begriff von Praxis mehr aufweisen, der auf gesellschaftliche Bewegungsgesetze gegründet ist und realistische Hoffnung auf Veränderung verspricht. Sie fragte angesichts dieser Situation stattdessen nach der Perspektive des Individuums, welches durch die nahezu vollständig verwaltete Welt zum Verschwinden gebracht wird. Das bürgerliche Individuum ist nach Adorno kaum älter als die Renaissance, und da es historisch entsprungen ist, mag es auch wieder verschwinden. Dies beschreibt Adorno mit einer aus der politischen Ökonomie entlehnten Analogie, der von der wachsenden organischen Zusammensetzung des Menschen: Wie der Anteil der lebendigen gegenüber der in Maschinerie sedimentierten toten Arbeit im Produktionsprozess tendenziell immer weiter fällt, so verfällt die Individualität im Verhältnis zu den unmittelbar Gesellschaft repräsentierenden Instanzen der Psyche (vgl. Breuer 1985, S. 35ff.). Zur Illustration ein Beispiel aus dem Bereich der psychoanalytisch geprägten Theoriebildung: Eher nicht mehr mit dem autoritärer Charakter, von heftig konflikthaften psychischen Binnenstrukturen getrieben, herrschsüchtig, unterwürfig und sadistisch, muss man sich in einer solchen Welt herumschlagen, sondern mit weitgehend gefühls- und affektlosen, bestens an ihre Umgebung angepassten manipulativen Charakteren, denen einzig die perfekte Einfügung in den Status Quo als lohnenswerte Aufgabe erscheint, wie es z. B. an den NS-Massenmördern Eichmann (vgl. Arendt 1964) oder Höß (vgl. Pohrt 1980, S. 94ff.) beschrieben worden ist.

Adorno: Wendung aufs Subjekt

Was machen Adorno und Marcuse nun aus dieser Gesellschaftsdiagnose, die sich auch im Wesentlichen bei beiden nicht mehr ändern wird? Bei Adorno, nach dem Krieg bald Professor in Deutschland, kann Kritische Theorie nur noch negativ Einspruch erheben gegen die Totalität der verwalteten Welt. Seine Aufmerksamkeit gilt nach der Einsicht in die Stabilität der gesellschaftlichen Struktur dem Individuum, in dem sich Reste von Freiheit und Autonomie verkörpern, die in der gesellschaftlichen Sphäre als politische Kräfte längst Geschichte sind:

> „Es mag temporär etwas von der befreienden gesellschaftlichen Kraft in die Sphäre des Individuums sich zusammengezogen haben. In ihr verweilt die kritische Theorie nicht nur mit schlechtem Gewissen." (Adorno 1951, S. 16)

Es geht ihm dabei – „*Minima Moralia*" – oftmals um das, was nahezu unbezweifelbar das Individuum begründet, seine physische Existenz und deren Integrität: „*Zart wäre einzig das Gröbste: Daß keiner mehr hungern soll.*" (Adorno 1951, S. 178) oder „*Moralische Fragen stellen sich bündig (...) in Sätzen wie: Es soll nicht gefoltert werden, es sollen keine Konzentrationslager sein.*" (Adorno 1967, S. 281)

Damit treffen sich nun Kritische Theorie und psychoanalytische Theorie wieder, aber an einem anderen Schnittpunkt als in den 30er Jahren. Wo der Analytiker kein positives Bild von Gesundheit definieren kann, sondern nur den Leidensdruck des Patienten ernstnehmen und ihm helfen kann, diesen produktiv zu nutzen, so kann die Kritische Theorie Adornos nun keinen positiven Entwurf einer richtigen gesellschaftlichen Praxis mehr denken, jedoch jederzeit gegen die Zumutungen von Herrschaft und Konformitätszwang intervenieren, wo diese Leid verursachen. In dieser „*Wendung aufs Subjekt*" bekommt die Psychoanalytische Theorie als die Wissenschaft von der Binnendynamik des Individuums unter der Bedingung ständigen und übermächtigen Außendrucks für Adorno nahezu den Rang einer anthropologischen Theorie, wenn er nicht überhaupt systematische Anthropologie als eine positive Lehre von einer bestimmbaren „*Natur*" des Menschen ablehnen würde. Adorno kritisiert seine Studierenden, die mit revolutionärem Elan und kämpferischem Habitus auftreten. Was Adorno hingegen empfiehlt zu tun, entspricht seiner sicher bekanntesten Maxime:

> „Die fast unlösbare Aufgabe besteht darin, weder von der Macht der anderen, noch von der eigenen Ohnmacht sich dumm machen zu lassen" (Adorno 1951, S. 34)

Diese Haltung ist weder, wie Adorno oft nachgesagt wird, resignativ, noch unreflektiert. Sie ist Ausdruck seines theoretischen Verständnisses der Gesellschaft. Wo es ihm hingegen möglich erscheint interveniert er in den öffentlichen, auch nichtwissenschaftlichen Diskurs, hält ungezählte Vorträge in Radio und Fernsehen, äußert sich gegen die Notstandsgesetze und die Hatz der Springerpresse auf die Studierenden, kümmert sich um Fragen der Pädagogik und die Reform des Erziehungswesens. Und nicht umsonst tragen seine Aufsatzsammlungen programmatische Titel wie „Eingriffe" und „Stichworte". Aber sobald gesellschaftliche Praxis die Felder der Wissenschaft, der Kunst, der Pädagogik oder des öffentlichen Meinungsstreits verlässt bleibt er abseits.

Marcuse: Revolte gegen die Ohnmacht

Die Diagnose der modernen Gesellschaft, hier bisher zumeist mit Adornos Worten beschrieben, teilte Marcuse weitgehend. Im analytischen Teil stellt Marcuses *„Eindimensionaler Mensch"* eher eine Konkretion und Ausführung der *„Dialektik der Aufklärung"* dar als einen Gegenentwurf. Wo Max Weber, über den Marcuse intensiv gearbeitet hatte, ein *„stählernes Gehäuse der Hörigkeit"* heraufziehen sah, die Existenz einer ausschließlich zweckrationalen, verwissenschaftlichten und technologisch durchorganisierten Gesellschaft, sah letzterer dies in den spätkapitalistischen Staaten verwirklicht. Die ungeheuren Produktionskapazitäten werden durch Massenproduktion und -konsum ausgeschöpft, wodurch auch die ehemalige Privatsphäre der Individuen verstärkt von der Tausch- und Warenlogik durchdrungen und erfasst wird. Aus psychologisch komplex strukturierten Bürgern werden eindimensionale Konsumenten. Marcuse lokalisiert anders als Adorno schwache, aber Hoffnung verheißende Gegenkräfte zu dieser Entwicklung. *„Eros and Civilisation"* war sein zentraler Versuch, Kräfte auf Seiten der Individuen zu beschreiben, die der Tendenz zur Totalität widerstehen könnten. Das theoretische Werkzeug hierfür findet Marcuse in einer Re-Konstruktion der Freudschen Theorie, der er eine bemerkenswerte, und wie er sagt, in ihrem ursprünglichen Begriff angelegte Wendung entlockt. Dabei werden die Freudschen Kategorien zur Beschreibung der innerpsychischen Vorgänge jeweils in einen biologisch-anthropologischen und einen soziologisch-historischen Aspekt aufgespalten (oder, je nach Sichtweise: zu zwei solchen Komponenten verdoppelt). Damit ist für die Theoriebildung zweierlei gewonnen: Erstens kann nun ein anthropologischer oder biologische Aspekt als der Vergesellschaftung gegenüber relativ resistent gedacht werden. Somit öffnet sich ein substantielles Widerstandspotential in den Individuen, das auch unter Bedingungen totaler Vergesellschaftung eine Basis für die Hoffnung auf Veränderung bieten könnte:

> „Vor jedem mit den spezifischen sozialen Maßstäben übereinstimmenden sittlichen Verhalten, vor jeder ideologischen Äußerung ist Moral eine ‚Anlage' des Organismus, die ... im erotischen Trieb ihren Ursprung hat, der Aggressivität entgegenzuwirken, ‚immer größere Einheiten' des Lebens zu schaffen und dann zu erhalten. Wir hätten dann, jenseits aller ‚Werte', ein triebpsychologisches Fundament für Solidarität unter den Menschen." (Marcuse 1969, S. 296)

Zweitens kann der gesellschaftlich geprägte Aspekt nun auch in seinen für das Individuum eher schmerzlichen Folgen wie Versagungen oder Traumata historischen Modifikationen unterliegen. Er könnte somit in einer anderen Gesellschaftsform potentiell auch seinen Schrecken verlieren. Eine Welt ohne *„Unbehagen in der Kultur"* erscheint somit als denkbare Perspektive. Aus dem von Freud als universal beschriebenen Realitätsprinzip, dem das innerpsychische Lustprinzip zwangsläufig im Laufe des individuellen Triebschicksals weichen muss, wird bei Marcuse das nur historische Leistungsprinzip der kapitalistischen Gesellschaft. Unter einer anderen Gesellschaftsordnung bestünde daher Hoffnung auf ein weit geringeres Maß an Versagung: Damit hebelt Marcuse Freuds (und Adornos) pessimistische Sicht auf den Individuum-Gesellschaft-Konflikt aus und entwirft auf Basis einer modifizierten Triebtheorie, die eine Auflösung dieses Konfliktes in einer freien Gesellschaft zugunsten des Individuums denkbar macht – eine positive Utopie. Vorläufig aber wird, so Marcuse, im Spätkapitalismus noch an jedem Individuum die Errichtung des Leistungsprinzips aufs neue vollzogen. Die kindliche Amnesie deckt dann nachträglich die erlittenen Traumata zu, aber, und dies betont Marcuse, auch Momente glücklicher Existenz, an welche politische Praxis rekonstruierend anzuknüpfen hätte:

> „Die Befreiung der Vergangenheit endet nicht in der Versöhnung mit der Gegenwart. Entgegen der selbstauferlegten Gehemmtheit des Entdeckers [d.i. Freud – MS] strebt die Orientierung an der Vergangenheit nach einer Orientierung an der Zukunft. Die ‚Recherche du temps perdu' wird zum Vehikel künftiger Befreiung." (Marcuse 1956, S. 26)

Zumindest im Sinne einer möglichen *„Wiederkehr des Verdrängten"* bleiben die Wünsche nach unmittelbarem Glück und authentischer Triebbefriedigung also im Individuum präsent, so Marcuse, und lassen sich auch durch Konsum und Ersatzbefriedigung nicht adäquat stillen. Mit der Anknüpfung an die in der psychischen Struktur verborgenen Fragmente glücklicher Existenz begründet Marcuse dann seine politische Strategie der *„Großen Weigerung"*. Um oppositionelle Praxis erhalten und entfalten zu können, so Marcuse, müssen sich die Individuen ihre Genuss- und Lebensfähigkeit im Hier und Jetzt erkämpfen, die ebenso gefährdet ist wie ihre intellektuelle Redlichkeit, und zwar müssen sie das gegen die und abseits der gesellschaftlich vorgegebenen Scheinbefriedigungen. Nur so, und nicht ausschließlich durch kritische Reflexion, könnten sie *„die eigene Ohnmacht und die*

Allmacht der Anderen" (Adorno) überstehen und vielleicht aufheben. Dieses existentialistisch anmutende Moment seines Denkens führt Marcuse zwar am weitesten von den Gedanken Adornos oder auch Horkheimers weg, verdient aber vielleicht gerade im hier verhandelten Themenfeld – dem Zusammenhang mit der Psychoanalytischen Praxis – doch vielleicht einige Beachtung.

Was bleibt?

Trotz ihrer immensen Breitenwirkung in den 60er und 70er Jahren ist auch die Kritische Theorie heute ein Gegenstand geworden, dem sich, wenn überhaupt, mehr mit musealem als mit wissenschaftlichem Interesse genähert wird. *„Nicht anschlussfähig"* lautet das vermutlich freundlichste Urteil, das man an den meisten Universitäten zu hören kriegen kann. Das hängt nicht zuletzt mit dem schwierigen Begriff von gesellschaftsbezogener Praxis zusammen, den die Kritische Theorie entwickelt hat und der zur Institutionalisierung in jeder seiner Ausprägungen wenig taugt. Im Gegensatz zur Psychoanalyse, die neben der kritischen Reflexion in ihrer therapeutischen Anwendung eine praktische und (zumindest derzeit noch) gesellschaftlich anerkannte Funktion ausübt, bietet sich eine solche Möglichkeit aus der Kritischen Theorie heraus nicht. Nicht einmal ein so eingeschränktes Heilungsversprechen wie das der Psychoanalyse an den Patienten kann und will die Kritische Theorie der modernen Gesellschaft machen. Ihr Zeitgenosse George Orwell hat ein schönes Gleichnis gefunden, das sich zur Analogiebildung in für unsere Zwecke gut passender Weise ausgerechnet den Heilberuf heranzieht (übrigens eine Parallele zu Adornos und Horkheimers Dialog über die Unmöglichkeit von praktischer und theoretischer Konsequenz in den Fragmenten der Dialektik der Aufklärung):

> „Ein Sozialist ist heutzutage in der gleichen Lage wie ein Arzt, der einen hoffnungslosen Fall behandelt. Als Arzt ist es seine Pflicht, den Patienten am Leben zu erhalten, und davon auszugehen, daß er mindestens eine Aussicht auf Genesung hat. Als Wissenschaftler ist es seine Pflicht, sich mit den Tatsachen abzufinden und daher zuzugeben, daß der Patient wahrscheinlich sterben wird." (Orwell 1982, S. 89)

Sowohl Marcuse als auch Adorno verfügen aber trotz dieses Dilemmas über einen sehr genau bestimmten Begriff von Praxis. Adorno bestimmt Praxis rein negativ. Er zieht alle Elemente, die auf Machtausübung gehen, und daher notgedrungen an das Vorgefundene in irgendeiner Form anschließen müssten, von ihr ab, und versucht so zumindest den Impuls, dem Praxis einmal folgte, zu bewahren, auch wenn dieser sich damit wieder auf Aufklärung in der Gestalt von Philosophie, Pädagogik oder Kunst zurückziehen muss. Den Opfern und Beschädigungen, die das prekär gewordene Individuum ohnehin in der total vergesellschafteten Welt hinnehmen muss, dürfen keine weiteren hinzugefügt werden durch eine Praxis, die doch auch beim besten Willen über die Individuen kaum hinausreichen könnte. Praxis innerhalb des gegebenen Rahmens der Verhältnisse kann nach Adorno nur heißen, in distanzierter Anerkennung der bestehenden Arbeitsteilung sich kritisch zu verhalten, wobei das wichtigste, immer gefährdete Ziel lautet, die bestehenden Widersprüche auszuhalten, anstatt zu versuchen, sie in hilf- und nutzlosen Versuchen aufzulösen. Die Aufhebung von Widersprüchen kann angesichts der realen Ohnmacht der Individuen nur auf deren Seite eintreten: Indem sie sich dem herrschenden Zustand ergeben. Auch deswegen lehnte Adorno Zeit seines Lebens die Psychoanalyse, von deren Theorie er so viel hielt, als therapeutisches Instrument ab – eben wegen des Versprechens einer Aussöhnung des Individuums mit der Gesellschaft. Der Neurotiker, so Adorno, *„bedarf übermenschlicher Kräfte, um nicht versehentlich gesund zu werden."* (Adorno 1947, S. 275), oder: *„An der Psychoanalyse ist nichts wahr als ihre Übertreibungen"* (Adorno 1951, S. 54), denn *„Es gibt kein richtiges Leben im falschen"* (Adorno 1951, S. 43). Der Beschädigung auch der eigenen Existenz unterm Kapitalismus ist nicht durch Therapie zu entkommen, und wenn, dann nur um den Preis der Kapitulation und Anpassung; stattdessen wäre sie auszuhalten.

Marcuse sucht in demselben Zwiespalt eine andere Lösung. Wie Adorno geht er von der Unmöglichkeit einer umwälzenden Praxis der gesellschaftlichen Verhältnisse aus, auch wenn dies zuweilen unter dramatischer Rhetorik versteckt ist. Somit befindet sich das Individuum genau wie bei Adorno im ständigen Widerspruch, wenn es sich dieser Anpassung nicht ergeben, sondern am Glücksversprechen festhalten will. Marcuse schlägt aber hier den entgegengesetzten Weg ein, und betont die aus diesem Widerspruch entspringende, wortwörtliche Not-Wendigkeit von Praxis:

„Und selbst wenn wir noch keine Änderung sehen, müssen wir weitermachen; müssen wir widerstehen, wenn wir noch als Menschen leben, arbeiten, und glücklich sein wollen. Im Bündnis mit dem System können wir das nicht mehr." (Marcuse 1968, S. 68)

Wo sich bei Adorno die Differenz zum Weltlauf allein auf das kritische Bewusstsein zurückgezogen hat, zielt Marcuse zusätzlich auf Bedürfnisse von existentieller Bedeutung. Nur in der Perspektive eines glücklichen Lebens, das sich unter den gegebenen Bedingungen der Totalität eben nur in kulturrevolutionärer Praxis abtrotzen lässt, sieht Marcuse eine Chance zum Weiterbestehen kritischen Potentials. Ähnlich wie Adorno stand Marcuse der Psychoanalyse als Therapie höchst kritisch gegenüber. Verständlich, wo sich beide eine Praxis wünschten, die von der Anerkennung der tatsächlichen Leidenserfahrungen und Versagungen der Individuen ausgehen sollte. Wobei der eine, Adorno, auf die unverbrüchliche Kraft des kritischen Denkens und die nichtintegrierbaren Elemente des Kunstschönen setzte, und der andere, Marcuse, auf die kollektive Aneignung des nicht gelebten Lebens durch kollektives Handeln. Trotz des beiden Autoren gemeinsamen, so starken Bezuges auf psychoanalytische Theoreme stellen Adorno und Marcuse damit die äußersten Punkte des Praxisbegriffs in der Kritischen Theorie dar. Eine weitergehende Auflösung dieses Widerspruchs wird sich innerhalb der Theorie wohl nicht ergeben. Allerdings könnte eine Beurteilung der aus ihr jeweils abgeleiteten praktischen Interventionen nach nunmehr auch schon fast einem halben Jahrhundert vielleicht spannende Antworten bereithalten; das wird hier allerdings nicht mehr Thema sein. Möglicherweise lassen sich aber diesem Widerspruch aber einige Anregungen dazu entnehmen, was die psychoanalytische Praxis, die sich ja durchaus auch im Spannungsfeld zwischen dem individuellem Leid des Einzelnen und den gesellschaftlichen Ansprüchen an das Individuum bewegt, aus der Kritischen Theorie immer noch gewinnen können mag.

Literatur

Adorno, Theodor W. (1944). Spätkapitalismus oder Industriegesellschaft? In: Ders., Gesammelte Schriften Band 3. Frankfurt/M.: Suhrkamp.
– (1947). Dialektik der Aufklärung. In: Ders., Gesammelte Schriften Band 8. S. 354–372. Frankfurt/M.: Suhrkamp.
– (1951). Minima Moralia. In: Ders., Gesammelte Schriften Band 4. Frankfurt/M.: Suhrkamp.

- (1966). Erziehung nach Auschwitz. In: Ders., Gesammelte Schriften Band 10.2. S. 674–690. Frankfurt/M.: Suhrkamp.
- (1967). Negative Dialektik. In: Ders., Gesammelte Schriften Band 6. Frankfurt/M.: Suhrkamp.
- (1968). Spätkapitalismus oder Industriegesellschaft? In: Ders., Gesammelte Schriften Band 8. Frankfurt/M.: Suhrkamp.

Arendt, Hannah (1964). Eichmann in Jerusalem. München: Piper.
Breuer, Stefan (1985). Aspekte totaler Vergesellschaftung. Freiburg: ca ira.
Fromm, Erich (1932). Über Methode und Aufgabe einer analytischen Sozialpsychologie. Zeitschrift für Sozialforschung Jahrgang 1, 28–54. München: dtv (1980).
Horkheimer, Max (1937). Traditionelle und Kritische Theorie. Zeitschrift für Sozialforschung Jahrgang 6, 245–292. München: dtv (1980).
Lenin, Wladimir I. (1913). Drei Quellen und drei Bestandteile des Marxismus. Werke Band 19. Berlin: Dietz (1977).
Marcuse, Herbert (1967). Der eindimensionale Mensch. Schriften Band 7. In: Ders., Schriften Band 7. Frankfurt/M.: Suhrkamp.
- (1968). Das Problem der Gewalt in der Opposition. In: Ders., Psychoanalyse und Politik. S. 54–78. Frankfurt/M.: Europäische Verlagsanstalt.
- (1969). Versuch über Befreiung. In: Ders., Schriften Band 8. Frankfurt/M.: Suhrkamp.

Orwell, George (1982). Denken mit Orwell. Zürich: Diogenes.
Pohrt, Wolfgang (1980). Geschichten, die das Leben schrieb. In: Ders., Ausverkauf. Berlin: Rotbuch.
Wiggershaus, Rolf (1988). Die Frankfurter Schule. Geschichte, Theoretische Entwicklung, Politische Bedeutung. München: dtv.

Christine Kirchhoff

Übertreibungen

Adornos Kritik psychoanalytischer Theorie und Praxis

Adornos Verhältnis zur psychoanalytischen Praxis ist schwierig. So sehr er der psychoanalytischen Theorie zugetan ist, zumindest in ihrer „strenge(n), Freudische(n) Gestalt" (Adorno 1957b, S. 13), so wenig hält er von der analytischen Therapie. Ist für ihn die „analytische Psychologie" ein unverzichtbares Moment der Kritischen Theorie der Gesellschaft, da sie für ihn die einzige ist, „die im Ernst den subjektiven Bedingungen der objektiven Irrationalität nachforscht" (Adorno 1955, S. 42), erscheint hingegen die psychoanalytische Therapie als eine komplette Zumutung für das von den Verhältnissen ohnedies schon arg gebeutelte Individuum: Der Patient solle dem Analytiker zuliebe auch noch sein letztes bisschen an Vernunft aufgeben, um an Schundfilmen, „zum Sex dosierten Geschlecht" und ungenießbarem französischen Essen wahllos sich begeistern zu können (Adorno 1951, S. 73). Er habe sich in der Übertragung „freiwillig durchzustreichen", eine „reflektorische Verhaltensweise", die, wie Adorno nicht vergisst spitz anzumerken, auch zum „Marsch hinterm Führer" befähige (ebd.). Den Analysierten würden sowohl die Lust als auch der Himmel – also die diesseitige und die antizipierte jenseitige Erfüllung – verekelt: am besten taugten sie demnach zu Objekten. Das „Leere und Mechanisierte" schließlich, das an erfolgreich Analysierten so oft zu beobachten sei, gehe nicht nur auf das Konto ihrer Krankheit, sondern sei auch ihrer Heilung geschuldet, die „bricht, was sie befreit" (ebd.). Noch die gelungene Kur trage „das Stigma des Beschädigten, der vergeblich und sich pathisch übertreibenden Anpassung" (ebd. S. 57). Indem der Geheilte „dem irren Ganzen" sich anähnle, werde er erst recht krank – und da bleibt es ein schwacher Trost, dass der, dem die Heilung misslinge, nicht gesünder sei (ebd.). Kurzum, das Glück, das die

Psychoanalyse verordne (!), sei keines; schon gar nicht könne „Genussfähigkeit" ein zu erstrebendes Ziel sein:

> „Als ob nicht das Wort Genußfähigkeit genügte, diese, wenn es so etwas gibt, aufs empfindlichste herabzusetzen." (ebd. S. 73).[1]

Nimmt man all diese Aussagen zusammen, dann scheint eines völlig klar: Von einer Analyse ist dringend abzuraten. Es wäre jedoch zu einfach, an dieser Stelle abzuwinken und lediglich angemessenerweise festzustellen, dass Adorno mit seiner Einschätzung der psychoanalytischen Therapie nun aber wirklich übertrieben habe. Im Folgenden werde ich daher diesen blinden Fleck im Denken Adornos, sein vernichtendes Urteil über die psychoanalytische Praxis, das einen erstaunlichen Ausfall dialektischen Denkens markiert, daraufhin befragen, ob nicht neben der hier berechtigten Kritik gerade in dieser Übertreibung ein wahres Moment enthalten ist.

Dazu werde ich mich zunächst auf einen Umweg begeben, da m. E. Adornos Kritik der psychoanalytischen Praxis unverständlich bleibt, ohne auf seinen Begriff der Gesellschaft als verselbständigter und verkehrter zu rekurrieren, welcher wiederum nicht zu denken ist ohne den „reifen Marx" (Adorno 1966a, S. 193), den Marx der ‚Kritik der politischen Ökonomie'.

> „Philosophie, die einmal überholt schien, erhält sich am Leben, weil der Augenblick ihrer Verwirklichung versäumt ward." (Adorno 1966a, S. 15).

So beginnt die Einleitung der Negativen Dialektik. Philosophie ist hier, fern davon für weltfremde Spekulation gehalten zu werden, etwas, das es zu verwirklichen gilt. In dem Aufsatz „Wozu noch Philosophie?" führt Adorno den Gedanken, dass es Philosophie in ihrer jetzigen Gestalt allein deshalb noch gebe, weil ihre Verwirklichung misslungen sei, genauer aus:

> „Die ungeminderte Dauer von Leiden, Angst und Drohung nötigt den Gedanken, der sich nicht verwirklichen durfte, dazu, sich nicht wegzuwerfen. Nach dem versäumten Augenblick hätte er ohne Beschwichtigung zu erkennen, warum die Welt, die jetzt, hier das

---

[1] Dies ist zweifellos treffend. Denn klingt nicht gerade das Wort Genussfähigkeit so, als sei ihm jede Lust ausgetrieben worden, als bezeichne es eher das Gegenteil von Genießen, und nicht das Vermögen, sich einer Sache zu überlassen, sich ihr hinzugeben?

Paradies sein könnte, morgen zur Hölle werden kann." (Adorno 1962, S. 24).

Da das zu Verwirklichende noch immer nicht existiert, müssen die Gedanken weitergedacht werden und der Erkenntnis dienen, warum die Welt, fern davon ein Paradies zu sein, jederzeit zur Hölle werden kann. Zur Disposition steht damit nicht nur der Zustand der Welt sondern auch der der Theorie:

> „Theorie wird vorausgesetzt und benutzt, um sie in ihrer gängigen Gestalt abzuschaffen. Das Ideal einer veränderten wäre ihr Erlöschen." (Adorno 2003, S. 139).

Es handelt sich bei diesem Ideal nicht nur um einen dem kritischen Denken immanenten Fluchtpunkt, der am Horizont liegend, sich bei jeder Annäherung weiter entzieht. Es geht nicht nur darum, das Mögliche denken können zu müssen, um das Wirkliche zu begreifen. Adorno geht es um die praktische Veränderung der Wirklichkeit:

> „Auch der Gedanke, der die stets wieder besiegte Möglichkeit gegen die Wirklichkeit festhält, hält sie bloß, indem er die Möglichkeit als eine der Wirklichkeit faßt unter dem Blickpunkt ihrer Verwirklichung; als das, wonach die Wirklichkeit selbst, wie immer auch schwach, die Fühler ausstreckt, nicht als ein Es wär so schön gewesen, dessen Klang vorweg damit sich abfindet, daß es missriet." (Adorno 1962, S. 469)

Eine Theorie, deren Ziel ihr eigenes Erlöschen ist, ist insofern eine kritische Theorie, als ihre Kategorien im Hinblick auf ihre praktische Aufhebung entwickelt werden, da diese, würde verwirklicht, was in ihnen angelegt ist, ihren Gegenstand verlören und damit obsolet würden. Die Begriffe Adornos changieren, sie begreifen etwas ein, und zwar die Spannung zwischen ihrer schlechten Wirklichkeit und ihrer Möglichkeit, zwischen dem, was ist und dem, was in ihnen als Negatives aufscheint: das, was einmal sein könnte.

Werden Kategorien entwickelt unter dem Gesichtspunkt ihrer praktischen Aufhebung, heißt das umgekehrt auch, dass sie eine Geschichte erzählen, weil sie eine Geschichte haben: würden sie mit ihrem Gegenstand untergehen, sind sie auch mit diesem erst in die Welt gekommen.

Das zu Verwirklichende, das als Möglichkeit in der verkehrten Wirklichkeit aufscheint, kann nicht positiv bestimmt werden:

> „Unmittelbar ist das Nichtidentische nicht als seinerseits Positives zu gewinnen und auch nicht durch Negation des Negativen. (...) Ist das Ganze der Bann, das Negative, so bleibt die Negation der Partikularitäten, die ihren Inbegriff an jenem Ganzen hat, negativ. Ihr Positives wäre allein die bestimmte Negation, Kritik, kein umspringendes Resultat, das Affirmation glücklich in den Händen hielte." (ebd. S. 161).

Dies ist kein quasi-religiös motiviertes Bilderverbot, sondern bedingt davon, dass, so Adorno, die kapitalistische Gesellschaft dazu tendiert, alles Einzelne als Moment des Funktionierens des falschen Ganzen in sein Gegenteil zu verkehren. Erläutern lässt sich dies mit einem Beispiel aus der Kritik der politischen Ökonomie:

Bedingung für den Äquivalententausch, wie er bei Marx im Kapital entwickelt wird, ist, dass sich die Warenbesitzer als Freie und Gleiche anerkennen (Marx 1890, S. 189f.). Objektiv, durch den Tausch hindurch, verkehrt sich diese Freiheit und Gleichheit in die Ungleichheit der Klassengesellschaft; in die Ungleichheit zwischen denjenigen, die über Produktionsmittel verfügen oder Geld als Kapital anwenden können und denjenigen, die nichts anderes als ihre Arbeitskraft zu verkaufen haben und ihr Geld nur für den Konsum, für ihren Lebensunterhalt verwenden. Aus Freiheit und Gleichheit folgen Unfreiheit und Ungleichheit. Wegen dieser Verkehrung heißt es bei Adorno dann auch, dass beim Äquivalententausch alles „mit rechten Dingen und doch nicht mit rechten Dingen" (Adorno 1957a, S. 208) zugehe. Betroffen davon ist auch die Kategorie des Individuums:

> „Über den Kopf der formal freien Individuen hinweg setzt das Wertgesetz sich durch. Unfrei sind sie, nach der Einsicht von Marx, als seine unwillentlichen Exekutoren, und zwar desto gründlicher, je mehr die gesellschaftlichen Antagonismen anwachsen, an denen die Vorstellung von Freiheit erst sich bildete. Der Prozeß der Verselbständigung des Individuums, Funktion der Tauschgesellschaft, terminiert in dessen Abschaffung durch Integration. Was Freiheit produzierte, schlägt in Unfreiheit um. Frei war das Individuum als wirtschaftendes bürgerliches Subjekt, soweit vom ökonomischen System Autonomie gefordert wurde, damit es funktioniere. Damit ist seine Autonomie im Ursprung schon potentiell verneint." (Adorno 1966a, S. 259).

Gerade der letzte Satz ist entscheidend für die Adornoschen Begrifflichkeiten: Angesichts der objektiven Stellung des Individuums als Moment der Kapitalzirkulation, als Exekutor eines Selbstzweckes, verkehrt sich das, was doch erst unter den Bedingungen des aufkommenden kapitalistischen Systems als Idee in die Welt kam und herausbildete, der Mensch als autonom handelndes Individuum, in sich in sein Gegenteil. Und auch ohne Adornos romantisierende Vorstellung von den ersten Bürgern zu teilen, kann man mit ihm zu dem Schluss gelangen, dass Individualität schon in ihren Ursprüngen von dem gezeichnet war, zu dem sie wurde. Nachträglich allerdings.

Individualität ist ein Moment der gesellschaftlichen Totalität, der verkehrten Welt. Ohne dies an dieser Stelle weiter ausführen zu können, sei nur angemerkt, dass es im Folgenden, wenn es wieder um Adornos Einschätzung der psychoanalytischen Therapie gehen wird, wichtig sein wird und ich darauf zurückkommen werde. Zunächst aber weiter zu den Bedingungen kritischen Denkens innerhalb dieser Gesellschaft. Entscheidend ist, dass nach Adorno sich auch das Denken nicht dem Identitätsprinzip entziehen kann:

> „Innerhalb der nach dem Identitätsprinzip gemodelten Welt ist keine Freiheit positiv vorhanden." (Adorno 1966a, S. 139).

Dies gilt deswegen auch für das Denken, weil das Identitätsprinzip nicht allein dem Denken oder der Sprache innewohnt, sondern am Tausch sein gesellschaftliches Modell hat, wie es auch diesen bestimmt: „er wäre nicht ohne es; durch ihn werden nichtidentische Einzelwesen und Leistungen kommensurabel, identisch." (Adorno 1966a, S. 149). Der Äquivalententausch als Gesetz der gesellschaftlichen Reproduktion ist allerdings dem identifizierenden Denken gegenüber eigenständig, da er sich praktisch Tag für Tag vollzieht:

> „Das Gesetz, nach dem die Fatalität der Menschheit abrollt, ist das des Tausches. Das aber selber ist keine bloße Unmittelbarkeit sondern begrifflich: der Tauschakt impliziert die Reduktion der gegeneinander zu tauschenden Güter auf ein ihnen Äquivalentes, Abstraktes (...)." (Adorno 1957, S. 209).

Es ist die „tatsächliche(n) Tauschgesellschaft", in der sich der „von der Philosophie verklärte und einzig dem erkennenden Subjekt zugeschriebene Abstraktionsvorgang" abspielt (Adorno 1966a, S. 180). Die hier angesprochene Philosophie ist nicht die Adornos, sie ist „traditionelle Theorie" (Horkheimer 1992). Indem sie den Zwang, der einem gesellschaftlichen Verhältnis entspringt, zu einem Problem des

Bewusstseins erklärt, verklärt sie ihn und wird damit zu einer Artikulation der Erfahrung eines Vorrangs von Struktur, des Vorherrschens einer Gesetzlichkeit, die, dies nicht durchschauend, jene zum unveränderlichen An sich erklärt. Hier liegt nun auch der entscheidende Unterschied der kritischen Theorie zur Hegelschen Philosophie, der Adorno so viel verdankt. Es ist dies ein Unterschied ums Ganze, welches, je nachdem, das Wahre (Hegel) oder das Unwahre (Adorno) ist:

> „Totalität ist keine affirmative, vielmehr eine kritische Kategorie. Dialektische Kritik möchte retten oder herstellen helfen, was der Totalität nicht gehorcht, was ihr widersteht, oder was, als Potential einer noch nicht seienden Individuation erst sich bildet." (Adorno 1968, S. 292).

Das, was die Negative Dialektik von Hegel trennt, ist somit ihre Unabgeschlossenheit, die darin liegt, Totalität und Identität nicht als Letztes, Absolutes zu behaupten, sondern als „universalen Zwangsapparat" in der Welt zu erfahren, „dessen schließlich es auch bedarf, um dem universalen Zwang sich zu entwinden" (Adorno 1966a, S. 150). Bedarf es des Zwanges selbst, um ihn zu überwinden, wird Identität zu einem notwendigen Moment im Denken aber nicht zum Ziel. Wenn sie nicht ideologisch werden soll, indem sie das zu Verwirklichende als schon existierend behauptet, bleibt Negative Dialektik im Versuch, den Zwang zu brechen, eben diesem Zwang zur Identität unterworfen, auch wenn sie hinaus will auf das, was sich bisher nicht verwirklichen konnte, aber zu verwirklichen wäre.

Wo bleibt nun aber bei allem Zwang das Nichtidentische, die behauptete Offenheit der Negativen Dialektik? Es erscheint in der „Inadäquanz von Gedanke und Sache", der die „dialektische Erkenntnis" nachzugehen und „an der Sache zu erfahren" habe (ebd. S. 156).

> „Den Vorwurf der Besessenheit von der fixen Idee des objektiven Antagonismus, während die Sache schon befriedet sei, brauche Dialektik nicht zu scheuen; nichts Einzelnes finde seinen Frieden im unbefriedeten Ganzen. Die aporetischen Begriffe der Philosophie sind Male des objektiv, nicht bloß vom Denken Ungelösten." (ebd. S. 155).

Im stetigen Versuch „mit dem Begriff die Wunden zu heilen, die dieser selber schlägt" muss die Negative Dialektik Adorno zufolge zwar selber falsch bleiben, erreicht aber gerade damit das Nichtidentische, dem sie „zum Laut verhelfen" (ebd. S. 29) will.

> „Der Totalität ist zu opponieren, indem sie der Nichtidentität mit sich selbst überführt wird, die sie dem eigenen Begriff nach verleugnet. Dadurch ist die negative Dialektik, als an ihrem Ausgang, gebunden an die obersten Kategorien von Identitätsphilosophie. Insofern bleibt auch sie falsch, identitätslogisch, selber das, wogegen sie gedacht wird." (ebd. S. 150f.).

Das Nichtidentische wird erreicht vom identitätslogischen Denken, welches sich, der Nichtidentität zuliebe zu transzendieren sucht, ohne seine Form aufzugeben: „Einheit allein transzendiert Einheit" (ebd. S. 160). Es ist die „Einheit der total vergesellschafteten Gesellschaft" (Adorno 1966a, S. 295), die als dem Individuum und seinem Bewusstsein vorgeordnet „täglich (...) kraß" als „Vormacht eines Objektiven über die einzelnen Menschen" zu erfahren ist, und wogegen der „durch seine Gesundheit erkrankte Menschenverstand am empfindlichsten sich sträubt" (ebd.).

Eine „dialektische Konzeption" könne auf eine „nachdrückliche Idee von Objektivität" nicht verzichten (Adorno 1966a, S. 288). Adornos Begriffe sind, mit einer Formulierung von Marx gesprochen, „gesellschaftlich gültige, objektive Gedankenformen" (Marx 1890, S. 90). Die Objektivität der Struktur ist die der kapitalistischen Gesellschaft, einer „vergegenständlichte(n) Gesetzlichkeit" (ebd. S. 96).

Dennoch ist dies Objektive nicht völlig unabhängig von den Individuen, denn diese haben es mit ihren Handlungen erst hervorgebracht, aber ohne dies zu intendieren:

> „Ohne die Einzelspontanietäten wäre die Einheit nicht geworden und war, als deren Synthesis, ein Sekundäres (...). Indem sie aber, durch die Notwendigkeit der Selbsterhaltung der Vielen hindurch oder bloß vermöge irrationaler Herrschaftsverhältnisse, die jene als Vorwand mißbrauchen, immer dichter sich wob, fing sie alle Einzelnen, bei Strafe des Untergangs, ein, integrierte sie (...), sog sie, auch wider ihr einsichtiges Einzelinteresse, mit ihrer Gesetzlichkeit auf." (ebd. S. 309).

Das, was den Einzelnen als gesellschaftliche Objektivität entgegentritt, scheint unwiderruflich so zu sein; es erscheint so, als läge jene in den Dingen, als sei sie ein Naturgesetz. Die Objektivität der Struktur stellt sich „notwendig als ein Ansichsein" (Adorno 1955, S. 45) dar. Das heißt, sie wird vorgefunden, sie wird erfahren als etwas, das unabhängig und selbständig zu existieren scheint. Die

„Dinghaftigkeit der Welt", die die Subjekte dazu verleite, „das gesellschaftliche Verhältnis ihrer Produktion den Dingen an sich zuzuschreiben" sei jedoch zugleich auch „Schein" (Adorno 1966a, S. 190), wenn auch ein notwendiger. Wenn dies vergessen werde, dann wird der Schein zum Sein erklärt. Dies ist im Übrigen auch eine Kritik Adornos an Freud, dem er nicht vorwirft, dass dieser das „konkret Gesellschaftliche vernachlässige", sondern dass er sich „allzuleicht beim gesellschaftlichen Ursprung jener Abstraktheit" beruhige, „bei der Starrheit des Unbewußten", die er mit der „Unbestechlichkeit des Naturforschers" erkenne und zugleich in ihrer geschichtlichen Qualität verkenne:

> „Die Verarmung durch endlose Tradition des Negativen hatte er als eine anthropologische Bestimmung hypostasiert. Geschichtliches wird invariant, Seelisches dafür zur historischen Begebenheit." (Adorno 1955, S. 61).

Vergessen wird, nicht nur bei Freud, die Spannung zwischen dem Gewordenen, als natürlich Erscheinendem, und dem was werden könnte. „Vergegenständlichung und Verselbständigung" sei konstitutiv ein Vergessen (Adorno 1966a, S. 270), ein Vergessen der Genese, des Prozesses der Verselbständigung und damit einhergehend der Möglichkeit ihrer Zurücknahme. Wird das Vergegenständlichte, das, was so scheint, als ob es immer so war und immer so bleiben müsste, nicht auf seine Genese hin befragt, erscheint die Form der Gesellschaft als an sich seiend, als nicht zu veränderndes Schicksal. Ein den Handlungen der Einzelnen Entsprungenes, aus den Handlungen der Einzelnen folgend, aber nicht mit diesen identisch, wird zu einem Anderen, das den Einzelnen als Verselbständigtes gegenübertritt, all ihren Handlungen und Wünschen vorausgesetzt ist, einer eigenen irrationalen Zweckmäßigkeit folgend. Von der Struktur, die sie selbst geschaffen haben, wenn auch ohne dies zu wissen oder gar vorgehabt zu haben, werden die Einzelnen nur noch mitgeschleppt: eine Verkehrung in der gesellschaftlichen Realität.

Gesellschaft ist demnach „verstehbar und unverstehbar in eins" (ebd. S. 295), wie Adorno sagt. Als „Verselbständigte" ist sie nicht länger verstehbar, „einzig das Gesetz von Verselbständigung" (ebd. S. 296) ist zu verstehen. Bezüglich der Genese der bürgerlichen Gesellschaft hat man es zwar mit intentional handelnden Akteuren zu tun, das Ergebnis ihrer Handlungen ist allerdings unverstehbar, weil sich die Intention ihrer Handlungen verkehrt. Im individuell rationalen Handeln (man versucht an das zu kommen, was man zum Leben braucht und wünscht) wird gesellschaftliche Irrationalität (die Verwertung des Werts) exekutiert – uno actu.

Werden gesellschaftliche Kategorien wie bei Adorno unter dem Aspekt ihrer praktischen Aufhebung entwickelt, darf der Begriff der Gesellschaft nicht als Unveränderliches der geschichtlichen Bewegung entgegengesetzt werden (Horkheimer/Adorno 1947, S. 9). Eine Formulierung von Benjamin aufgreifend, schreibt Adorno, dass der Zeitkern im „Erkannten und Erkennenden zugleich" (Adorno 1956, S. 141) stecke. Der unter kapitalistischen Verhältnissen herrschende objektive Zwang weist in sich über sich hinaus:

> „Der Begriff von Gesellschaft, spezifisch bürgerlich und antifeudal, impliziert die Vorstellung einer Assoziation freier und selbständiger Subjekte um der Möglichkeit eines besseren Lebens willen und damit Kritik an naturwüchsigen gesellschaftlichen Verhältnissen. Die Verhärtung der bürgerlichen Gesellschaft zu einem undurchdringlich Naturwüchsigen ist ihre immanente Rückbildung." (Adorno 1968, S. 306f.).

Als gegenüber den Einzelnen und ihren Interessen verselbständigte Dynamik, die diese zu Anhängseln degradiert, hat die bürgerliche Gesellschaft doch auch die Möglichkeit ihrer Aufhebung hervorgebracht. Der Zweck, der allein „Gesellschaft zur Gesellschaft macht" sei der,

> „daß sie so eingerichtet werde, wie die Produktionsverhältnisse hüben und drüben unerbittlich es verhindern, und wie es den Produktivkräften nach hier und heute unmittelbar möglich wäre. Eine solche Einrichtung hätte ihr Telos an der Negation des physischen Leidens noch des letzten ihrer Mitglieder, und der inwendigen Reflexionsformen dieses Leidens. Sie ist das Interesse aller, nachgerade einzig durch eine sich selbst und jedem Leben durchsichtige Solidarität zu verwirklichen." (Adorno 1966a, S. 203f.).

Solange die Produktivkräfte dies nicht ermöglichten, habe sich als Wert nicht dekretieren lassen, dass alle Menschen zu essen haben müssten. Heute sei dies allerdings anders:

> „Wird jedoch in einer Gesellschaft, in der Hunger angesichts vorhandener und offensichtlich möglicher Güterfülle jetzt und hier vermeidbar wäre, gleichwohl gehungert, so verlangt das Abschaffung des Hungers durch Eingriff in die Produktionsverhältnisse." (Adorno 1969, S. 347).

Dies ist eine deutliche Aussage und zugleich die einzig positive Bestimmung des zu Verwirklichenden, in ihrer Gleichzeitigkeit von Unmittelbarkeit und Abstraktheit eher ein Platzhalter als ein Programmentwurf (vgl. dazu auch Adorno 1951, S. 178ff.). Und dies meint eine Rücknahme der Verselbständigung, eine Aufhebung der Verkehrung. Ziel wäre das, was Adorno als „Stand der Freiheit", wie sie Marx antizipiert habe, anführt: die „Produktion für die Lebendigen anstatt für den Profit" (Adorno 1966a, S. 193).

Vor dem Hintergrund des bis hierher Angeführten ist es einigermaßen überraschend, dass Adorno eine sehr genaue Vorstellung davon zu haben scheint, was Aufgabe einer psychoanalytischen Therapie sein müsste, die nicht im Dienste der Anpassung stünde. Seinem Begriff von Gesellschaft zufolge müsste er eigentlich wissen, dass die psychoanalytische Therapie als vereinzeltes Moment der gesellschaftlichen Totalität, diese nicht transzendieren kann. Dennoch erhebt Adorno ihr gegenüber genau diesen Anspruch:

> „Wie die Leute durchweg zu wenig Hemmungen haben und nicht zu viele, ohne doch darum um ein Gran gesünder zu sein, so müßte eine kathartische Methode, die nicht an der gelungenen Anpassung und am ökonomischen Erfolg ihr Maß findet, darauf ausgehen, die Menschen zum Bewußtsein des Unglücks, des allgemeinen und des davon ablösbaren eigenen, zu bringen und ihnen die Scheinbefriedigungen zu nehmen, kraft derer in ihnen die abscheuliche Ordnung nochmals am Leben sich erhält, wie wenn sie sie nicht von außen bereits fest genug in der Gewalt hätte. Erst in dem Überdruß am falschen Genuß, dem Widerwillen gegens Angebot, der Ahnung von der Unzulänglichkeit des Glücks, selbst wo es noch eines ist, geschweige denn dort, wo man es durch die Aufgabe des vermeintlich krankhaften Widerstands gegen sein positives Surrogat erkauft, würde der Gedanke von dem aufgehen, was man erfahren könnte." (Adorno 1951, S. 69).

Vom „Evangelium der Lebensfreude", das stattdessen verkündet werde, führe ein „gerader Weg" zur „Errichtung von Menschenschlachthäusern so weit hinten in Polen", dass jeder sich einreden könne, er höre die Schreie nicht (ebd. S. 70). Eine sehr große Hoffnung und unvorstellbares Grauen liegen hier so eng beieinander, dass zu fragen ist, wie es kommt, dass Adorno die psychoanalytische Therapie, wie sie praktiziert wird, in die Nähe der nationalsozialistischen Vernichtungslager rückt und zugleich, entgegen seiner eigenen Gesellschaftstheorie, so viel von ihr erwartet. Die analytische Therapie soll die Menschen nicht nur zum Bewusstsein des eigenen Unglücks bringen, sondern auch zum Bewusstsein des allgemeinen Unglücks, zur Aufgabe der Scheinbefriedigungen, durch die hindurch sich die abscheuliche Ordnung – die Gesellschaft – am Leben erhält.

Offenbar soll die psychoanalytische Therapie am Einzelnen genau das vollbringen, was Anliegen der kritischen Theorie ist und die Philosophie am Leben hält: die Aufklärung über sich hinaus zu treiben, sie zu vollenden, auf dass sie sich aufhebe (Adorno/Horkheimer 1947, S. 60). Die Einsicht in das allgemeine Unglück aber, soll sie Einsicht sein und nicht blindes Ressentiment, bedarf eines auf die Kritik der politischen Ökonomie rekurrierenden Begriffs der Gesellschaft, wie er oben vorgestellt worden ist. Wie aber sollte dieser in einer Therapie vermittelt werden, die nicht ihre Aufgabe verfehlt und sich mit einem Theorieseminar im Liegen verwechselt? Ein Analytiker, der seine Patienten über die gesellschaftlichen Verhältnisse belehrt, wäre kein Analytiker mehr.

Doch spinnen wir den Faden weiter. Würde der Analytiker, der so verführe, wie der Anspruch Adornos es, gemessen an seinem eigenen Begriff von Gesellschaft, impliziert, nicht genauso übermächtig, wie er gerade bei Adorno zu sein scheint, wenn z. B. die Patienten dem Analytiker zuliebe die ihnen verordneten schlechten Filme gut finden sollen? Und wäre dies – die Belehrung über die Gesellschaft – nicht genau das, was eben in einer Analyse nicht passieren sollte, weil es dieses Verhältnis auszeichnet, den Einzelnen in seinen ureigenen – so vermittelt diese objektiv auch sein mögen – Wünschen und Ängsten ernst zu nehmen und ihn mit diesen überhaupt, so weit als möglich, zur Sprache finden zu lassen? Es ist bemerkenswert, dass die Übermacht, die sonst bei Adorno, man denke an den „Vorrang des Objektiven", berechtigterweise der Gesellschaft innewohnt, auf einmal im Analytiker auftaucht. Dabei ist diese Übermacht durchaus ambivalent: gefürchtet als eine, die den Patienten dazu bringe, sich selbst durchzustreichen und sein letztes Bisschen an Vernunft aufzugeben (s. o.) und zugleich ersehnt als Potenz, das zu vollbringen, was die kritische Theorie treibt und der Menschheit historisch nicht nur bisher nicht glückte, sondern ständig in Gefahr ist, erneut in unvorstellbare Barbarei umzuschlagen. Angesichts dieser Ambivalenz und der damit einhergehenden Idealisierung, ist die komplette Entwertung der analytischen Praxis in ihrer Alltäglichkeit nicht mehr erstaunlich. Gerade weil Adorno eine so hehre Vorstellung von der gelungenen psychoanalytischen Praxis hat, weil er alles von ihr erwartet – und zugleich befürchtet – wird er so sehr enttäuscht. Dabei verfehlt er nicht nur deren wie auch immer beschränkte Möglichkeit, ein wenig bei der individuellen Emanzipation behilflich zu sein. Er verfehlt zugleich die kategoriale Ebene, auf der sich seine Kritik abspielen sollte und sinnvoll wäre.

Denn auch wenn Adornos Polemiken gegen die psychoanalytische Therapie und ihre Folgen auf der Ebene des einzelnen Patienten fehlgehen, haben sie, so denke ich, doch gerade darin ihren kategorialen Gehalt. Objektiv, d. h. bezogen auf die gesellschaftliche Totalität, wenn er vom Individuellen als gesellschaftlicher Formbestimmung spricht, ist ihm durchaus zuzustimmen. Denn das „vereinzelte Individuum", so Adorno, verkörpere „im absoluten Gegensatz zur Gesellschaft deren innerstes Prinzip". Seine „Eigenschaften" seien „allemal Male der gesellschaftlichen Totalität" (Adorno 1955, S. 55). Die Psychoanalyse, so eine weitere prominente Formulierung Adornos, stoße „in den innersten psychologischen Zellen auf Gesellschaftliches" (Adorno 1966b, S. 88).

> „Psychodynamik ist die Reproduktion gesellschaftlicher Konflikte im Individuum, aber nicht derart, daß es die aktuellen gesellschaftlichen Spannungen bloß abbildete. Sondern es entwickelt auch, indem es als ein von der Gesellschaft Abgedichtetes, Abgespaltenes existiert, nochmals die Pathogenese einer gesellschaftlichen Totalität aus sich heraus, über der selber der Fluch der Vereinzelung waltet." (ebd. S. 55f.).

Wenn die Psychodynamik ein Moment gesellschaftlicher Totalität darstellt, dann trifft dies auch die Auseinandersetzung mit ihr. Eine Therapie gleich welcher Coleur steht als partikulare Praxis genauso hilflos vor der gesellschaftlichen Totalität, wie andere Versuche, im Hier und Jetzt den Einzelnen als Einzelnen zu befreien. Dass die analytische Therapie, wie Adorno sagt, „bricht, was sie befreit", geht dann allerdings nicht auf deren Kosten sondern ist der Gesellschaft geschuldet. Objektiv gesehen kann die psychoanalytische Therapie gar nicht anders als zur Produktion der „Krankheit der Gesunden" (Adorno 1951, S. 66) zu tendieren bzw. diese zu erhalten. Die Krankheit der Gesunden allerdings, lasse sich, so wiederum Adorno, „einzig objektiv" diagnostizieren „am Mißverhältnis ihrer rationalen Lebensführung zur möglichen vernünftigen Bestimmung ihres Lebens" (ebd.).

Auch bezüglich der individuellen Bedürfnisse ist Adorno an Stellen, an denen es nicht um jene nach einer psychoanalytischen Therapie geht, milder gestimmt und begrifflich genauer. Erinnern wir uns an die von den Analysierten ihren Analytikern zuliebe entwickelten Bedürfnisse – schlechte Filme, schlechtes Essen, schlechter Sex – an denen Adorno kein gutes Haar ließ. Bezüglich der Bedürfnisse in der kapitalistischen Gesellschaft stellt Adorno nämlich fest, dass „über richtiges und falsches Bedürfnis (...) gemäß der Einsicht in die Struktur der Gesamtgesellschaft samt all ihren Vermittlungen zu urteilen" (Adorno 1968, S. 365f.) sei, sieht zugleich aber auch, dass „reale Bedürfnisse objektiv Ideologien sein könnten, ohne daß daraus ein Rechtstitel erwüchse, sie zu negieren" (Adorno 1966a, S. 99). Dies ist der Einsicht geschuldet, dass „Menschlichkeit und Repressionsfolge (...) an keinem Bedürfnis säuberlich zu trennen" (Adorno 1942, S. 393) wäre.

Pointiert gesagt kann das Ergebnis einer Psychoanalyse nur ein bürgerliches Subjekt sein, ein Individuum in dieser Gesellschaft, nicht mehr – aber eben auch nicht weniger. Das Leben bleibt, gemessen an einem emphatischen Begriff von Individualität, genauso beschädigt wie es ist. Oder in der Sprache eines markanten Zitats Adornos, das er den Minima Moralia voranstellte und als Verdikt über das Bestehende in seinem Aufsatz über „Gesellschaft" wiederholte: „Das Leben lebt nicht." (Adorno 1951, S. 20; Adorno 1965, S. 16).

In einem Zustand, in dem sich das, was für den Einzelnen ein Fortschritt, eine Entwicklung, oder gar Glück sein kann, objektiv in sein Gegenteil verkehrt, ist ein Mehr an Genussfähigkeit, Einsicht, Distanz zugleich eine Anpassung ans Bestehende: Nicht zuletzt, weil sich verantwortlich um seine Reproduktion zu kümmern, heißt, das zu verkaufen, was man hat, die Ware Arbeitskraft. Dies bedeutet noch immer, seine Haut zu Markte tragen, auf dass sie gerbt werde (vgl. Marx 1890, S.191), was man wünschen muss, anstatt es berechtigterweise zu fürchten.

Unabdingbare Voraussetzung für das Leben des Einzelnen ist die „Kälte", das „Grundprinzip der bürgerlichen Subjektivität" (Adorno 1966a, S. 356). Seine partikularen Wünsche, Leidenschaften und Interessen zu verfolgen, impliziert das weitgehende Ausblenden der Umstände und das Absehen von den Bedingungen des eigenen Lebens unter Bedingung des sich gesellschaftlich weiter perpetuierenden Unglücks. Realitätstüchtigkeit bedeutet eben auch die Akzeptanz des eigentlich nicht zu Akzeptierenden – das ist dann das Widersinnige am Realitätsprinzip im Kapitalismus, dass die Realität mit der jeder Einzelne aufs Neue sich mühsam zu arrangieren hat, eine komplett Verrückte ist. Das Gelingen des Lebens des Einzelnen wird so Index seiner eigenen Unwahrheit, wenn sich Genuss, Freude und die Lebendigkeit des Einzelnen angesichts des allgemeinen Elends, das nicht mehr sein müsste, in sich zur Kälte des Subjekts verkehrt. Vergisst man dies, könnte es nach Polen näher sein als man denkt.

Aber zugleich ist es genau diese Fähigkeit zur Distanz, die zugleich ein Sich-Einlassen-Können ohne sich darin zu verlieren bedeutet, die auch Adorno als Bedingung der Möglichkeit zu Freiheit benennt. Und dies könnte der Psychoanalyse durchaus als Potential gutgeschrieben werden. Denn wenn auch Gesellschaftskritik nicht per Analyse vermittelt werden kann, kann diese doch den Raum eröffnen, sich nicht bruchlos zu assimilieren – denn bei aller Kritik an der Hypostasierung des Ichs: wer denken will, muss auch Ich sagen können. Kritik erfordert Distanz und auch die Fähigkeit, Widersprüche auszuhalten. Gerade die psychoanalytische Erfahrung kann dazu beitragen, ein Ich zu entwickeln, das Adorno bei den Individuen so sehr vermisst, wenn er die „Dekomposition des Individuums" beklagt, welches

> „weder mehr die Kraft zur Leidenschaft – Ichstärke – aufbringt, noch ihrer bedarf, weil die gesellschaftliche Organisation, die es integriert, Sorge trägt, daß die offenbaren Widerstände beseitigt werden, an denen Leidenschaft einmal entflammte, und dafür die Kontrollen ins Individuum als ein um jeden Preis sich Anpassendes verlegt." (ebd. S. 337).

Zum Schluss bleibt festzustellen, dass Adorno zwar das kritische Potential der psychoanalytischen Theorie gesehen und geschätzt hat, bezüglich der Therapie aber den Einzelnen betreffend fehlgeht. Seine komplette Absage an die psychoanalytische Therapie steht quer zu seinem Denken. Man könnte auch sagen, er hält die Spannung, die Spannung zwischen der objektiven Verkehrung und den doch nicht darin aufgehenden Regungen der Einzelnen, die Spannung zwischen Möglichkeit und Wirklichkeit, deren Meister er sonst ist, an dieser Stelle nicht. Und das erstaunt umso mehr angesichts seiner Hellsichtigkeit den Umstand betreffend, dass noch das Unmittelbarste ein Vermitteltes ist, etwas das nicht nur nicht unmittelbar positiv zu bestimmen sondern auch in sich zu seinem Anderen wird – was aber auch impliziert, dass es eben nicht komplett in der objektiven Bestimmung aufgeht.

An der Psychoanalyse sei nichts wahr „als ihre Übertreibungen" (ebd. S. 56) heißt es bei Adorno. Und genau, wie dies auch verstanden werden könnte als Aufforderung, sie über sich hinaus zu treiben, habe ich Adornos Übertreibungen versucht über sich hinaus zu treiben, um ihrem kategorialen Gehalt auf die Spur zu kommen. Adornos Kritik an der psychoanalytischen Therapie sollte ein Stachel bleiben: Gerade weil sie in ihrer Übertreibung daran erinnert, dass die Form, in der sich individuelle Konflikte in der Analyse und im ganzen Leben artikulieren, die Übersetzungen, die gefunden werden können, gesellschaftliche sind.

„Was der Mensch sei, läßt sich nicht angeben. (...) Würde aus seiner gegenwärtigen Beschaffenheit das Menschenwesen entziffert, so sabotierte das seine Möglichkeit. (...) Daß nicht sich sagen läßt, was der Mensch sei, ist keine besonders erhabene Anthropologie sondern ein Veto gegen jegliche." (Adorno 1966a, S. 130)

Literatur

Adorno, Th. W. (1942). Thesen über Bedürfnis. In: Gesammelte Schriften 8. Frankfurt/M.: Suhrkamp.
– (1951). Minima Moralia. GS 4. Frankfurt/M.: Suhrkamp.
– (1955). Zum Verhältnis von Soziologie und Psychologie. GS 8. Frankfurt/M.: Suhrkamp.
– (1956). Zur Metakritik der Erkenntnistheorie. GS 5. Frankfurt/M.: Suhrkamp.
– (1957a). Soziologie und empirische Forschung. GS 8. Frankfurt/M.: Suhrkamp.
– (1957b). The Stars down to Earth. GS. 9.2. Frankfurt/M.: Suhrkamp.
– (1962). Wozu noch Philosophie. GS 10.2. Frankfurt/M.: Suhrkamp.
– (1965). Gesellschaft. GS 8. Frankfurt/M.: Suhrkamp.
– (1966a). Negative Dialektik. GS 6. Frankfurt/M.: Suhrkamp.
– (1966b). Postscriptum. GS 8. Frankfurt/M.: Suhrkamp.
– (1968). Spätkapitalismus oder Industriegesellschaft? GS 8. Frankfurt/M.: Suhrkamp.
– (1969). Einleitung zum Positivismusstreit in der deutschen Soziologie. GS 8. Frankfurt/M.: Suhrkamp.
– (2003). Vorlesung über negative Dialektik. GS 6. Frankfurt/M.: Suhrkamp.
Adorno, Th. W./Horkheimer, M. (1947). Dialektik der Aufklärung. GS 3. Frankfurt/M.: Suhrkamp.
Horkheimer, M. (1992). Traditionelle und kritische Theorie. Frankfurt/M.: Suhrkamp.
Marx, K. (1890). Das Kapital. Bd. I. In: MEW 23. Berlin: Dietz Verlag.

Richard Klein

Gemischte Gefühle

Adorno, die kritische Theorie und die psychoanalytische Praxis

Für Christian Schneider

Der Titel dieser Tagung ist voraussetzungsreicher, als es auf den ersten Blick aussieht.[1] Er lautet nicht „Kritische Theorie – Psychoanalyse", sondern „Kritische Theorie – psychoanalytische Praxis". Gut möglich, dass diese Verbindung zum ersten Mal den thematischen Rahmen einer größeren wissenschaftlichen Veranstaltung abgibt. Allerdings geschähe das dann nicht ohne Grund. Denn während die erstgenannte Liaison immerhin auf eine gewisse diskursive Tradition zurückblicken kann („Kulturismusdebatte"), hat die Auseinandersetzung mit dem Verhältnis der kritischen Theorie zur Psychoanalyse als Praxis, d. h. als Therapie, noch nicht begonnen. Das ist mehr als ein akademischer Sachverhalt. Denn dieses Thema lässt sich nicht mit dem obligatorischen Doktorandenstatement rechtfertigen, man habe bislang darüber noch nicht gearbeitet. Ist doch fraglich, ob es eine theoretische Beziehung zwischen kritischer Theorie und psychoanalytischer Praxis überhaupt geben *kann*.

Man könnte noch einen Schritt weitergehen und sagen, eine solche Beziehung sei nicht nur fraglich, sondern im Grunde unmöglich, ausgeschlossen. Man muss das sogar tun, solange explizite Äußerungen von Adorno, Horkheimer und Marcuse die alleinige Ausgangsbasis einer entsprechenden Untersuchung bilden.

Nun erschöpft sich kritische Theorie nicht in Interpretationen von Sätzen ihrer Klassiker. Sie ist ein offenes (nicht beliebiges!) Projekt, an dem mit unterschiedlichen Prämissen, Methoden und Sprachformen gearbeitet werden kann. Im Prinzip

---

[1] Unbeschadet der Tatsache, dass ich krankheitshalber an der Leipziger Tagung nicht teilnehmen konnte, behalte ich in meinem Beitrag da und dort den mündlichen Duktus bei, wie er für das ursprüngliche Referat vorgesehen war.

gilt dies ebenso für das Verhältnis zur psychoanalytischen Praxis. Aber noch existiert ein solches Verhältnis nicht konkret, und es bleibt einstweilen unabsehbar, wann und wie es eine stimmige Gestalt annehmen könnte. Gemessen an der schwindelerregenden Aufgabe einer neuen Verhältnisbestimmung beider Seiten kommt meinem Beitrag daher eine eher bescheidene propädeutische Funktion zu. Er konzentriert sich auf die Schwierigkeiten mit der Psychoanalyse als therapeutischer Praxis, die uns die kritische Theorie erster Generation hinterlassen hat. Erst wenn man sich über deren, wie ich denke, drastische Defekte Klarheit verschafft hat, kann man die Frage, die im Thema beschlossen liegt, verantwortbar reformulieren und eine kritische Theorie anzudenken beginnen, die gelernt hat, auf die Erfahrungsgehalte psychoanalytischer Therapie systematisch nicht zu verzichten. Letzteres kann hier allerdings nur gegen Ende angedeutet werden, es ist nicht mein eigentliches Thema.

I.

Was immer den Repräsentanten der kritischen Theorie erster Generation zur Psychoanalyse eingefallen ist und welche Verdienste sie sich um deren kulturelle Anerkennung erworben haben, in ihrem Denken hat psychoanalytische Praxis keinen Ort, er wird ihr nicht zugestanden, er ist dort nicht vorgesehen. Nicht bei Adorno und nicht bei Horkheimer, ebensowenig bei Marcuse, unbeschadet der zum Teil beträchtlichen Unterschiede des auktorialen Tons. Natürlich ist bei Adorno mehrfach von therapeutischer Praxis *die Rede*; verhielte es sich anders, wären wir heute nicht hier. Aber solche Passagen gehören mehr zum Typus des idiosynkratischen Statements als zu einer begrifflich und theoretisch entfalteten Argumentation. Meist werden sie von der Gesellschaftslehre her deduktiv gesetzt, nur selten liegen ihnen Erfahrungen oder phänomenologisches Arbeiten am Sachverhalt zugrunde. Trotzdem sind sie nicht einfach falsch. Der Flyer der Veranstaltung weist zu Recht darauf hin, Adorno habe „mit wachsender Schärfe gegen die psychoanalytische Heilbehandlung (polemisiert)". Tatsächlich trifft seine Polemik gegen konventionelle Vorstellungen von Gesundheit und Normalität auch ein reales Dilemma der Psychoanalyse: Als eigentlich subversives, Positivität verweigerndes Denken muss sie sich den Normen des herrschenden Medizin- und Gesundheitsversorgungssystems stets auch anpassen, will sie ein Mindestmaß an „heilenden" Wirkungen erzielen und Menschen von lebensgeschichtlich bedingtem Leiden – bedingt – befreien.²

Allerdings ist dieses kritische Motiv Adornos nicht mit der Form von Kritik zu verwechseln, die zu leisten er für sich selbst in Anspruch nimmt: mit *immanenter* Kritik. Immanente Kritik lebt vom Ethos des Besonderen, setzt an den intimen Zellen ihres Gegenstands und dessen begrifflichen Voraussetzungen an, um beide neu zu durchdenken. Sie nimmt die Autonomie des fremden Denkzusammenhangs ernst und konfrontiert seine Ansprüche oder das, was sie dafür hält, mit dem von ihm real Erbrachten. Nicht zuletzt erschließt sie die Erfahrungsgehalte, welche in ihrer Sicht die Grundlage, oder besser: den Untergrund des Gegenstands über seine bewusst artikulierten Intentionen hinaus bilden (Klein 2004). Adornos „Polemik gegen die psychoanalytische Heilbehandlung" mag man bewerten, wie man will, eine Kritik im skizzierten Sinne ist sie in keinem Fall. Keine kritische Theorie der Psychotherapie, keine des Medizinsystems, insbesondere auch nicht, ihrem Kampf gegen die Ideologien sozialer Gesundheit zum Trotz, eine kritische Theorie der Krankheit. Das kann sie, darf man hinzufügen, auch gar nicht sein, solange die Dimension der therapeutischen Praxis entweder nur äußerlich in den Blick tritt oder überhaupt ausgeklammert bleibt.

Es geht hier nicht um Verdikte, sondern um Verständnis. Verständlich wird die Ausblendung von bzw. der reduktionistische Umgang mit psychoanalytischer Praxis bei Adorno erst im Kontext seiner *Nähe* zur Psychoanalyse.³ Das klingt

---

2 Reimut Reiches scharfer und schonungsloser Analyse „Von innen nach außen. Sackgassen im Diskurs über Psychoanalyse" (Reiche 1995) verdanke ich wichtige Anregungen.

3 Sie hängt nicht minder mit einem geschichtsphilosophischen Großtheorem zusammen, auf das ich im Haupttext nicht eingehe: der These, Psychoanalyse als Praxis habe ihren Gegenstand, das autonom leidende Individuum, verloren. Die moderne kapitalistische Gesellschaft ergreift nach Adorno vom Einzelnen so umfassend Besitz, dass Freiheit und Widerstand als konstitutive Elemente von Individualität sich nicht eigentlich mehr bilden können. Entsprechend ist Psychoanalyse als Praxis weder mehr notwendig noch auch fähig, die Entwicklung des Individuums verständlich zu machen. Sofern sie dennoch gegen den „Stand der gesellschaftlichen Produktivkräfte" als Therapie betrieben wird, *kann* sie *allein* der psychotechnischen Unterwerfung unter den Status quo dienen. Mit Emphase akzeptiert Adorno Freuds Psychoanalyse als Theorie mit philosophischem Rang, die den Entfremdungsdruck eines totalitär gewordenen Spätkapitalismus sichtbar mache, soweit dieser sich im psychisch leidenden Individuum niederschlage. Und interpretiert sie so, als ob Freud primär gezeigt hätte, dass es keine psychologischen Subjekte mehr gebe. Nicht nur bedarf es dann keiner Psychoanalyse, geschweige denn einer psychoanalytischen Therapie mehr, um soziale Zusammenhänge zu verstehen. Psychologie ist heute *nur* noch als angewandte kritische Theorie möglich. Von den zahlreichen Schwachstellen dieses bizarren Theorems nenne ich hier nur eine: die urromantische Idealisie-

paradox: Wie kann man der Psychoanalyse nahe stehen, wenn man den Kern der psychoanalytischen Erfahrung, den Prozess der Therapie, von sich fernhält wie der Teufel das Weihwasser? Aber man kann, und durch just diesen Widersinn ist die Position der kritischen Theorie erster Generation gegenüber der Psychoanalyse definiert: Annähern *und* Ausweichen, Seelenverwandtschaft *und* Beziehungslosigkeit, Intimität *und* Ignoranz verrichten insbesondere bei Adorno ihr Werk.

An der *historischen* Bedeutung der Psychoanalyse für die kritische Theorie besteht kein Zweifel. Von den freudomarxistischen Ansätzen des Instituts für Sozialforschung in den 30er Jahren über die Präsenz Freuds in der *Dialektik der Aufklärung*, die psychoanalytische Unterfütterung der großen Forschungsprojekte über Antisemitismus und *The Authoritarian Personality* bis hin zu *Triebstruktur und Gesellschaft* von Marcuse und dem Kantkapitel der *Negativen Dialektik* hält sich mannigfaltigen Differenzen zum Trotz eine einheitliche Linie durch, bei der die Psychoanalyse jeweils als Bündnispartner *der* kritischen Aufklärung erscheint, welche die kritische Theorie selbst vertritt. Ob die Differenzen der Partner dabei genügend bedacht sind, sei dahingestellt, aber das kulturpolitische Gewicht des Bündnisses selbst lässt sich nicht wegdisputieren. Der Beitrag der kritischen Theorie für das Bild der Psychoanalyse im Nachkriegsdeutschland hat immense Bedeutung. Auch wenn, soweit ich sehe, empirische Untersuchungen noch ausstehen, wäre es wahrscheinlich kaum abwegig zu behaupten, dass Freud für die intellektuelle Öffentlichkeit der frühen Bundesrepublik ein Seelenklempner geblieben wäre, wenn es die „Frankfurter Schule" nicht gegeben hätte: ohne sie kein Sigmund-Freud-Institut, ohne Horkheimer kein Mitscherlich.[4]

Zu dieser kulturpolitischen Nähe treten zentrale theoretische Motive hinzu, von denen ich wenigstens zwei nennen möchte: Erinnerung und Negativismus. In der kritischen Theorie, respektive dem Denken Adornos ist Erinnerung keine Kategorie unter anderen, sondern ein Paradigma, eine Grundhaltung gegenüber der Welt, ein Antworten auf die Bedürftigkeit zeitlicher Wesen. Die Rede vom „Eingedenken der Natur im Subjekt" ist nicht mit einer vage romantischen Floskel zu verwechseln (Schmid Noerr 1990). Sie zielt auf eine im besten Sinn alternative Praxis angesichts einer gesellschaftlichen Entwicklung, die sich von Geschichte und

---

rung der Neurose als „Kritik des unversöhnten Zustands der Gesellschaft", die abstrakt das Ganze über den Glücksanspruch des Einzelnen stellt. (Vgl. Goebel 2004.)

4 Wie sehr Horkheimer in Sachen Sigmund-Freud-Institut Frankfurt involviert war, zeigt Berger (1989).

kollektivem Gedächtnis fortschreitend abkoppelt. Wie bedeutsam der archäologische oder anamnetische Kontrapunkt zum „Bestehenden" angesetzt wird, zeigt sich in den *Minima Moralia*. Sie enthalten zwar die mit Abstand befremdlichsten Äußerungen Adornos zur Psychoanalyse (Adorno 1951, S. 67–77), bilden jedoch stillschweigend ebenso eine Art Konkurrenzunternehmen zum Kritisierten. Aphorismus um Aphorismus setzt der Autor an Erfahrungsfragmenten und spontanen emotionalen Impulsen an, um den geschichtlichen Prozess in seinen Narben, Blockaden und Widersprüchen freizulegen, welche in der Erscheinungsform jener Ausgangspunkte entstellt oder verschwunden schienen. Ein solches Verfahren therapeutisch zu nennen, wäre gewiss falsch, aber klar ist, dass diese Form zu denken und zu schreiben ohne die Psychoanalyse nicht vorstellbar wäre. Adorno, der dem Therapeutischen aus dem Weg geht, wo er nur kann, praktiziert selbst eine soziokulturelle Diagnostik, die methodisch auf „Assoziationen" und das „Durcharbeiten" von „Verdrängtem" setzt. Wie gesagt, das ist etwas anderes als der Prozess, der sich zwischen Analytiker und Analysand abspielt. Dennoch wäre das Analoge mancher Figurationen hüben wie drüben einer eingehenderen Beachtung wert, als sie hier möglich ist.

Deutlicher noch zeigt das Element des Negativismus, dass die Rede von einer Nähe zwischen kritischer Theorie und Psychoanalyse kein geistesgeschichtliches Glasperlenspiel betreibt, sondern in einer, sagen wir: ernsthaften Teilverwandtschaft des Denkens beider zündet. Für Freud ist die Verabschiedung medizinischer Leitkategorien wie gesund und krank, normal und unnormal kein Aspekt unter anderem, sondern eine Voraussetzung, die psychoanalytisches Denken erst anfangen lässt. Dass die „normale" von der „perversen" Sexualität her zu verstehen und „Heterosexualität" im Prinzip so erklärungsbedürftig ist wie „Homosexualität", löst sexuelle Unterschiede nicht etwa auf, sondern steigert sie bzw. das Bewusstsein von ihnen gerade. Abweichendes kann nicht „unnatürlich" oder bloße Fehlentwicklung sein, wenn es doch im Normalen als Möglichkeit angelegt und ein Bestandteil von dessen eigener Geschichte ist. Natürlichkeit ist kein ursprüngliches Phänomen, sondern Produkt einer Verwandlung abweichender Kräfte, wenn man will: modifizierte Abweichung par excellence. Was Essen ist, lernen wir nach Freud allemal eher anhand der Geschichte einer Essstörung als durch minutiöse Beobachtung der Vorgänge bei Tisch. In diesem Bewusstsein, dass das Normale, Gesunde und Gültige vom Perversen, Kranken und Verdrängten her zu verstehen ist – und nicht umgekehrt –, besteht eine Nähe speziell zwischen Freud und Adorno.[5]

Um so mehr fällt ins Gewicht, dass sich Adornos Vorstellungen von Therapie als ungefähr so plastisch erweisen wie das Profil des Kaisers in dem bekannten Märchen von seinen neuen Kleidern: Sie haben nichts am Leib, sie sind nackt. Damit meine ich weder, dass allein der über Psychoanalyse reden dürfe, der auf einer Couch gelegen hat[6], noch übersehe ich, dass die besondere Intimität der psychoanalytischen Gesprächssituation jeder „Auswertung" durch einen wissenschaftlichen Diskurs legitime Widerstände entgegensetzt. Aber es ist schon auffällig, wie eng der Philosoph der emphatischen Erfahrung „Erfahrung" ansetzt, wenn es um psychoanalytische Therapie geht. Obwohl er Freud, wie gesehen, partiell wirklich nahe steht, verweigert er in den Texten zur Psychoanalyse konstant, was in seinen musikalischen Schriften das Selbstverständlichste der Welt ist: die immanente Kritik der Kategorien des Gegenstandes, das Verstehen spezifischer Phänomene, Materialien und Erfahrungsgehalte. Was in jenen Arbeiten methodisch an oberster Stelle steht, der Ansatz am phänomenal Besonderen, ist von vornherein aus-

---

5   Die Negativität psychoanalytischer Kategorien scheint Adorno freilich kaum auf ihren Erfahrungsgehalt hin durchdacht zu haben, wie die folgende Stelle zeigt: „Das Humane bildet sich als Sinn für die Differenz überhaupt an deren mächtigster [!] Erfahrung, der von den Geschlechtern. Psychoanalyse scheint in der Nivellierung alles dessen, was ihr unbewußt heißt, und schließlich alles Menschlichen [!], einem Mechanismus vom Typus der Homosexualität zu unterliegen: nichts sehen, was anders ist. So zeigen Homosexuelle eine Art Farbenblindheit der Erfahrung, die Unfähigkeit zur Erkenntnis von Individuiertem; ihnen sind alle Frauen in doppelten Sinne ‚gleich'." (Adorno 1955, S. 84). Die Passage ist gleich aus mehreren Gründen abwegig. Erstens erscheint die Geschlechterdifferenz nicht als Ergebnis eines Prozesses, sondern als Ursprungsmacht, und *das* im Rahmen negativer Dialektik. Zweitens unterschlägt Adorno die grundlegende psychoanalytische Einsicht, dass sich das „eigene" Geschlecht in der ödipalen Situation gerade als das „fremde" erweist. Drittens erscheint Homosexualität per se als neurotische Verfehlung eines „gesunden" Entwicklungsgangs; vgl. dagegen Morgenthaler 1984, der auf die Unterscheidung zwischen einer neurotischen und einer nichtneurotischen Entwicklung zur Homosexualität hin abhebt. Darüber hinaus wird hier sogar die Tendenz erkennbar, Homosexuelle aus dem Kreis erfahrungsfähiger Subjekte *als solche* auszuschließen. Ich muss gestehen, dass ich die Brisanz dieser Sätze selbst jahrelang „überlesen" habe und erst durch die Kritik Eckart Goebels auf sie aufmerksam geworden bin (vgl. Goebel 2004, S. 487 f.).

6   Inwieweit die Tatsache, dass Max Horkheimer ein Jahr lang Patient von Karl Landauer war, sich in seinen Texten und Kommentaren zur Psychoanalyse niedergeschlagen hat, müsste noch untersucht werden. In den dreißiger Jahren scheint mir davon wenig zu spüren zu sein, während der späte Vortrag „Die Psychoanalyse aus der Sicht der Soziologie" immerhin mit dem Satz einsetzt: „Soziologische Gedanken zur Psychoanalyse beginnen bei der Beziehung des Arztes [!] zu dem, der sich ihm anvertraut." (Horkheimer 1968, S. 294). Dass Horkheimer privat ein tieferes Verständnis psychoanalytischer Therapie besaß als Adorno, darf man voraussetzen (vgl. Rothe 1987).

geblendet, wenn Adorno mit Begriffen wie „Verdrängung", „Symptom" und „Widerstand" operiert, ohne je ihren Stellenwert im Kontext der analytischen Situation zu bedenken.

Hinzu kommt seine projektive Aneignung psychoanalytischer Termini im Sinne der Haltung: „Analysiert" werden die anderen, nicht ich. Für eine Theorie, die sich gegen die Gesellschaft als Ganzes richtet, mag das bis zu einem gewissen Grad zwangsläufig sein, sofern es ihr ja um eine Kritik objektiv defizitärer Verhältnisse zu tun ist und nicht um ein „Erkenne dich selbst" von Personen. Andererseits verkürzt ein solcher Ansatz Psychoanalyse zu einer „Hilfswissenschaft" (Horkheimer 1932, S. 59) der Philosophie des Sozialen, von der die eigenen theoretischen Vorurteile und Übertragungen in toto ausgenommen werden. Ein verqueres Ungleichgewicht bleibt zurück, bei Horkheimer wie und insbesondere bei Adorno.

Die Folgen sind nicht zuletzt in der empirischen Sozialforschung zu beobachten.[7] In den Arbeiten zur autoritären Persönlichkeit und zum Gruppenexperiment, drastischer noch in den Essays zum Jazz, zu Strawinsky und Wagner steht Psychoanalytisches durchweg im Dienste einer Entlarvungsattitüde, die ihre Objekte aburteilt, statt sie methodisch reflektiert zu verstehen zu suchen.[8] Der Gestus, mit

---

7 Das Verdienst der Adornobiographie von Lorenz Jäger besteht darin, den Reflex dieser Haltung in den sozialpsychologischen Arbeiten untersucht zu haben. Vgl. Jäger 2003, S. 202 ff., 220 ff.; vgl. Adorno 1954, S. 136: „Für Mechanismen wie Projektion, Reaktionsbildung, verdrängtes Schuldgefühl, die allesamt in die Zone der Abwehr des Unbewußten durch das Ich gehören, wurden nicht nur vereinzelte Belege beigebracht, sondern wir stießen ohne Unterlass auf Sachverhalte der subjektiven Meinung und Meinungsbildung, die durch ihren Widerspruch zur objektiven Realität, ihren irrationalen Charakter, geradezu den Gebrauch solcher Begriffe herbeizitieren. *Sie erheischen gleichsam von sich aus psychoanalytische Interpretation.*" (Herv.v.R.K.).

8 Das Problem der musikalischen Schriften liegt darin, dass Adorno mit Begriffen wie „Sozialcharakter", „sadomasochistischer Charakter" usw. wie mit Spielmarken operiert, die in externe Zusammenhänge eingesetzt werden, ohne dass ihr theoretischer Hintergrund zur Sprache kommt. Was in den Aufsätzen von Fromm noch als eine theoretische Denkfigur vorgestellt wurde, nimmt bei Adorno umgehend Züge einer rhetorischen Waffe an. Die Ablehnung seiner Strawinskykritik durch die Musikwissenschaft ist nicht *nur* auf deren Ignoranz gegenüber seiner Philosophie zurückzuführen, sondern auch darauf, dass man Adornos sozialpsychologische Termini als parteiische Totschlagvokabeln wahrnehmen musste, weil die Theorie, auf die bezogen sie einen inhaltlichen Sinn hätten entfalten können, im Text schlicht nicht vorkam. Der Jazzaufsatz von 1936 ist einer der frühesten Beispiele für „wilde" Psychoanalyse im Dienste der Denunziation einer bestimmten Musik. Im „Versuch über Wagner" interpretiert Adorno biographische Fakten der Person Wagners geradewegs im Lichte eines vermeintlichen oder wirklichen Wandels des „bürgerlichen Sozialcharakters". Bei Fromm geht es noch um eine Charaktertypologie, bei Adorno werden Alltagsepisoden aus dem Leben eines Künstlers ad hoc

dem hier geschrieben wird, signalisiert, dass man genau weiß, wie andere Menschen sind. Reflexion auf eigene Vorurteile und Übertragungen findet nirgendwo statt. Psychoanalyse aber, die nicht an der eigenen Übertragung arbeitet, ist keine. Nicht zufällig steht im Zentrum des Ödipus-Dramas von Sophokles der Satz des Teiresias, den der blinde Seher dem vor Wut rasenden jungen König entgegenhält: „Des Mannes Mörder, sag ich, den du suchst, bist du!" Dass Adorno auf dieses zentrale Moment psychoanalytischer Erfahrung nie auch nur einen Gedanken verschwendet hat, bezeichnet eine eminente Grenze seiner Freudrezeption. Neben biographischen mögen da auch historische Gründe mitgespielt haben.[9] Das Bild von Psychoanalyse allerdings, das so in Umlauf kam und von zahllosen Studenten- und Dozentenjahrgängen, zum Teil auch von praktizierenden Analytikern nachgebetet wurde wie Sprüche aus Maos Bibel, zeitigte wirkungsgeschichtlich eine Tendenz, die weder mit Psychoanalyse noch mit einer kritischen Theorie, die ihren Namen verdient, vereinbart werden kann: ein hochelaboriertes, aber im Kern erfahrungsloses Jonglieren mit Freudschen Topoi und Termini. Ständig über Psychoanalyse als „Emanzipationswissenschaft" schwafeln, aber garantiert nichts von ihr verstehen. Und sofort von ihr die Finger lassen, wenn sie einen selbst zu irritieren beginnt: „Wasch mir den Pelz, aber mach mich nicht nass." Der Weg von Adornos pseudokritischem Anti-Therapie-Verdikt zum soziologisch aufgemotzten Party- und Feuilletongeschwätz über Freud ist kürzer, als man denkt.[10]

---

geschichtsphilosophisch hochgerechnet. Darüber hinaus trifft dieses direkt die Person attackierende „Psychoanalysieren" auf ein Verständnis von „Sozialcharakter", das mit psychoanalytischem Denken schlechthin nichts zu tun hat. In Adornos Rezension des II. Bandes von Ernest Newmans Wagnerbiographie findet sich etwa der Satz: „(...) umfaßt den für die Bildung von *Richard Wagners Sozialcharakter* entscheidenden Zeitraum von 1848–1860" (Adorno 1938, S. 371; Herv.v.R.K.), also die Zeit *zwischen dem 35. und 47. Lebensjahr* des Komponisten.

9 Ein Grund dürfte auch sein, dass eine genauere Diskussion um die Fragen psychoanalytischer Praxis, zumal die nach der Beziehung von Analytiker und Analysand, erst nach dem Zweiten Weltkrieg eingesetzt hat. Die einschlägige Literatur ist sich darin einig, dass der Disput zwischen Freud und Ferenczi zum „Killer" für die Bereitschaft der psychoanalytischen Community insgesamt wurde, die zentralen Probleme dieses Feldes so zur Sprache zu bringen, wie es von der Sache her angemessen gewesen wäre. (Vgl. Haynal 1989, Cremerius 1990.)

10 „Sicherlich ist die Meinung der Närrin, die ihr Bett im Schlafzimmer anders aufstellen läßt, um sich vor der Gefahr bösartiger Strahlen zu schützen, pathogen. Aber die Gefahr von Strahlen in der atomverseuchten Welt ist so angewachsen, daß ihre Sorge nachträglich von derselben Vernunft honoriert wird, der ihr psychotischer Charakter sich entzieht. Die objektive Welt nähert sich dem Bild, das der Verfolgungswahn von ihr entwirft." (Adorno 1961, S. 590) Vgl. Anm. 7, 8 und 12.

II.

Was geschieht mit der Psychoanalyse, wenn das Moment des „Erkenne dich selbst" als unerhebliches Moment, potentiell als Kompromiss mit der schlechten Welt abgetan wird? Wie ist es um den Sinn einer Kritik gesellschaftlicher Verhältnisse im Namen Freuds bestellt, wenn man die Reflexion auf den Balken im eigenen Auge nicht einmal als Denkmöglichkeit vorsieht? Der Einwand, es gehe um die Logik soziokultureller Tendenzen und Strukturen, nicht um die Befindlichkeit von Individuen, trifft nicht, wo ein Denken die Bühne betritt, das so betont auf individueller Erfahrung als Korrektiv theoretischer Modelle besteht.

In seinem Vortrag „Was bedeutet: Aufarbeitung der Vergangenheit" hat Adorno der Psychoanalyse eine gewichtige Stellung in Bezug auf die Forderung zugewiesen, „dem objektiven Potential des Verhängnisses subjektiv entgegenzuarbeiten" (Adorno 1959, S. 569). Angesichts der „Vergangenheit" in Deutschland, sagt er, sei „vor allem (...) an die Psychoanalyse zu denken, die nach wie vor verdrängt wird (...) Ihre genaue und unverwässerte Kenntnis ist aktueller als je. Der Haß gegen sie ist unmittelbar eins mit dem Antisemitismus (...) So wenig, allein schon des Zeitfaktors wegen, etwas wie eine Massenanalyse sich durchführen ließe, so heilsam wäre doch, fände strenge Psychoanalyse ihre institutionelle Stelle, ihren Einfluß auf das geistige Klima in Deutschland, auch wenn er bloß darin bestünde, daß es zur Selbstverständlichkeit wird, nicht nach außen zu schlagen, sondern über sich selbst und die eigene Beziehung zu denen zu reflektieren, gegen die das verstockte Bewußtsein zu wüten pflegt." (Adorno 1959, S. 569 f.).

Zwei Dinge fallen auf. Erstens Adornos Orthodoxie. Ganz im Sinne seiner Kritik an Karen Horney und Erich Fromm plädiert er für eine „strenge", wir könnten auch sagen: „triebtheoretische" Psychoanalyse. Um des „geistigen Klimas in Deutschland" willen soll eine „genaue Kenntnis" *dieser* Psychoanalyse in Pädagogik, Kriminologie, Strafjustiz, Medizin ebenso geboten sein wie ihre adäquate Institutionalisierung als Fach an den Universitäten. Zweitens sieht Adorno die Aufgabe der Psychoanalyse in der Fähigkeit, die Mechanismen aggressiver Projektion und Übertragung zugleich zu begreifen wie praktisch – relativ – abzubauen. Sie vermag die seelische Funktion solcher Mechanismen verständlich zu machen und, wie politisch beschränkt auch immer, einem vergleichsweise autonomen Handeln den Boden zu bereiten. Zu zeigen, dass ich und warum ich das, von dem ich immerzu sage, dass die Anderen, die Fremden, die Feinde es mir antun, in Wahrheit selbst und sogar erst recht tue, definiert für Adorno das ureigene Feld der Psychoanalyse.[11]

An Ort und Stelle ist das gegen den Antisemitismus gesagt, der zur Zeit von Adornos Vortrag, 1959, in Gestalt von Hakenkreuzschmierereien wieder zu einer öffentlichen Erscheinung in Deutschland geworden war. Inwieweit der Gedanke zum Verständnis dieses perennierenden Phänomens beiträgt, will ich hier jedoch nicht diskutieren, vielmehr das projektionskritische Element Adornos auf die Instanz seiner Kritik selbst beziehen. Es versteht sich, dass die „Verstocktheit", die Adorno vor Augen steht, von anderer Art ist als das Blinde in seiner Rezeption psychoanalytischen Denkens. Trotzdem muss es aus dem historischen Abstand her erlaubt sein zu fragen, ob die kritische Theorie, die so scharfsinnig über Formen sozialpathologischer Projektion zu reden weiß, nicht ihrerseits an einem undurchschauten Überschuss an Projektivem krankt, sofern sie unter Rekurs ausgerechnet auf die Psychoanalyse nach dem Prinzip „analysiert werden immer die anderen" verfährt? Wie kritisch ist eine kritische Theorie, die so vorgeht, wie Max Horkheimer 1935 formulierte: „Nicht die rationale und befreiende Aktivität theoretisch geschulter Menschen, sondern der Eigensinn und die Ratlosigkeit zurückgebliebener Gruppen bilden den angemessenen Gegenstand sozialer Tiefenpsychologie." (Horkheimer 1935, S. 252). Oder wie Adorno, der am 17.8.1941 aus Sorge um den Verlust von Einnahmequellen des Instituts Horkheimer fragend vorschlägt, „ob nicht Sie, ich und Gretel uns *in unserer Freizeit* zu Analytikern sollten ausbilden lassen, um dann einmal, vielleicht in Verbindung mit Menninger, ein Sanatorium aufzumachen" (Horkheimer 1996, S. 152; Herv.v.R.K.).[12]

---

11 Zu denken ist hier an die psychoanalytisch inspirierte Theorie der Projektion in den Antisemitismusthesen der *Dialektik der Aufklärung*.

12 In „Erziehung nach Auschwitz" macht Adorno den Vorschlag, „die Schuldigen von Auschwitz mit allen der Wissenschaft verfügbaren Methoden, *insbesondere mit langjährigen Psychoanalysen*, zu studieren, um möglicherweise herauszubringen, wie ein Mensch so wird. [...] Das würde nur dann geschehen, wenn sie mitarbeiten wollten bei der Erforschung ihrer Genese. Allerdings dürfte es schwierig sein, sie zum Reden zu bringen; *um keinen Preis dürfte irgend etwas ihren eigenen Methoden Verwandtes* [im Abschnitt zuvor ist von Folter die Rede!] *angewendet werden, um zu lernen, wie sie so wurden.*" (Adorno 1965, S. 684; Herv.v.R.K.). Möglicherweise sind diese Äußerungen, worauf Christian Schneider mich hinwies, sogar durch Alexander Mitscherlich angeregt worden. Der hatte sich 1945 in einem unveröffentlichten Memorandum, für eine psychoanalytische Untersuchung von Kriegsverbrechern stark gemacht: „Aufgabe der Wissenschaft mit ihren psychologischen Methoden", schrieb er, sei es, „die Seelen dieser Männer in ihrer ganzen Durchschnittlichkeit und Erbärmlichkeit zu zeigen." Gerade die Psychoanalyse sei bestens geeignet, „das Bild, das sich die Menschen der Gegenwart, vor allem aber die Deutschen" von den NS-Tätern machten, zu korrigieren: „Sie kann zeigen, daß

Horkheimers Verhältnis zur „Psychologie des Unbewussten" ist funktional, d. h. durch die gescheiterte und eine noch ausstehende gelingende Revolution, bestimmt. Aus seiner Sicht dient Psychoanalyse keinem Verständnis unbewusster Prozesse schlechthin, sondern allein in Bezug auf Gruppen, die mit der gesellschaftlichen Entwicklung nicht Schritt halten können. Die intellektuelle Avantgarde dagegen, d. h. die kritische Theorie, sieht sich selbst *nicht* von der Psychoanalyse in Frage gestellt oder auch nur zum Nachdenken veranlasst. Sie nimmt einzelne psychoanalytische Theoreme auf, von denen sie glaubt, dass sie die Objektebene ihrer eigenen gesellschaftskritischen Arbeit erhellen könnten. Aber die theoretische Begrifflichkeit und ihre Motive wie auch Ziele bleiben psychoanalytischer Reflexion wie selbstverständlich entzogen.

Zur Argumentation ad hominem besteht dennoch kein Anlass: Horkheimers Position hat starke Gründe. Sieht sie sich doch mit Fragen konfrontiert, welche Probleme individualtherapeutischen Handelns zwangsläufig zurücktreten lassen: Warum ist die Revolution entweder – wie in Deutschland – misslungen oder dort, wo sie „gelungen" ist – wie in der Sowjetunion –, in Terror umgeschlagen? Welche Ursachen hat die eklatante Wirkungslosigkeit sozialistischer Politik in der Gegenwart? Wie ist der radikale Bruch zwischen der Logik der ökonomischen Entwicklung und dem Handeln der sozialen Klassen zu erklären? Wie kommen seelische Mechanismen zustande, die es ermöglichen, dass wirtschaftliche Widersprüche, die zu explosiven gesellschaftlichen Konflikten führen müssten, latent bleiben? Wie ist es zu verstehen, dass das Gros der bürgerlichen Gesellschaft in Deutschland einschließlich des Proletariats begeistert eine Politik mitträgt, die gegen seine elementarsten Lebensinteressen gerichtet ist? Wieso kann der Nationalsozialismus, der auf eine gewalttätige Integration der Massen aus ist, sich zugleich den Schein einer bürgerlichen Freiheitsbewegung geben? Welche Zusammenhänge bestehen zwischen der Struktur bürgerlicher Revolutionen und der

---

es sich um kleine, nicht um große Männer handelt. Sie liefert dem Historiker die verläßlichen Unterlagen für die Persönlichkeitsschilderung." (zit. nach: Schneider 1991, S. 372). Das ist hellsichtig, wo es gegen den damaligen entlastungsmythisch-dämonologischen Zeitgeist die „Banalität des Bösen" hervorhebt. Zugleich gerät diese als politisch-moralisches Verdikt durchaus nachvollziehbare Position dadurch zur Farce, dass Mitscherlich die Psychoanalyse, d. h. die psychoanalytische Therapie, ihr vorab unterstellt. Denn was wäre das für eine Therapie, die sich ernsthaft zum Ziele setzte, die „Erbärmlichkeit" des Patienten zu demonstrieren? Hier ist bei Mitscherlich bereits jene moralische Idealisierung der Psychoanalyse am Werk, die eine bestimmte Haltung des Patienten tendenziell inquisitorisch einklagt, statt ihn zu therapieren. In seiner bahnbrechenden Kritik der *Unfähigkeit zu trauern* setzt Tilmann Moser genau daran an (vgl. Moser 1992).

Unterwerfung von Individuen unter die Autorität von Schicksal, Volk und Führer? Was ist überhaupt Autorität, wo entsteht sie und wie wird sie hergestellt?

Zu Beginn der 30er Jahre waren dies Fragen von dramatischer Dringlichkeit. Dass der Versuch, sie zu beantworten, gar nicht anders konnte, als die Autonomie psychoanalytischer Begriffe zu überspringen, war das Diktat der historischen Stunde. Die Funktionalisierung der Psychoanalyse im Dienste der Revolution gegen den Nationalsozialismus hatte ihren „Zeitkern", ihr geschichtliches Recht. Aus heutiger Sicht indes ist die Tatsache, dass einer Fundierung psychoanalytischer Erfahrung in der Praxis therapeutischer Beziehungen seinerzeit *jede* Sprache fehlte, nicht mehr zu legitimieren. Der Zusammenbruch des freudomarxistischen Großprojekts hat dazu das Seine getan, und kaum weniger das fortschreitende Wissen um die besondere Logik der einzelnen Bereiche von Gesellschaft und Wissenschaft. Man braucht keineswegs jede Vermittlung von Psychoanalyse und kritischer Theorie zu verwerfen, um Gerechtigkeit in der Sache gleichwohl erst einmal auf die Erkenntnis des Besonderen zu beziehen, d. h. gegen den geschichtsphilosophischen und soziologischen Fremdgang psychoanalytischer Redeformen die Autonomie der therapeutischen Situation und ihrer Erfahrungsgehalte wie Begriffe herauszustellen.

Bei Adornos Briefpassage sticht das exquisit instrumentelle Verständnis von Therapie heraus. Nicht nur scheint er zu glauben, eine Ausbildung zum Analytiker lasse sich absolvieren, ohne die vordringlichen Lebensinteressen des Auszubildenden zu berühren. Fast wundersamer noch ist die implizite Unterstellung, die eigene philosophische Arbeit sei über solche Dinge erhaben. Wäre Adorno ein konventioneller Idealist, man hätte wohl weniger zu staunen. Erklärtermaßen sieht er sich aber als Anwalt des „materialistischen Gehalts" der Psychoanalyse, und so mutet es seltsam an, wenn er dem Bereich des therapeutischen Handelns abspricht, theoretisch relevant bzw. theoriefähig zu sein. Denn hätte jener materialistische Gehalt nur noch in kulturtheoretischen Spekulationen seinen legitimen Platz, während er in der psychoanalytischen Situation notwendigerweise stumm bleiben müsste, wie könnte er dann kritisch sein und kritisch-praktische Wirkungen zeigen? Muss er nicht immer auch „von unten" kommen, im einzelnen emotionalen Impuls, also da, wo das „Luder" (Freud) zuschlägt, zünden? Für Adorno ist die Praxis der Psychoanalyse aber nicht nur nicht theoriefähig, als Agentur sozialer Anpassung entbehrt sie auch jedes aufklärerischen und kritischen Vermögens. „Progressiv" an der Psychoanalyse, so die Devise, ist allein die Kulturkritik, ihr Insistieren auf der „Unversöhnlichkeit" von Begehren und Zivilisation, Therapie hingegen ein reaktionäres

Unternehmen, eo ipso dazu verurteilt, nichts anderes zu machen und machen zu können, als seine Patienten zu „gesunden" Mitgliedern des destruktiven Ganzen zu konditionieren (Adorno 1951, 69 ff., 76 f.).[13] Theoriepolitisch bedrängt uns der Anwalt des Nichtidentischen eins ums andere Mal mit dem Anliegen, das Bewusstsein des Risses im Subjekt gegen alle revisionistischen Konzepte vom Ich wach zu halten. Aber just der Prozess, der jenen Riss praktisch zum Motor hat, welcher alles antreibt, wird als Ideologie oder noch Schlimmeres verworfen.

Vergleichsweise differenziert hat Herbert Marcuse an den Neofreudianern den Glauben gerügt, ihre Therapie sei als solche Gesellschaftskritik (Marcuse 1955, S. 209 f.). Anders als Adorno wendet er sich nicht gegen die „objektive Unwahrheit" der Therapie als solche, sondern gegen eine *ideologische Überschätzung therapeutischer Möglichkeiten*, die auf ihren sozialen Ort nicht mehr reflektiert. Therapie kann nicht hier und jetzt einen besseren Zustand gestalten, weil sie nichts darüber vermag, dass sie sich mit den „herrschenden Zuständen" zu arrangieren hat. Trotzdem behält ihr Potential, zu einem besseren Leben unter den bestehenden Verhältnissen beizutragen, sein Recht. Die Differenz zu Adorno ist unscheinbar, aber relevant. Andererseits hat Marcuse eine mögliche Bedeutung psychoanalytischer Praxis für die Kritik der Gesellschaft nie in Erwägung gezogen, sondern therapeutische Termini ziemlich unbefangen in fremde Kontexte verpflanzt (Laplanche 1970).

---

13 Eine „Notiz vom August 1960" lautet: „Die Psychoanalyse ist ein Versuch, den Bruch zwischen Subjekt und Objekt zu schließen vom Subjekt aus, es in einer heillosen Gesellschaft zu heilen. Dieser Versuch muß mißlingen. Aber nicht genug damit, schlägt er, wie aller partikulare Fortschritt in der falschen Totalität, zum Unheil aus. Denn das Realitätsprinzip ist ja eine synthetische Anpassung, die jenes nicht Angepaßtsein korrigieren soll, das daher rührt, daß die Menschen nicht ihrer eigenen Bestimmung folgen können. Sie werden ans Schlechte angepaßt und dadurch selbst schlechter. *Das bißchen Aktionsfähigkeit und Heilung vom subjektiven Leiden* haben sie zu bezahlen mit Verarmung, Verhärtung, Erkaltung (dies ist zugleich der Schlüssel zum verdinglichten Bewußtsein). Die Rationalität, die sie erlangen, enteignet sie virtuell ihrer Geschichte und damit der Individuation; ihr Fortschritt ist die Regression unmittelbar. Die Individuation ist immer zugleich das Relikt des Leidens. Trostloser Gedanke, daß wir das Bessere dem Schlechten verdanken und daß dessen Abschaffung das Schlechte befördert." (Adorno 1960, S. 17; Herv.v.R.K.). Mit Verlaub: Sind solche Sätze nicht von der gleichen Verdinglichung geschlagen, die sie anzuprangern vorgeben? Freud hat gesagt, das bescheidene Ziel der Psychoanalyse bestehe darin, die Menschen arbeits- und genussfähig zu machen. Das mutet im ersten Moment vielleicht „affirmativ" an, aber solche Worte bloß aufzusagen oder sich zu fragen, was sie konkret bedeuten, sind zwei verschiedene Dinge. Man hat nicht den Eindruck, dass sich Adorno auch nur einen Moment überlegt hätte, was es heißt, wenn jene beiden Vermögen ausfallen, wenn ein Mensch *nicht* arbeits- *und* genussfähig *ist*.

III.

Adornos Kritik an Karen Horney ist zum Teil ein Kinderspiel, belegt aber auch einen aufschlussreichen Desinformationsstand des Kritikers in Bezug auf therapierelevante Teile der psychoanalytischen Theorie. Als Theoretikerin des Sozialen ist Horney keine Gegnerin für Adorno; ihre kategorialen Dilettantismen hat er im Handumdrehen auf die Matte gelegt. Schlag auf Schlag bekommen wir vorgeführt, wie „undialektisch" die Kritikerin Freuds arbeitet: in der Präsentation von Individuum und Gesellschaft als zweier empirischer Realitäten, in Antithesen wie dem Primat des Biologischen *oder* des Kulturellen, den Erinnerungen an die Kindheit *oder* dem aktuellen Milieu, einer Psychoanalyse zur Beherrschung der Triebe *oder* einer zur Begünstigung der spontanen Aktivität des Ichs. Ohne in die Details zu gehen, kann Adorno zeigen, dass Horneys Entgegensetzung von Biologischem und Kulturellem Freuds Libidobegriff verfehlt, welcher die genannten beiden Pole ja im Gegenteil gerade zusammenspannt: physisch-physiologische Energetik mit sozialer Sinnbildung, Biologie und Kultur.[14] Wie Fromm kann Horney ihre Option für die „Beziehung zu den anderen"[15] als Ursache *aller* Neurosen nur darum wie einen Phönix aus der Asche aufsteigen lassen, weil sie den Sexualitätsbegriff von Freud zuvor naturalistisch zurechtgestutzt und sein komplexes Amalgam aus körperlichen und geistigen Strebungen in einen gewöhnlichen Instinktablauf zurückverwandelt hat (Schmid Noerr 2001, S. 817 f., 831 f., entsprechend zu Erich Fromm). Zudem, so Adorno, erscheine das Ich als eine unabhängige Instanz, die nicht mehr genetisch auf den Trieb bezogen sei. Durch solche Trennung von Trieb und Ich werde jener als Einspruchskraft gegen sozial hergestelltes Leiden undenkbar bzw. unmöglich. Entsprechend sieht Adorno in der „natürliche(n) Totalität"

---

14 Allerdings geht er auf die spezifischen Erweiterungen des Freudschen Sexualitätsbegriffs ebensowenig ein wie Horney. Diese systematische Lücke kennzeichnet den „Naturalismus" der kritischen Theorie ebenso wie den „Kulturismus" der Neofreudianer. Dass Horney dem Freudschen Lustprinzip „zwei leitende Prinzipien: Sicherheit und Befriedigung" (Horney 1951, S. 72) entgegensetzt, verwirft Adorno mit der Bemerkung, Sicherheit sei „*nichts anderes als eine Objektivierung des Luststrebens in der Zeit*" (Adorno 1946, S. 26; Herv.v.R.K.).

15 Die Kritik an der kritischen Theorie unter dem Aspekt „Beziehung" und „Interaktion", wie sie etwa von Jessica Benjamin und Axel Honneth vorgetragen wurde, ist zu komplex, als dass ich hier näher auf sie eingehen könnte. Dass sie ein Kerndefizit Adornos und Horkheimers trifft, dürfte schwer bezweifelbar sein; die Frage ist nur, was unter dem theoretischen Primat der Beziehung mit der „Antisozialität" des Triebs, mit Tod und Destruktion, überhaupt mit „dem Unbewussten" geschieht. Hier besteht nach wie vor großer Diskussionsbedarf (vgl. Whitebook 2001, Honneth 2001).

(Adorno 1946, S. 25) des Charakters den Modus, in dem sich die gesellschaftliche Herrschaft im Individuum durchsetzt: als Trauma. Ausgerechnet da, wo die Beschädigungen, die der Einzelne gesellschaftlich erfährt, sich von innen her antagonistisch zusammenschließen, konstruieren die Neofreudianer ihn als ein organisches System, auf dem die Gesellschaft ihre Spuren lediglich von außen hinterlässt.

Bis hierhin ist Adornos Kritik ein Selbstläufer. Die Verkürzung Freudscher Begriffe, Horneys Hang zur Gesunden-Menschenverstand-Rede über „Gesellschaft" machen es ihm leicht. Aber gerade dass so vieles so glatt geht, sollte skeptisch stimmen und keinesfalls Anlass sein, sich im Bewusstsein des eigenen Rechts zu suhlen. Gehört es nicht zu einer seriösen Kritik, dass sie sich auf die Stärken ihres Gegenstandes einlässt, statt sich an seinen Schwächen schadlos zu halten? Dass sie die Erfahrungen zu rekonstruieren sucht, die zu einer möglicherweise unzulänglichen Theoriegestalt geführt haben, aber als Erfahrungen dennoch bedeutsam bleiben? Mit keinem Wort diskutiert Adorno die therapeutische Motivationslage der Horneyschen Überlegungen, und manchmal scheint es, als ob bereits die Vorstellung, dass Veränderungen der Theorie aus therapeutischen Erfahrungen resultieren *könnten*, für ihn zur Ideologie falscher Praxis gehört. In Wirklichkeit wird damit aber nur erkennbar, wie beschränkt Adorno selbst verfährt. Der Preis seiner vermeintlichen ideologiekritischen Stärke ist die Ausblendung einer zentralen Dimension des Gegenstandes.

An seinem Umgang mit dem Thema Kindheitserfahrungen wird dies besonders deutlich. Horney schreibt einmal in ihrer hemdsärmelig-pragmatischen Art: „Der entscheidende Faktor bei Entstehung der Neurosen ist (...) weder der Ödipus-Komplex noch irgendeine Art kindlichen Lust-Strebens, sondern entscheidend sind alle jene widrigen Einflüsse, die einem Kind das Gefühl der Hilflosigkeit und Wehrlosigkeit geben und es die Welt als potentiell bedrohlich empfinden lassen." (Horney, 1951, S. 10). Es leuchtet ein, wenn Adorno darauf bezogen von „Horneys Abneigung" spricht, „sich allzu sehr mit der Vergangenheit einzulassen. Sie ist dem herrschenden Geist verschworen, der alles verbannen möchte, was nicht positives, hier und jetzt greifbares Faktum ist. Ihr Widerstand gegen Freuds insistente Betonung der Notwendigkeit, daß das Bewußtsein von der eigenen Kindheit wiedergefunden werden müßte, gleicht dem Pragmatismus, der die Vergangenheit abblendet, soweit sie nicht zur Kontrolle der Zukunft taugt (...) La recherche du temps perdu est du temps perdu." (Adorno 1946, S. 34).

Nun zielt Horney aber nicht einfach auf den gegenwärtigen Zustand der Gesellschaft allgemein, sondern mehr noch auf die *spezifische Gegenwart der Beziehung von Therapeut und Patient.* Wenn die Vergangenheit des letzteren lebendig werden kann, dann nur innerhalb dieses Beziehungsrahmens und aufgrund seiner sprachlichen und emotionalen Dynamik. Aber über diesen Bereich breitet Adorno den Mantel des Schweigens so dicht aus, dass keine Lücke übrig bleibt. Vehement betont er die „zentrale Rolle der Kindheitserinnerungen, die zum Kern der psychoanalytischen Theorie gehört" (Adorno 1946, S. 23), ohne aber auch nur einen Moment lang darauf zu reflektieren, wie solche Erinnerungen entstehen, wie sie erlebbar und verständlich werden. Pathetisch tritt der Philosoph als Anwalt einer Freudschen Radikalität auf, die gegen ihre Trivialisierung seitens eines therapeutischen Juste milieu verteidigt werden müsse. Schaut man genauer hin, redet er dann aber gar nicht von der Sache, die er zu verteidigen meint. Kein Wort darüber, was Kindheitserinnerungen im Sinne Freuds denn sind. Handelt es sich zum Beispiel um Erinnerungen *aus* der oder *an* die Kindheit? Und wann haben sie sich bzw. *wir sie* gebildet?[16] Beziehen sie sich auf Ereignisse, Beziehungsgeschichten, reale Traumata oder Formen psychischer Verarbeitung derselben? Vor allem: Wie wissen wir von der Vergangenheit, von der wir ständig reden? Wie ist sie in der psychischen Realität von heute da? Offenbar zeigt sie sich ja nicht im Modus spontaner Evidenz, sondern gebrochen, verdrängt und als „lebensgeschichtlicher Mythos" gestaltet. Wenn das so ist, wie können es wir dann „machen", dass Vergangenheit in der Therapie „kommt"? Und falls sie kommt, ist sie es dann auch oder nicht doch noch etwas anderes? Geht es um eine Wirklichkeit, die objektiv gewesen ist oder um eine aktual konstruierte, hergestellte? Oder um einen Komplex aus beidem, eine Mischung aus Entdecktem und Erfundenem, aus der Erinnerung kindlicher Lebensgeschichte und der Bildung eines gegenwärtigen Beziehungsraums (Psyche, Sonderheft 2003; Psyche, Beiheft 2005)? Ist der Analytiker ein Archäologe, der alle Gesteinsschichten der Zeit abträgt, bis er am primär Wirklichen, das die Neurose verursacht hat, angelangt ist (Mertens/Haubl 1996a)? Oder ein Detektiv, der durch geschickt insistierendes Fragen einen Verdächtigen dazu zwingt, seine Geheimnisse preiszugeben, sich zu verraten (Haubl/Mertens 1996b)? Oder aber ein Künstler, der sich auf die Dynamik einer Beziehung einlässt, um aus

---

16 Bereits 1899 in seinem Aufsatz über „Deckerinnerungen" fragt Freud, „ob wir bewußte Erinnerungen *aus* der Kindheit haben, oder nicht vielmehr bloß *an* die Kindheit. Unsere Kindheitserinnerungen zeigen uns die ersten Lebensjahre, nicht wie sie waren, sondern wie sie späteren Erweckungsjahren erschienen sind. Zu diesen Zeiten sind die Kindheitserinnerungen nicht, wie man zu sagen gewohnt ist, *aufgetaucht*, sondern sie sind damals *gebildet* worden." (Freud 1899, S. 553 f.). An anderen Stellen wird betont, dass Kindheitserinnerungen im Laufe der Zeit einem Prozess der Umarbeitung oder Umschrift unterliegen.

ihrer Analyse die vergangene Geschichte des Patienten weniger als ein zu erinnerndes Faktum abzuleiten denn als etwas Neues, noch nie Gewesenes hervorzubringen (Morgenthaler 1978; Balint 1981)?

Klar, die Diskussion über psychoanalytische Therapie hat sich seit Adornos Zeiten erheblich differenziert. Es wäre unfair, ihm als Mangel anzukreiden, was auch die dafür zuständige Profession vor einem halben Jahrhundert noch nicht wirklich geleistet hatte. Trotzdem befremdet es, dass ausgerechnet ein Philosoph die Epistemologie der therapeutischen Praxis, deren Fragen doch wahrlich auf der Hand liegen, wie ein lästiges Detail übergeht. Permanent operiert er mit Kategorien der Psychoanalyse, kappt aber zugleich jede Verbindung zur Methode psychoanalytischen Handelns. Seine Kritik an Horneys Gegenwartsorientierung leuchtet zum Teil ohne weiteres ein, nur kommt ihm nie die Idee, dass diese *auch* ein fundamentum in re besitzen könnte: Für Horney wie für Fromm ist der psychoanalytische Beziehungsprozess gleichsam das Erscheinungsmedium der Lebensgeschichte des Patienten. Entweder wird diese in jenem bzw. dank seiner lebendig oder überhaupt nicht. Thema ist das Hier und Jetzt des analytischen Verhältnisses, nicht oder zumindest nicht primär eine Rekonstruktion früherer Zeiten. Noch in Horneys laxer Polemik gegen Freuds Vergangenheitsorientierung schwingt die berechtigte Intention mit, mit der populären Wahnvorstellung aufzuräumen, in der Psychoanalyse gehe es um „Papa und Mama" statt um gegenwärtiges Beziehungsleben. Diesen Gestus des „wir müssen ausgehen von dem, was in der Analyse da, zugänglich ist" statt nach dem Vorbild archäologischer Ausgrabungen zu therapieren, nimmt Adorno völlig zu Unrecht als *nur* ahistorisch, ja als „Schreckbild einer Menschheit ohne Erinnerung" wahr.

Dabei hätte sich der Schwachpunkt von Horneys Aktualismus aus einer relativen Stärke der Autorin durchaus entwickeln lassen: nämlich ihrer Kritik an Freuds Handhabung der „Übertragung". Freud, so moniert Horney, habe aus seiner Entdeckung der Übertragung keine adäquaten therapeutischen Konsequenzen gezogen: Er habe sie eiligst als Reaktivierung infantiler Empfindungen zu deuten versucht, während man darin doch eine Gesamtheit affektiver und seelischer Reaktionen in Bezug auf die Person des Analytikers und die Dynamik des analytischen Geschehens zu sehen habe. Freud sei im Unrecht gewesen zu glauben, „daß die Gefühle der Liebe, der Feindschaft, des Mißtrauens, der Eifersucht usw., sich an den Analytiker binden ohne Rücksicht auf dessen Alter, Geschlecht, Verhalten oder dessen, *was sich in der Analyse real abspielt*" (Horney, 1951, S. 136; Herv.v.R.K.). Abgesehen davon, dass Freud seine Interpretation der Übertragung als eines endopsychischen Prozesses später grundlegend revidiert hat (Freud 1914, S. 134 f.; Freud 1925, S. 68), stellt sich die Frage nach dem Verständnis von „Realität", das hier so selbstverständlich vorausgesetzt wird. Wo könnte ein solcher Begriff prekärer sein als in der psychoanalytischen Situation? Wie soll das Reale und das „Irreale" in einem Bereich trennscharf auseinandergehalten werden, in dem die Regeln, die ihn stiften, eine solche Trennung aufheben müssen (Pontalis 1968, S. 185)? Übertragung bestimmt sich als Aktualisierung der Vergangenheit *und* als Übertragung auf die Person des Analytikers. Beide Dimensionen können nicht voneinander abgelöst werden. Indem Horney so tut, als sei Therapie die primäre Realität, von der der Analytiker auszugehen habe, kehrt die Unterscheidung infantiler Fiktion von gegenwärtigem Leben, die sie Freud vorhält, seitenverkehrt bei ihr wieder: in Gestalt einer Idealisierung der eigenen therapeutischen Empathie. Das lebensgeschichtlich Verdrängte des Patienten erscheint schließlich doch wie ein praktisch Verfügbares, ein solides Faktum im Jetzt und Hier: dank einer „optimalen Mutter", die ihr geliebtes krankes Kind noch das Allerverdrängteste wiedergewinnen und neu erleben lässt. Insofern trifft Adorno auch das Ideologische am Therapeutischen, wie Horney es vorstellt – wenngleich um den Preis der Verleugnung theoretischer Relevanz von Therapie überhaupt.

Ein anderer Einwand Adornos gegen Horney trifft auf erweiterter Stufe ihn selbst. Einleuchtend sagt er zunächst, die Psychoanalyse biete der Soziologie mehr, wo sie in ihrem Kreis verbleibe, d. h. den Spuren der Gesellschaft im atomisierten Individuum nachgehe, als wo sie direkt eine soziologische Tendenz annehme und dem subjektiven Charakter ein soziales Milieu entgegenstelle. Nur wo, wie bei Freud, die Autonomie der psychischen Realität, der „Immanenzzusammenhang des Seelischen" (Adorno 1955, S. 70) beachtet werde, statt ihn von vornherein mit sozialen Tatsachen zu vermengen, lasse sich der Niederschlag der Gesellschaft im Einzelnen zureichend kritisch aufweisen (Adorno 1946, S. 25, 35).

Nun bleibt aber völlig unklar, was Adorno unter psychischer Realität versteht. Wo er von Kindheitserinnerungen spricht, bezieht er diese auf *reale Ereignisse*. Er meint etwa, Freud gehe es darum, „neurotische und andere Charakterzüge so weit als möglich auf *einzelne Vorgänge* im Leben des Kindes *zurückzudatieren*" (Adorno 1946, S. 23; Herv.v.R.K.). An anderer Stelle ist von „isolierte(n) Ereignisse(n)" die Rede, und liest man weiter, erfährt man, dass damit „schreckhafte und unmissverständliche Phänomene wie die Kastrations*drohung*" gemeint sind (Ebd.,

S. 25; Herv.v.R.K.). „Trauma" wird von Adorno ohne nähere Begründung als *Realtrauma* aufgefasst.[17]

Die Psychoanalyse hat sich aber dadurch konstituiert, dass sie die Annahme des Realtraumas als Ursache *aller* Neurosen aufgab zugunsten des Modells eines psychischen Konflikts, der Realität sui generis besitzt, weder „Einbildung" noch reines Faktum, nicht nur innen, aber ebensowenig bloß außen ist. Freud geht es immer *auch* um „Ereignisse", die in der Geschichte einer Neurose vorgefallen sind, aber sein primäres Thema ist die seelische Verarbeitung und Interpretation solcher Ereignisse im Leben des Patienten. Damit dieser von „Kastrationsangst" heimgesucht werden kann, muss sie ihm keineswegs als Kind faktisch angedroht worden sein. Gänzlich ohne einen so perfiden Sprechakt vermag sie zum innerseelischen Symptom des Dramas zu werden, dem sich das vier- bis sechsjährige Kind im Verhältnis zu seinen Eltern ausgesetzt sieht. Adornos an sich nicht verkehrter Versuch, Psychoanalyse als Phänomenologie „gesellschaftlicher Verstümmelungen" zu begreifen, verkehrt sich seinerseits ins Gegenteil, wenn er psychische Konflikte unmittelbar in eine soziale Textur einträgt und so die Autonomie ihrer Realität, die er anderen gegenüber einklagt, selbst nicht minder oder sogar noch mehr überspringt (Adorno 1946, bes. S. 40).

Gleiches gilt für seine Kommentare zu psychoanalytischen Positionen, die allein in Bezug auf therapeutische Zusammenhänge Sinn machen, von ihm aber stets fernab eines solchen Kontextes gelesen werden[18]: Die Rechtfertigung von Freuds angeblicher „Kälte und Distanziertheit" im Gegensatz zur „mitfühlenden Zartheit Ferenczis" (Adorno 1946, S. 37)[19] gerät ihm zum immergleichen Ceterum censeo

---

17 An einer Stelle behandelt Adorno „Erlebnisse" und „Ereignisse" wie Synonyme: „Daß es psychologische Züge und Impulse gibt, die nicht unmittelbar Wiederholung von Kindheits-*erlebnissen* sind, sondern durch die verfestigte Charakterstruktur vermittelt, schließt nicht aus, daß diese Struktur selbst auf isolierte *Ereignisse* im Leben des Kindes zurückgehe" (Adorno 1946, S. 24 f.; Herv.v.R.K.).

18 Ich denke insbesondere an den Kommentar zum Komplex Übertragungsliebe und Abstinenzgebot, wo Adorno in den zitierten Textauszug von Freud „gesellschaftliche Widersprüche" hineinliest, die mit dem Inhalt des dort Entwickelten schlicht nichts zu tun haben. Was Freud spezifisch sagt, ist Adorno bloßer Prätext für die eigene Rede (vgl. Adorno 1946, S. 40). Kurioserweise bleibt er gerade dabei abhängig von dem seinerseits kuriosen Versuch Erich Fromms, das Abstinenzgebot als Exempel „repressiver Toleranz" hinzustellen (vgl. Fromm 1935, bes. S. 370–377).

19 Dieser zuvor von Fromm konstruierte Gegensatz ist eine der problematischsten Figuren der gesamten Diskussion. Vgl. Cremerius 1990, Bd. 1, S. 187–209, „Gibt es *zwei* psychoanalyti-

für die Notwendigkeit einer „radikal negativen Kritik" im Zeichen der radikal falschen Welt. Infolgedessen ähnelt Freuds „Abstinenzgebot" eher der Aufhebung harmonischer Tonalität oder der „emanzipierten Dissonanz" bei Schönberg als dem, wozu es real gehört: zur notwendigen Asymmetrie der analytischen Beziehung, einem Zusammenspiel von Technik und Mitmenschlichkeit, das die Aufgabe hat, den therapeutischen Prozess in Gang zu halten *und* dem Patienten wie dem Analytiker Freiräume zu sichern: dem Patienten, indem seine Übertragungsliebe weder mit sozialem Alltagsverhalten beantwortet noch gar in ein sexuelles Verhältnis überführt wird; den Analytiker dadurch, dass Abstinenz ihn Abstand zu den aufwühlenden Entdeckungen des eigenen Tuns, aber auch gegenüber persönlichen Konfliktneigungen wahren lässt. Das Abstinenzgebot zu einem Imperativ angesichts der repressiven Gesellschaft im ganzen auszuweiten und faktisch zu einer Form höherer „Menschenfeindlichkeit" zu verklären, ist absurd. Mit einer therapeutischen Praxis, die „liebevolle Präsenz" (Cremerius) keineswegs zu versagen braucht, sofern körperliche Befriedigung ausgeschlossen ist, hat das alles nichts mehr gemein.

IV.

Abschließend seien zunächst zwei Unterscheidungen erklärt, mit deren Hilfe sodann die Ergebnisse des vorstehenden Textes und seine möglichen Konsequenzen gesichtet werden sollen. Die eine Unterscheidung betrifft die Differenz zwischen dem, was Adorno explizit zur Psychoanalyse sagt, und jener Schicht in seinem Werk, welche Psychoanalytisches in sich aufgenommen hat, ohne aber Inhalte der Psychoanalyse zu thematisieren (Reiche 2004, S. 235 f.). Die zweite Unterscheidung zielt auf den Unterschied zwischen der Ortlosigkeit psychoanalytischer Therapie in den Texten der kritischen Theorie erster Generation und dem möglichen Ort therapeutischer Praxis in einer künftigen kritischen Theorie.

An einer Einsicht kommt man nicht vorbei: Was Adorno explizit zur Psychoanalyse geäußert hat, ist historisch im Sinne von antiquiert, abgeschlossen. Zu stark stößt heute in seinen einschlägigen Texten ein ideologiepolitischer Gestus auf, der an der Sache selbst desinteressiert bleibt. Das Missverhältnis zwischen

---

sche Techniken?", sowie: Bd. 2, S. 326–363, „Freud bei der Arbeit über die Schulter geschaut. Seine Technik im Spiegel von Schülern und Patienten".

hochfahrender Theoriekritik und Erfahrungsarmut im Detail ist schmerzlich, erstaunlicherweise aber bislang kaum Gegenstand einer Auseinandersetzung gewesen. Adornos Verdienste für den organisatorischen Wiederaufbau und die öffentliche Reputation der Psychoanalyse im Nachkriegsdeutschland sind weder zu verkleinern noch gar zu bestreiten. Aber es gilt, zur Kenntnis zu nehmen, dass die Kehrseite seines Engagements eine strategisch-ideologische Monopolisierung des Diskurses über die Analyse war, bei der wesentliche Teile dieses Denkens völlig unter den Tisch fielen. Theoretisch relevant bleibt am ehesten, ironisch genug, Adornos spätes Veto zu Versuchen, die systemischen Prozesse einer modernen Gesellschaft mit Kategorien der psychoanalytischen Neurosentheorie auszubuchstabieren. Auch wenn er darin keineswegs konsequent war[20], hat er doch zwei wichtige Dinge formuliert. Erstens: Das Projekt Freudomarxismus bleibt historisch gebunden an den Kontext der Opposition gegen den Nationalsozialismus. Zweitens: Gesellschaft ist ein auch von den Kategorien der negativen Persönlichkeitslehre nicht erreichbarer struktureller Zusammenhang. Die Übertragung individualpsychologischer Konzepte auf Erscheinungen des Sozialen verfehlt ihren Gegenstand. Ob *Die Unfähigkeit zu trauern* Adorno in dieser Skepsis bestärkt hat, wissen wir nicht. Denkbar, dass er gegenüber Klaus Heinrich den Gedanken der Eigenständigkeit des Sozialen gegenüber dem Psychischen vehement verteidigt hätte, wäre ihm dessen Freudinterpretation bekannt gewesen.[21] *Der Eigenständigkeit des*

---

20 Durch den Vortrag „Was bedeutet: Aufarbeitung der Vergangenheit" von 1959 geistert erkennbar der Wunsch, „die Deutschen" mögen durch die Psychoanalyse zur „Selbstbesinnung" gelangen, ähnlich wie später in der Autobiographie von Alexander Mitscherlich (vgl. Mitscherlich 1980). Allerdings kollidiert er, auch darin Mitscherlich nicht unähnlich, mit einer „Sozialpsychologie", bei der Psychoanalyse als Entlarvungsmethode fungiert (vgl. Anm. 7). Die strikte Verabschiedung der Psychoanalyse aus der Gesellschaftstheorie, die in „Zum Verhältnis von Soziologie und Psychologie" (Adorno 1955) ratifiziert schien, wird nicht durchgehalten. Bereits das „Postscriptum" ist im Tenor des „es geht ja doch" verfasst und beruft sich nicht zufällig auf – Mitscherlich.

21 Vgl. Heinrich 2001. Heinrich geht es gerade darum, die Erfahrungsgehalte der Therapie in die Kritik von Geschichte und Kultur einzubringen: das „Bündnis" von Analytiker und Analysand, die methodische Aktualisierung der Neurose in der Übertragung, die Dynamik der Abwehr, das Durcharbeiten der Verdrängung, die Deutung der Lebensgeschichte usw. In ihren Erfahrungsgehalten der Therapie – und nicht in den abstrakten Konzepten der Metapsychologie – erblickt er das politische Potential Freuds. Und doch ist Heinrich ein Kind des hybriden Idealismus seiner Zeit, der 70er Jahre. Das zeigt sich in einem Verständnis von „Emanzipation", das schlicht davon ausgeht, die therapeutisch-analytische Situation sei verallgemeinerbar „im Hinblick auf eine sich selbst analysierende Gesellschaft" (Ebd., S. 182) – und diese Verallgemeinerung sei bereits die Emanzipation selbst. Was das heißen soll, bleibt die ganze Vorlesung hindurch zugleich Rätsel wie Leerformel.

Sozialen korrespondiert bei ihm jedenfalls keine des Psychischen. Vielmehr wird behauptet, diese sei zerstört, ließe sich nicht mehr positiv unterstellen. Den Neofreudianern wirft Adorno zu Recht vor, den „Immanenzzusammenhang des Seelischen" missachtet und vorschnell mit sozialen Fakten vermischt zu haben. Aber über die autonome Logik des Psychischen setzt er sich dann selbst mit dem zweifelhaften Argument hinweg, heute gebe es ohnehin nur mehr außengeleitete, d. h. total vergesellschaftete Charaktere. Adorno wollte oder konnte nicht zur Kenntnis nehmen, dass die Praxis der Psychoanalyse einen Zugang zu ihrer Sache im Ganzen eröffnet, dass durch sie erkenntniskritische Differenzierungen möglich werden, ohne die Metapsychologie und Kulturkritik, aber auch das Reden über „Kindheitserinnerungen" am Ende reines „Geistreicheln" über „Gott und die Welt" bleiben müssten.

Davon unberührt bleibt seine Nähe zu Freud in anderer Hinsicht. Ich denke an die darstellerischen Formen der *Minima Moralia* wie an die *Ästhetische Theorie*, in deren Parataxen viel vom Erfahrungsgehalt der Psychoanalyse eingegangen ist. Adorno verfährt hier jenseits expliziter psychoanalytischer Termini und doch im Sinne dieses Denkens. Er erschließt so unverwechselbare Erfahrungen mit Kunstwerken, statt sie, wie in den polemischen Noten zur Therapie, abzuwürgen. Das vielleicht eindrucksvollste Beispiel hierfür ist die Monographie über Gustav Mahler. Sie liest dessen Werk tendenziell als psychoanalytische, d. h. ineins assoziative wie deutende Auseinandersetzung mit der symphonischen Tradition, respektive mit Beethoven. So wenig eine Symphonie eine Therapie sein kann, so deutlich wird, dass Adorno den Bewegungen des therapeutischen Prozesses hier näher steht als angesichts von Inhalten dieser Disziplin im engeren Sinne. Darum gelingt es ihm auch, komplexe Zusammenhänge differenzsensibel zu entfalten, und nicht bloß darum über den Dingen zu stehen, weil er nicht in ihnen ist.

Wir haben von einer Ortlosigkeit psychoanalytischer Praxis innerhalb der kritischen Theorie erster Generation gesprochen. Neben Persönlichem sind die Gründe dafür politischer und historischer Natur. In den 30er Jahren gab der Nationalsozialismus der Liaison „Freud und Marx" eine Richtung, in der therapeutische Fragen nur wie irrelevante Spezialitäten hätten wirken können. Zudem ist eine eingehende Diskussion über Fragen der Behandlungstechnik auch von den Psychoanalytikern erst nach dem Zweiten Weltkrieg geführt worden (Haynal 1989). Das rechtfertigt nicht posthum den Totalausfall von Praxis in der Freudrezeption der kritischen Theorie, aber es macht historisch verständlich, wie es zu einer solchen Lücke kommen konnte.

Damit verglichen wird die kritische Theorie in meinem Beitrag mit Fragen konfrontiert, mit denen sie historisch gerade nicht konfrontiert werden konnte. Sie zu kritisieren, meint also keineswegs, Adorno, Horkheimer und Marcuse selbst hätten Freud umfassender rezipieren und in ihre Überlegungen zur Theorie der Gesellschaft auch Aspekte therapeutischer Praxis miteinbeziehen müssen. Ebensowenig wäre eine Erneuerung von Psychohistorie im Stile der *Unfähigkeit zu trauern* wünschenswert.

Prinzipiell sehe ich zwei Möglichkeiten. Die eine zielt auf eine Sozialpsychologie, die erwachsen geworden ist, d. h. die systemische Eigenständigkeit sozialer Prozesse nicht mehr analytisch aufzulösen sucht, als handele es sich um einen biographischen oder neurotischen Komplex, die auf der anderen Seite aber daran festhält, Phänomene des sozialen Wandels psychologisch zu interpretieren. Die Einsicht, dass den großen sozialstrukturellen Verschiebungen in den modernen kapitalistischen Gesellschaften Veränderungen in der psychischen Struktur entsprechen, verliert auch nach dem Ende des Freudomarxismus nicht sein Recht. Noch weniger kommt ein Projekt wie „Generationengeschichte" ohne psychoanalytisches Denken aus (Schneider 1997, Schneider 2004). Selbst wenn man mit Reimut Reiche von der Inkommensurabilität psychoanalytischer, kulturhistorischer und systemtheoretischer Sprachspiele ausgeht und sich hybrider Integrationsutopien entschlägt (Reiche 1995), gehört es doch zur Eigenart der Psychoanalyse, dass sie es bei sich nicht aushält, sondern zwingend von der „Couch" hinaus in die „Welt" und die „Kultur" drängt. Keine noch so berechtigte Vermittlungsskepsis kann es sich leisten, hier zu einem Defensivritual zu erstarren, das solches Drängen allein um den Preis einer Selbstreduktion der Analyse auf Krankenbehandlung zu ignorieren vermag.

Aber was geschieht mit dem Erfahrungsgehalt psychoanalytischer Praxis in einer revidierten kritischen Theorie? Ein nahe liegendes Gegenargument wäre, dass jene Praxis, so wichtig sie für sich genommen sei, weder eine genuin gesellschaftstheoretische Bedeutung besitzen noch gar Gesellschaftstheorie fundieren könne. Nun ist beides von mir auch gar nicht beabsichtigt. Ich meine lediglich, dass die kritische Theorie der Gesellschaft einer Korrektur durch *kritische Anthropologie* bedarf und dass in diesem Kontext die Psychoanalyse im Allgemeinen und ihre therapeutische Praxis im Besonderen von Bedeutung sind. Adorno und Horkheimer haben sich hier stets ablehnend verhalten. Anthropologie setzten sie entweder mit der Metaphysik eines zeitenthobenen menschlichen Wesens gleich oder mit einer positivistischen Lehre vom Menschen als festgestelltem Tier. Von diesem

Blickwinkel her erschien solches Denken per se als ideologisches Produkt, als „Invariantenlehre", die keine Veränderung will und keine Entwicklung denken kann. Horkheimer und Adorno übersahen, dass gewichtige anthropologische Konzepte des 20. Jahrhunderts, wie zum Beispiel dasjenige von Helmuth Plessner, sehr wohl geschichtlich orientiert waren und dass existenzphilosophische Positionen, die aus der Tradition des Geschichtsdenkens von Hegel und Marx auszuscheren suchten, darum noch lange nicht ahistorisch dachten oder denken wollten. Heidegger und Sartre hatten keine Lehre vom zeitlosen Wesen Mensch im Sinn, sondern sie begriffen Existenz vor dem Hintergrund einer basalen Negativität, die solches Wesen bereits im Ansatz torpediert. Zur Formalität ihrer Denkbestimmungen wäre viel zu sagen, eine von ihren Funktionen bestand aber gewiss darin, den Platz „des Menschen" von positiven naturalen und historischen Zuschreibungen freizuhalten und gegenüber religiösen wie szientistischen Ordnungsvorgaben die negative Verfassung seiner Freiheit hervorzuheben.[22]

Bekanntlich hat Herbert Marcuse für solche Fragen eine größere Offenheit gezeigt als Horkheimer und Adorno. Mag man auch seinen Ausführungen im Einzelnen nur selten zustimmen und insbesondere die Auflösung der Freudschen Todestrieblogik für romantische Traumtänzerei erachten, *Triebstruktur und Gesellschaft* bleibt ein Meilenstein, sofern kritische Anthropologie hier als notwendiges Komplement einer kritischen Theorie der Gesellschaft einsichtig gemacht wird. Gewiss, „Komplement" wäre Marcuse zu wenig gewesen, er hätte auf „Fundierung" bestanden. Dass Kategorien Freuds an die Stelle dessen treten, was beim frühen Heidegger „Existenzialien" heißt, sollte die Basis revolutionärer Veränderungen in der menschlichen Triebstruktur verankern. Das war eindeutig zuviel des Guten und besaß zu wenig Bodenhaftung, aber es hat auch gezeigt: Anthropologischen Fragen kommt ein Recht zu, welches sich nicht mit Begriffen kritischer Gesellschaftstheorie verrechnen lässt. Vom Heideggerschen Hintergrund her ließe sich zeigen, dass Marcuse noch dort jenseits der Gegensätze Natur vs. Kultur, biologisch vs. sozial usw. operiert, wo er scheinbar ganz naturalistisch redet. Sein Verständnis von „Triebstruktur" hat wenig mit der Physiologie von Bedürfnissen zu tun, aber viel mit einem ontologisch *und* materialistisch gedeuteten „In-der-Welt-sein".

Am Beispiel der kritischen Theorie erster Generation wird man des seltsamen Schauspiels gewahr, dass sich eine Gruppe von Philosophen mit Verve zur Psy-

---

22 Als bislang wichtigster Beitrag zum Thema Anthropologie und kritische Theorie kann gelten: Schnädelbach 1988.

choanalyse, zu Freud bekennt, sich aber der Psychoanalyse als Praxis verweigert. Allem gegenteiligen Anschein zum Trotz gilt dies auch für Habermas, und wenn ich recht sehe, kommt selbst der sozialisationstheoretische Entwurf Axel Honneths, der stark von psychoanalytischen Beziehungs- und Bindungstheorien geprägt ist, ohne den Begriff des Unbewussten aus (Honneth 2001, Whitebook 2001). Nun meine ich nicht, kritische Theoretiker sollten es Woody Allen gleichtun und ausnahmslos mindestens Patienten werden. Die Erfahrung des psychoanalytischen Prozesses ist durch nichts zu ersetzen. Auch wird sie immer von einer Hülle der Intimität umgeben sein, in die keine wissenschaftliche Reflexion von außen dringen kann. Aber ist das ein Grund, sie theoretisch „wegzuschließen"? Muss der Versuch, sich Erfahrungsgehalte dieses Prozesses anzueignen oder ihnen sich anzunähern, sinnlos sein, nur weil man nicht selbst auf der Couch gelegen hat? Das Prinzip der Erfahrung fordert, wie Hegel gesagt hat, „daß (...) der Mensch selbst *dabei* sein müsse" (Hegel 1970, S. 49, § 7) Aber wo genau dabei und wie? Bei der analytischen Sitzung? Bei Gesprächen über diese? Bei Texten, die entsprechende Selbsterfahrungen bezeugen, oder bei Freuds Krankennovellen? Gibt es Formen der Annäherung an analytische Erfahrung, die dem Außenstehenden ein Bild der inneren Dynamik einer Therapie vermitteln, ohne ihn sogleich zum Patienten zu machen? Ein solcher Versuch kann nicht schon zum Scheitern verurteilt sein, bloß weil er Lücken aufweist, die er nicht selbst zu beheben vermag. Wenn es in der Therapie um die Essentials der Psychoanalyse geht statt, wie Adorno zu behaupten nicht müde wird, um ihre missbräuchliche, d. h. rein technische Verwertung im Dienste des Bestehenden, dann ist therapeutische Erfahrung philosophisch und anthropologisch relevant. Nicht Spezielles von Spezialisten für Spezialisten macht ihr eigentliches Feld aus, sondern die basalen Dinge des Menschseins und der menschlichen Entwicklung. Wenn das richtig ist, kann man Therapie nicht zum stillen Örtchen schlechthin verkommen lassen. Es gilt dann, Formen zu entwickeln, die das Besondere dieses Prozesses kommunikativ zu vermitteln vermögen, ohne sich selbst darum therapeutisch im genuinen Sinne zu gebärden. Der psychoanalytische Prozess mag sich nicht geradewegs in einer philosophischen oder anthropologischen Sprache darstellen lassen, aber Übersetzungsschwierigkeiten gibt es auch anderswo. Aufgabe gerade einer recht verstandenen kritischen Theorie wäre es, das beidseitig verminte Gelände näher zu erkunden.[23]

---

23 Nicht zuletzt um die Praxis der Analyse gegenüber allzu funktionalen Erwartungen von Therapieevaluation und Therapieprognostik abzugrenzen.

Psychoanalysen sind Versuche, Umbrüche im Leben, die ein Mehr an Freiheit erschließen, gezielt herbeizuführen und dem Analysanden ein neues Verhältnis zu seiner Biographie zu ermöglichen. Im Verlaufe eines solchen Umbruchs verliert ein Teil jenes vergangenen Verhaltens und Erlebens, das alles gegenwärtige und zukünftige bestimmt hatte, seine Qualität als massiver, undurchschaubarer Brocken und wird zu einem vergleichsweise offenen Gefüge, das sich um einige wichtige Nahtstellen zentriert (z. B. um gewisse infantile Konflikte und deren Lösungen): Es erfolgt eine Verschiebung vom Massiven zum Transparenten, vom Klobigen zum Entschlackten, vom zwanghaften Mechanismus zur halbwegs verfügbaren Handlung.[24]

Die Pointe liegt jedoch nicht einfach im klassisch-aufklärerischen Anspruch, der an Freuds „Wo Es war, soll Ich werden" gemahnt, sondern in der Art, wie der Zusammenhang von analytischer Beziehungsgegenwart und der Lebensgeschichte des Analysanden zum Einsatz und zur Wirkung gelangt. Das neue Verhältnis zur Biographie ist *nicht* die Wahrheit, die es immer schon zum Heile des Patienten zu finden galt, sondern eine durch die intersubjektive Form der Therapie selbst vermittelte. Die Wahrheit, die gefunden wird und in einem mühsamen Prozess des Durcharbeitens vertieft und wirksam gemacht werden muss, ist nicht die des Analysanden *oder* des Analytikers (oder gar der Psychoanalyse), sondern die der spezifischen Beziehung beider, d. h. einer Geschichte von Übertragung und Gegenübertragung, Widerstand und Deutung, regressiven Tendenzen und experimentellen Neuansätzen. Diese Beziehungsqualität unterscheidet sie von dem seit je vorhandenen Bild, das der Analysand von sich selbst hat und das in seinem Schicksal, seinen Wiederholungszwängen und Lebensinvarianten aufgeht. Weitgehend fehlt ihm dort jene Distanz zu sich, die ein anderer Name für Freiheit ist. Es unterscheidet sie aber ebenso von jener „objektiven" Perspektive eines informierten Dritten, die klar und scharf sein mag, aber über ein anderes wesentliches Element des Umbruchs nicht verfügt: das der emotionalen Beteiligung der neuen Lebenssicht an ihr selbst. Diese kommt therapeutisch nur durch die intensive Beziehung des Analysanden zu seinem Analytiker zustande.[25]

---

24 Ich lehne mich hier und im Folgenden an Formulierungen von Peter Passett an, die dieser in seinem beeindruckenden Text zur „Narzissmuskritik" vor bald fünfundzwanzig Jahren vorgestellt hat (Passett 1983, S. 170 f.).

25 Andererseits kann in dieser Beziehung wohl nur erreicht werden, was die Lebensgeschichte des Analysanden zulässt und an Möglichkeiten wie Begrenzungen enthält. Zu meinen, die Beziehung könnte die Geschichte von Grund auf umerzählen und das alte autobiographische Narra-

Therapie ist nicht per se Gesellschaftskritik, auch wenn der Analytiker, wie Paul Parin das vorgeschlagen hat, gesellschaftskritische Aspekte in die Deutungsarbeit einbeziehen kann (vgl. Parin 1975). Sie ist Kritik in einem Sinne, der weniger die herrschende Gesellschaftsordnung meint als das Dasein des Einzelnen, das im psychoanalytischen Prozess auf dem Spiel steht, auf eine Weise, die nicht Anpassung an vorgegebene soziale Standards meint, sondern Konfrontation mit dem Grund des eigenen Lebens. Keine Gesellschaftskritik also, aber deren praktische, existenzielle Voraussetzung. Und insofern vielleicht doch revolutionär.

Literatur

Adorno, Theodor W. (1938). Rezension von: Newman, Ernest, The Life of Richard Wagner. Bd. II, in: Ders. Gesammelte Schriften 19, S. 371 f. Frankfurt/M.: Suhrkamp.
- (1946). Die revidierte Psychoanalyse. In: Ders., Gesammelte Schriften 8, S. 20–41. Frankfurt/M.: Suhrkamp.
- (1951). Minima Moralia. Reflexionen aus dem beschädigten Leben. Gesammelte Schriften 4. Frankfurt/M.: Suhrkamp.
- (1954). Schuld und Abwehr. Eine qualitative Analyse zum Gruppenexperiment. In: Ders., Gesammelte Schriften 9.2, S. 121–324. Frankfurt/M.: Suhrkamp.
- (1955). Zum Verhältnis von Soziologie und Psychologie. In: Ders., Gesammelte Schriften 8, S. 42–85. Frankfurt/M.: Suhrkamp.
- (1959). Was bedeutet: Aufarbeitung der Vergangenheit, in: Ders., Gesammelte Schriften 10.2, S. 555–572. Frankfurt/M.: Suhrkamp.
- (1960). Notiz vom August 1960, in: Frankfurter Adorno Blätter VIII, S. 17. München: Edition Text und Kritik.
- (1961). Meinung Wahn Gesellschaft. In: Gesammelte Schriften 10.2, S. 573–594. Frankfurt/M.: Suhrkamp.
- (1965). Erziehung nach Auschwitz. In: Gesammelte Schriften 10.2, S. 674–690. Frankfurt/M.: Suhrkamp.
Balint, Michael (1981). Die Urformen der Liebe und die Technik der Psychoanalyse. Stuttgart: Klett-Cotta.
Berger, Falk (1989). Zur Entstehungsgeschichte des Sigmund-Freud-Instituts. In: Bareuther, Herbert (Hg.). Forschen und Heilen. Auf dem Wege zu einer psychoanalytischen Hochschule. Beiträge aus Anlass des 25jährigen Bestehens des Sigmund-Freud-Instituts, S. 263–288. Frankfurt/M.: Suhrkamp.
Cremerius, Johannes (1990). Vom Handwerk des Psychoanalytikers: Das Werkzeug der psychoanalytischen Technik. 2 Bde., Stuttgart, Bad Canstatt: frommann-holzboog.
Freud, Sigmund (1899). Über Deckerinnerungen. In: Ders. Gesammelte Werke I, S. 531–554. Frankfurt/M.: Fischer.

---

tiv durch ein in der Dyade von Analysand und Analytiker entstandenes neues schlicht ersetzen, dürfte übertrieben sein. Eine Diskussion um Narrativität und Realität muss hier jedoch unterbleiben. Vgl. dazu Mertens/Haubl 1996a.

- (1914). Erinnern, Wiederholen und Durcharbeiten, in: Ders., Gesammelte Werke X, S. 125–136. Frankfurt/M.: Fischer.
- (1925). „Selbstdarstellung", in: Ders., Gesammelte Werke XIV, S. 31–96. Frankfurt/M.: Fischer.

Fromm, Erich (1935). Die gesellschaftliche Bedingtheit der psychoanalytischen Therapie. Zeitschrift für Sozialforschung 4, 365–397.

Goebel, Eckart (2004). Das irre Ganze und der Glücksanspruch des Einzelnen. Adorno und die Psychoanalyse. In: Ette, Wolfram, Figal, Günter, Klein, Richard & Peters, Günter (Hg.). Adorno im Widerstreit. Zur Präsenz seines Denkens, S. 482–495. Freiburg, München: Alber.

Haubl, Rolf/Mertens, Wolfgang (1996b). Der Psychoanalytiker als Detektiv. Eine Einführung in die psychoanalytische Erkenntnistheorie. Stuttgart, Berlin, Köln: Kohlhammer.

Haynal, André (1989). Die Technik-Debatte in der Psychoanalyse. Freud, Ferenczi, Balint. Frankfurt/M.: Fischer.

Hegel, Georg Wilhelm Friedrich (1979). Enzyklopädie der philosophischen Wissenschaften I. Theorie Werkausgabe 8. Frankfurt/M.: Suhrkamp.

Heinrich, Klaus (2001). psychoanalyse sigmund freuds und das problem des konkreten gesellschaftlichen allgemeinen. Dahlemer Vorlesungen 7, Frankfurt/M.: Stroemfeld.

Honneth, Axel (2001). Facetten des vorsozialen Selbst. Eine Erwiderung auf Joel Whitebook. Psyche 55, 790–802.

Horkheimer, Max (1932). Geschichte und Psychologie. In: Ders., Gesammelte Schriften 3, S. 48–69. Frankfurt/M.: Fischer.
- (1935). Bemerkungen zur philosophischen Anthropologie. In: Ders., Gesammelte Schriften 3, S. 249–276. Frankfurt/M.: Fischer.
- (1968). Die Psychoanalyse aus der Sicht der Soziologie. In: Ders., Gesammelte Schriften 8, S. 294–305. Frankfurt/M.: Fischer.
- (1996). Briefwechsel 1941–1948. Gesammelte Schriften 17. Frankfurt/M.: Fischer.

Horney, Karen (1951). Neue Wege in der Psychoanalyse. Stuttgart: Killper.

Jäger, Lorenz (2003). Adorno. Eine politische Biographie. München: Deutsche Verlags-Anstalt.

Klein, Richard (2004). Überschreitungen, immanente und transzendente Kritik. Die schwierige Gegenwart von Adornos Musikphilosophie. In: Ette, Wolfram, Figal, Günter, Klein, Richard & Peters, Günter (Hg.). Adorno im Widerstreit. Zur Präsenz seines Denkens, S. 155–183. Freiburg, München: Alber.

Laplanche, Jean (1970). Marcuse und die Psychoanalyse. Berlin: Merve.

Marcuse, Herbert (1955). Triebstruktur und Gesellschaft. Ein philosophischer Beitrag zu Sigmund Freud. Schriften 5. Springe: Zu Klampen.

Mertens, Wolfgang/Haubl, Rolf (1996a). Der Psychoanalytiker als Archäologe. Eine Einführung in die Methode der Rekonstruktion. Stuttgart, Berlin, Köln: Kohlhammer.

Mitscherlich, Alexander (1980). Ein Leben für die Psychoanalyse. Anmerkungen zu meiner Zeit. Frankfurt/M.: Suhrkamp.

Morgenthaler, Fritz (1978). Technik. Zur Dialektik der psychoanalytischen Praxis. Frankfurt/M.: Syndikat.

Morgenthaler, Fritz (1984). Homosexualität Heterosexualität Perversion. Mit einem Vorwort von Hans-Jürgen Heinrichs. Frankfurt/M.: Qumran.

Moser, Tilmann (1992). Die Unfähigkeit zu trauern: Hält die Diagnose einer Überprüfung stand? Zur psychischen Verarbeitung des Holocaust in der Bundesrepublik. Psyche 46, 389–405.

Parin, Paul (1975). Gesellschaftskritik im Deutungsprozess. Psyche 29, 97–117.

Passett, Peter (1983). Gedanken zur Narzißmuskritik: Die Gefahr, das Kind mit dem Bade auszuschütten, in: Die neuen Narzißmustheorien: zurück ins Paradies? Herausgegeben vom Psychoanalytischen Seminar Zürich, S. 165–193. Frankfurt/M.: Syndikat.

Pontalis, Jean-Bertrand (1968). Die falschen Wege der Psychoanalyse oder Karen Horneys Kritik an Freud. In: Ders., Nach Freud, S. 176–189. Frankfurt/M.: Suhrkamp.

Psyche, Sonderheft (2003). Vergangenheit in der Gegenwart. Zeit – Narration – Geschichte.

Psyche, Beiheft (2005). Vergangenes im Hier-und-Jetzt. Lebensgeschichtliche Erinnerung im psychoanalytischen Prozess.

Reiche, Reimut (1995). Von innen nach außen. Sackgassen im Diskurs über Psychoanalyse. In: Ders., Triebschicksal der Gesellschaft. Über den Strukturwandel der Psyche, S. 9–39. Frankfurt, New York: Campus.

– (2004). Adorno und die Psychoanalyse. In: Andreas Gruschka und Ulrich Oevermann (Hg.). Die Lebendigkeit der kritischen Gesellschaftstheorie, S. 235–254. Wetzlar: Büchse der Pandora.

Rothe, Hans-Joachim (1987). Zur Erinnerung an Karl Landauer. Materialien aus dem Sigmund-Freud-Institut Frankfurt, Nr. 4. Frankfurt/M.: SFI.

Schmid Noerr, Gunzelin (1990). Das Eingedenken der Natur im Subjekt. Zur Dialektik von Vernunft und Natur in der Kritischen Theorie Horkheimers, Adornos und Marcuses. Darmstadt: Wissenschaftliche Buchgesellschaft.

– (2001). Zwischen Sozialpsychologie und Ethik – Erich Fromm und die „Frankfurter Schule". Psyche 55, 803–834.

Schnädelbach, Herbert (1988). Sartre und die Frankfurter Schule. In: König, Traugott (Hg.). Sartre. Ein Kongress, S. 13–35. Reinbek bei Hamburg: Rowohlt.

Schneider, Christian (1991). Rezension von: Anita Eckstaedt, Nationalsozialismus in der zweiten Generation. Psyche 45, 372–374.

– (1997). Noch einmal „Geschichte und Psychologie". Generationengeschichte als Modell psychohistorischer Forschung. Mittelweg 36 (6), Nr. 2, S. 83–92; Nr. 3, S. 45–56.

– (2004). Der Holocaust als Generationsobjekt. Generationsgeschichtliche Anmerkungen zu einer deutschen Identitätsproblematik. In: Fröhlich, Margrit; Lapid, Yariv; Schneider, Christian (Hg.), Repräsentationen des Holocaust im Gedächtnis der Generationen, S. 234–252. Frankfurt/M.: Brandes & Apsel.

Whitebook, Joel (2001). Wechselseitige Anerkennung und die Arbeit des Negativen. Psyche 55, 755–789.

Rolf-Peter Warsitz

Körper, Sprache, Trieb –
Psychoanalyse als innere Revolte

Die Trias „Körper – Sprache – Trieb" bezeichnet psychoanalytische Kategorien, die es erlauben, vermittelt über den Begriff der Selbstreflexion als Methode der Psychoanalyse eine Verbindung zwischen psychoanalytischer Praxis und der Kritischen Theorie herzustellen. Und dies trotz der begrifflichen Vereinfachung in der Bestimmung einer Theorie-Praxis-Dichotomie, deren Vermittlung der Kritischen Theorie immer ein prekäres Anliegen war. „Keine Theorie ohne Praxis", wechselweise mit: „Keine Praxis ohne Theorie" durch die „Schüler" als Parole skandiert, mag den hypertheoretischen Vätern der Frankfurter Schule gegolten haben, deren vermeintliche politische Praxisferne gescholten werden sollte. Die Parole zielte aber auch auf eine Tendenz zur Theoriefeindlichkeit in den Praktischen, also den Human- und Sozial-Wissenschaften, welche wir dort bis heute stupent oder auch stupide beobachten können, natürlich auch in der Psychoanalyse und deren gesellschaftlichem Praxisfeld, der Behandlung seelischer Störungen. Von Adorno kennen wir die Vorbehalte gegen die Niederungen der psychoanalytischen Praxis, von Freud umgekehrt den degoutanten Ton einer Verachtung der Philosophie und des reinen theoretischen Diskurses gegenüber den erfahrungsgefüllten Bestimmungen der Praxis.

Gegen die Differenz von hypertheoretischer Praxisferne und pragmatistischem Denkverbot könnten wir nun noch einmal Adornos Wort aus den „Marginalien zu Theorie und Praxis", den letzten, Ulrich Sonnemann gewidmeten „Dialektischen Epilegomena" zur Negativen Dialektik, anführen, die als Appell zu deren Vermittlung gelesen werden müssen:

> „Denken ist ein Tun, Theorie eine Gestalt von Praxis (...) Sowie
> Subjekt, die denkende Substanz der Philosophie, Objekt ist, soweit

es ins Objekt fällt, soweit ist es vorweg auch praktisch. Die stets oben aufkommende Irrationalität der Praxis aber (...) belebt unermüdlich den Schein absoluter Getrenntheit von Subjekt und Objekt. Wo Objekt dem Subjekt als schlechthin Inkommensurables vorgegaukelt wird, erbeutet blindes Schicksal die Kommunikation zwischen beiden" (Adorno 1969, S. 171).

Geißelt Adorno nun hier die Gepflogenheit, „die Antithese von Theorie und Praxis zur Denunziation von Theorie zu mißbrauch(en)" (l.c. S. 173), so könnte man umgekehrt, einem gängigen Vorurteil gemäß, analog bemängeln, Adorno verachte aus Gründen der theoretischen Höhe des Gedankens die Niederungen der psychoanalytischen Praxis. Erachtet er sie vielleicht als eine reine Anpassungstechnologie des Individuums ans schlechte Allgemeine und trägt sie demnach zu einer Nivellierung des Besonderen in diesem schlechten Allgemeinen der kapitalistischen Kultur, gegenüber den positiven Glücks- und Gesundheitsversprechungen z. B. des Gesundheitswesens, bei? Soll der Protest dagegen, der sich im neurotischen Symptom doch lauten Ausdruck verschafft, durch blinde therapeutische Praxis wieder stumm werden, zum Verschwinden gebracht werden?[1] Soll der gegen den Identifizierungszwang des bürgerlichen Subjekts aufständige Impuls des neurotischen Symptoms, des geschundenen Körpers und der verletzten armen Seele, des pervers verdrehten Triebs und der verstümmelten Sprache gleichsam sedativ durch die psychoanalytische Redekur als „talking down" unhörbar und das Subjekt umso perfekter an den totalen Verblendungszusammenhang der Gesellschaft angepasst werden? Psychoanalytische Praxis würde sich so reduzieren zu einer Reparaturinstanz von Sozialisationsdefiziten, zu einer Art „Psychosynthese". Psychosynthese als Modell für die psychoanalytische Praxis hatte nun jedoch bereits Freud eine „gedankenlose Phrase" genannt (Freud 1918, S. 185) – ebenso wie die, wahr sei, was heilt, den furor sanandi.

Mag sein, dass Adorno selbst an einer Reflexion der klinischen Praxis gar nicht interessiert war. Und es mag auch sein, dass seine Kritik des maladen Theorie-Praxis-Verhältnisses, wie auch seine Kritik des Aktionismus und der Pseudoaktivität allzu sehr von gewissen Idiosynkrasien, z. B. der Erfahrung der zur Anpassungsideologie mutierten ichpsychologischen Psychoanalyse der 40er Jahre in den USA bzw. später in seiner politischen Abstinenz von der Skepsis gegenüber dem

---

1 Adornos Kritik zielte auf die amerikanische Neopsychoanalyse, z. B. E. Fromm, K. Horney u.a. (vgl. Adorno 1951, Adorno/Horkheimer 1944; vgl. dazu Rantis 2001).

Aktionismus der Studentenbewegung geprägt gewesen sein mag. Und dies könnte wiederum angesichts eben jener Totalität des Verblendungszusammenhangs seinem Rückzug ins ästhetische Refugium der reinen Kontemplation Vorschub geleistet haben. Dies alles konzediert, bleibt für Adorno doch die Psychoanalyse als Ort der Vermittlung des Einzelnen/Besonderen mit dem Allgemeinen, von Subjekt und Kultur auch ein praktisch attraktives Modell.

Adornos letzte Worte (1969) implizieren nämlich auch umgekehrt ein Praxisvermächtnis, das ich wenigstens andeuten möchte: Praxis als Spontaneität, nicht als regressiver Aktionismus, nicht als blindes acting out:

> „Die private Paranoia (…) äußert sich im Augenblick vorab als Unfähigkeit, objektive, vom Subjekt nicht in Harmonie aufzulösende Widersprüche reflektierend ins Bewußtsein hineinzunehmen (…) Spontaneität, welche die Bedürftigkeit des Objekts innervierte, müßte an die vielfältigen Stellen der verhärteten Realität sich heften, wo die Brüche nach außen kommen, die der Druck der Verhärtung bewirkt" (Adorno 1969, S. 176/7).

Diese Formulierung von Praxis als Spontaneität ist – wie ich meine – offen für das Konzept einer negativ-dialektischen Psychoanalyse, also einer Begegnung oder Berührung von Kritischer Theorie und psychoanalytischer Praxis. Für die Psychoanalyse scheint er aber dem gänzlich zwanghaft unspontanen und regel- oder technikgeleiteten Procedere mit dem Gesundheitssystem eingebetteten klinischen Praxis zu widersprechen. Praxis als Spontaneität will auch gegen die verhärteten Verhältnisse und gegen die Totalität des Verblendungszusammenhangs der Gesellschaft mit dem Gesundheitssystem als einem nicht unwesentlichen Teil desselben wie auch des Subjekts in ihr, revoltieren, gegen die ihr inhärente subjektive wie objektive Abwehrstruktur. Darin kündigt sich ein Aufstand des Nichtidentischen – implizit ein anderer Begriff Adornos für Praxis als Spontaneität – an, der einst Adornos „negativer Dialektik" als primum movens gedient hatte und der – so möchte ich nun behaupten – auch das Moment der psychoanalytischen Praxis ist.

Psychoanalytische Praxis als Reflexion der inneren Revolte des Subjekts

Ich will also versuchen, Adornos Praxiskritik aus einer philosophischen Reflexion zu vermitteln mit der Methode der psychoanalytischen Selbstreflexion: Diese folgt den Spuren der inneren Revolte des Subjekts gegen die starren Verfügungen des Selbst, die zu Barrieren geworden sind gegen das Drängen des Unbewussten in Körper, Sprache und Trieb, zu Barrieren, zu verworfenen Zeichen, in denen ihr revoltierendes Potential gleichwohl sich bewahrt und wachgerufen zu werden harrt.

In diesem Sinne lässt sich die Psychoanalyse als Revolte kennzeichnen und zwar als „intime Revolte" (Kristeva) gerade im Feld der analytischen Praxis, also nicht primär im Feld der von allen Theoretikern der Kritischen Theorie so hochgeschätzten psychoanalytischen Meta – und Kulturtheorie (vgl. Warsitz 2001).

Freuds Motto der Traumdeutung gibt uns schon einen Wink auf die subversive Intention der psychoanalytischen Praxis:

> „Flectere si nequeo superos, acheronta movebo/ Kann ich die Himmlischen schon nicht bezwingen, so hetz ich die Mächte der Unterwelt in Aufruhr" (Vergil o. J., VII 312, S. 288/ 289; vgl. Starobinski 2000).

Auf dieses Wort aus der Aeneis von Vergil kommt Freud mehrfach, aber immer unkommentiert, zurück (Freud 1900, S. 613; ders. 1986, B 111 v. 4.12.1896, S. 217). Darin droht die ewig eifersüchtige, hier hasserfüllte und aus Schmerz erstarrte Juno (als „stetit acri fixa dolore/ erstarrt in heftigem Schmerz" wird sie da beschrieben, l.c. VII 291) dem Aeneas, dem Sohn der Aphrodite, welcher Juno in der Parzenwahl des Paris unterlegen war, Krieg, Vernichtung und Tod für ihn und die künftigen Geschicke seiner Stadt Rom an. Wir hingegen haben Freuds Motto der Traumdeutung meist eher als Plädoyer für einen libidinösen Hedonismus oder auch für einen politischen Anarchismus (vgl. etwa Pohlen, Wittmann 1980) gelesen. „Die Unterwelt bewegen" – dieses Begehren hat die Nostalgiker einer unverbrüchlichen Triebnatur inspiriert, mit W. Reich und H. Marcuse und später den französischen Désir-Philosophen von G. Bataille über G. Deleuze bis J. Lacan gegen den totalitären Zwang der kulturellen Zurichtung und der universalistischen Rationalität aufzubegehren unter dem Primat einer gleichsam regressiv entsublimierten Libido, eines beliebig ausgeweiteten Begriffs des Begehrens. War die Psychoanalyse etwa nur deshalb, in dieser philosophisch-anthropologischen Perspektive, für die frühe Kritische Theorie so attraktiv gewesen? Ich denke, dies wäre eine oberflächliche Annahme.

Dagegen spricht nämlich, dass sich das Dispositiv der Revolte zentral in die klinischen Grundbegriffe der Psychoanalyse implantiert findet, was durch dessen erste Erwähnung in Freuds Kulturtheorie in „Totem und Tabu" (Freud 1913, S. 180) noch verdeckt geblieben war. Hier spricht Freud zwar von der Revolte der Söhne gegen den Vater, vom Vatermord, wörtlich ist die Rede von der „vaterlosen Gesellschaft" und vom Mythos der Bruderhorde, die sich nach dem Parrizid schuldbewusst um das Totem schart und daraus den Ursprung ihrer Moral und ihrer Sozialregeln ableitet[2]. Wenig später aber (Freud 1916 in „Trauer und Melancholie") taucht das Thema der Revolte nun im Zentrum der klinischen Theorie, also in der psychoanalytischen Praxis, auf, nicht mehr lediglich als deren kulturtheoretische Erweiterung. In den tiefsten narzisstischen Ichanteilen, so Freud, die via Identifizierung mit dem verlorenen Objekt entstanden waren, melden sich die gegen den Zwang dieser Identifizierungen revoltierenden Gegenkräfte des Unbewussten, die sich hier masochistisch gegen das eigene Ich bis zur inneren Leere und Selbstzerstörung wenden. Die melancholische Revolte gegen das solchermaßen mit dem Verlorenen identifizierte Ich formt sich in Gestalt der Klagen über die Insuffizienz desselben aus, hinter denen Freud die Anklagen gegen die Urheber des Identifizierungszwangs erkennt: „Bei den psychogenen (sc. Melancholien, P.W.) würde das Ich zur Auflehnung gereizt durch die Mißhandlung von seiten seines Ideals, die es im Fall der Identifizierung mit einem verworfenen Objekt erfährt" (Freud 1921, S. 149). Diesen Gedanken der Identifizierung mit einem verworfenen Objekt in der Melancholie weitet Freud dann allerdings aus zum Ansatz einer psychoanalytischen Sozialpsychologie, die von der Dynamik der unbewussten Identifizierung, deren Annahme oder Ablehnung bzw. Abwehr, von der Dynamik der inneren Revolte also, lebt. Freuds Begriff der primären Identifizierung[3], der die Grundlage seiner Strukturtheorie des psychischen Apparats war,

---

2 „Mit der Einsetzung der Vatergottheiten wandelte sich die vaterlose Gesellschaft in die patriarchalisch strukturierte um" (Freud 1913, S. 180).

3 Sie ist bei ihm immer zunächst als eine mit dem Vater gedacht: „Die Identifizierung ist der Psychoanalyse als früheste Äußerung einer Gefühlsbindung an eine andere Person bekannt. Der kleine Knabe legt ein besonderes Interesse für seinen Vater an den Tag" (Freud 1921, S. 115). In „Das Ich und das Es" (Freud 1923, S. 259) heißt es: „... hinter ihm (sc. dem Ich-Ideal, P. W.) verbirg sich die erste und bedeutsamste Identifikation des Individuums, die mit dem Vater der persönlichen Vorzeit. Diese scheint zunächst nicht Erfolg oder Ausgang einer

entstammte also ursprünglich der klinischen Analyse der Trauerarbeit. Das Ich vermag darin – bei voll ausgebildeter Ichstruktur, also postödipal – die durch den Objektverlust entstandene Beschädigung gleichsam wieder zu reparieren, indem es das verlorene Objekt integriert bzw. dessen Nichtintegrierbarkeit es mit gravierenden Schäden als psychische Defektheilung bezahlt.

Allerdings hat Freud später diese Auffassung der gelingenden Trauerarbeit implizit als zu idealistisch revidiert. Im Briefwechsel mit L. Binswanger (Freud, Binswanger 1992) gibt sich nämlich ein trauernder Freud zu erkennen, dem solch eine restlose Reparatur seines beschädigten Ichs angesichts schwerer eigener Trennungs-Traumatisierungen (hier anlässlich der nicht gelingenden Trauerarbeit ob des Todes seines Enkels Heinele) gerade nicht vollständig gelungen ist. Im selbstkritischen Wissen um sein Nichtwissen und Nichtkönnen versucht Freud – nicht zum ersten Mal in seinem Oeuvre –, die Mangelhaftigkeit seiner eigenen Trauerarbeit mit Hilfe einer brieflichen Übertragungsbeziehung (mit Ludwig Binswanger) zu analysieren. „Der Schatten des Objekts" fällt demnach auf dieses Ich, das fortan im Schatten verbleiben, das einen melancholischen Zug zurückbehalten wird[4]. Der Andere für Freud, Ludwig Binswanger, vermittelte ihm seine Selbstreflexion ob der Unmöglichkeit einer gelingenden Trauerarbeit nach dem Tode von dessen Sohn. Freud schreibt: „Wenn auch nicht etwas in uns stirbt fürs ganze Leben, so doch etwas von uns, das nicht ersetzt werden kann" (B. v. 7.10.1926, l. c. S. 207). Und er resümiert nun (B. v. 11.04.1929, l. c. S. 222/3): „Man weiß, daß die akute Trauer nach einem solchen Verlust ablaufen wird, aber man wird ungetröstet bleiben, nie einen Ersatz finden, bleibt doch etwas anderes. Und eigentlich ist es recht so. Es ist die einzige Art, die Liebe fortzusetzen, die man ja nicht aufgeben will".

In jedem trauernden Ich, so es denn den Objektverlust nicht einfach verleugnet, schreiben sich die Spuren der Verletzung und der Beschädigung unübersehbar ein. Wenn wir nun noch Freuds Theorie vom Todestrieb als einer Tendenz zur Auflösung von Bindungen ans Objekt, als Desobjektalisierungstendenz (vgl. A. Green

---

Objektbesetzung zu sein, sie ist eine direkte und unmittelbare und frühzeitiger als jede Objektbesetzung".

[4] Neun Jahre nach dem Tod der Tochter Sophie und sieben Jahre nach dem Tod des Enkels Heinele schrieb Freud an Binswanger, nachdem ihm am 36. Geburtstag von Sophie eine gravierende Denkstörung widerfahren war: „Seit Heineles Tod mag ich die Enkel nicht mehr, ich freue mich auch nicht am Leben. Es ist das Geheimnis der Indifferenz – Tapferkeit hat man es genannt – bei meiner eigenen Lebensgefahr" (l.c. S. 154 F/ 208). Seine eigene tödliche Erkrankung hatte er scheinbar besser verarbeitet als jenes Verlusterlebnis.

1992) hinzunehmen⁵, so drückt der Objektverlust die Drohung aus, dass das Ich als das Ensemble innerer Identifizierungen und Abwehroperationen immer von Fragmentierungstendenzen bedroht bleiben wird und in der Leere eines psychischen Todes vor dem physischen Lebensende melancholisch erstarren könnte. „Stetit fixa acri dolore/ sie stand da, von heftigem Schmerz erstarrt" – aus dieser „depressiven Position" heraus hatte Juno ihren Racheschwur gegen Aeneas ja heraus geschleudert. Die Abwehr jenes Schmerzes war der Grund für Junos unerbittlichen Hass auf Aeneas und die Seinen bis zu deren Vermächtnis in der abendländischen Zivilisation. Innere Starre, Hass oder psychische Indifferenz und Leere gelten als Folge oder Formen eines solchen inneren Suizids des Subjekts, welches äußerlich weiterlebt. Gegen diesen Prozess einer inneren Selbstzerstörung, der Aphanisis des Subjekts, wehrt sich nun derjenige Anteil der psychischen Struktur, der nicht vollends im System der Identifizierungen integriert ist: das Echo einer inneren Revolte.

Und noch der ganz späte Freud wird sich als wissenschaftlicher Rebell gegen die aufgeklärte Vernunft der Zeitgenossen erweisen. In den letzten Wiener Jahren Freuds referiert Ludwig Binswanger nämlich zum 80. Geburtstag des, wie er sagt, „älteren, weiseren, weit überlegenen Freundes und Geistes" (B. v. 1.X.1936, l. c. 236) in Abwesenheit Freuds, und dieser antwortet nach der Lektüre der Hommage an ihn durch Binswanger, welcher ihn in die Höhen des abendländischen Geisteslebens zu heben versucht hatte, mit einem – vielleicht auch etwas ironisch gemeinten – Plädoyer für den Verbleib in den Niederungen der klinischen Praxis:

> „Natürlich glaube ich Ihnen nicht. Ich habe mich immer im Parterre und Souterrain des Gebäudes aufgehalten.– Sie behaupten, wer den Gesichtspunkt wechselt, sieht manchmal auch ein oberes Stockwerk, in dem so distinguierte Gäste wie Religion, Kunst und andere hausen. Sie sind nicht der einzige, die meisten Kulturexperten des homo natura denken so. Sie sind darin konservativ, ich revolutionär. Hätte ich noch ein Arbeitsleben vor mir, so getraute ich mich, auch jenen Hochgeborenen eine Wohnstatt in meinem niedrigen Häuschen anzuweisen. Für die Religion habe ich es schon getan, seitdem ich auf die Kategorie ‚Menschheitsneurose' gestoßen bin. Aber

---

5 In seiner bis heute provozierenden Studie „Jenseits des Lustprinzips" (Freud 1920) entwickelt er nämlich eine neue Dialektik von libidinöser Bindungspotenz und autodestruktivem Entbindungsstreben, die auch einen neuen Höhepunkt des kulturkritischen Denkens der Psychoanalyse eröffnet, insofern sie für das Verständnis der destruktiven Tendenzen der menschlichen Geschichte und Zivilisation einen libidinösen Hintergrund aufzeigt.

wahrscheinlich reden wir aneinander vorbei und unser Zwist wird erst nach Jahrhunderten zum Ausgleich kommen" (l. c. Brief vom 8.X.1936, S. 236/237).

Zum Verhältnis von Psychoanalyse und Kritischer Theorie: Die Geschichte einer Liaison

Wagen wir nun also von Freuds klinischem Kabinett im Souterrain des Gebäudes der Kulturwissenschaften aus, wo er sich gegenüber Binswanger angesiedelt hatte, einen Blick auf die oberen Stockwerke auch jenes „Grand Hotels Abgrund", als das Georg Lukácz die Kritische Theorie einmal bezeichnet hatte (vgl. v. Reijen, Schmid Noerr 1988, S. 8). Hüten wir uns aber davor, forsch in jenen oberen Gemächern dieses Grand Hotels z.B. als psychoanalytische Encounterspezialisten oder als Coaching Manager für herrschaftsfreie Kommunikation aufzutreten und daselbst herumzudeuten, wohl wissend, dass man die Geschichte dieser Liason zwischen Psychoanalyse und Kritischer Theorie auch genau anders herum erzählen könnte.

Deren Etappen detailliert nachzuzeichnen, verbietet die knappe Zeit, zumal sie schon so ausgezeichnete und prominente Historiographen gefunden hat (Jay 1973, Wiggershaus 1986, Bonß 1982, Görlich, Schmidt 1955, Busch 2001, J. Benjamin 1982, Schülein 2000, Rantis 2001, Schneider, Stillke 2000, Dews 2001).

Ich greife nur einige Stationen dieser Liaison heraus[6]. Theodor Wiesengrund Adorno widmete schon seine (letztlich zurückgezogene) Habilitationsschrift „Der

---

6 Die Momente dieser Beziehungsgeschichte sind ohnehin bekannt: Adorno und Horkheimer hatten schon 1944 in ihrer „Dialektik der Aufklärung" der freudschen Kulturkritik einen zentralen Stellenwert in ihrer These von der destruktiven Spätwirkung einer linearen Aufklärungsgläubigkeit eingeräumt und schon hier die ichpsychologische Praxis kritisiert, alle führenden Protagonisten der Schule übten sich in einander ein ums andere Mal überbietenden Psychoanalyseinterpretationen und variierten so die Melodie der freudomarxistischen Hymne auf eindrucksvolle Weise. Relativ zurückhaltend äußerte sich Max Horkheimer zur Psychoanalyse (auch wenn man seine Rede zum 100. Geburtstag Freuds an der Frankfurter Universität berücksichtigt), lediglich einige Passagen in „Dämmerung" sind der Psychoanalyse gewidmet, andererseits finden sich aber zahlreiche Passagen zur Psychoanalyse in den gemeinsam mit Adorno verfassten Schriften („Dialektik der Aufklärung" und z.B. „Georg Simmel und die Freudsche Philosophie"). Horkheimer hatte sich wie Leo Löwenthal und im Gegensatz zu Adorno, Marcuse und Pollock selbst einer Analyse unterzogen (bei Karl Landauer). – Herbert Marcuse setzte sich insbesondere in „Triebstruktur und Gesellschaft" sowie in seinem Aufsatz

Begriff des Unbewußten in der transzendentalen Seelenlehre" (Adorno 1927) der philosophischen Auseinandersetzung mit der Psychoanalyse. Später kam er immer wieder darauf zurück, z.b. zusammen mit Max Horkheimer in der „Dialektik der Aufklärung" (Adorno, Horkheimer 1944), in den „Minima Moralia" (Adorno 1951) und in den Aufsätzen „Die revidierte Psychoanalyse" (Adorno 1952) sowie „Zum Verhältnis von Soziologie und Psychologie" (Adorno 1955 nebst Nachschrift 1966). Hier entwickelt er die bekannte Bestimmung von der Psychoanalyse als der einzigen Wissenschaft, welche den subjektiven Bedingungen der objektiven Irrationalität nachzuforschen in der Lage sei (l. c. S. 42)[7]. Schließlich räumt er in seinem späten Hauptwerk, der „Negativen Dialektik" (Adorno 1966) und in seinen moralphilosophischen Vorlesungen der Psychoanalyse (Adorno 1963) eine in den Humanwissenschaften einzigartige methodische Sensibilität für kritische Selbstreflexivität ein, die, wie ich nun weiter zeigen möchte, mit seinem eigenen Gedanken eines Aufstands, einer Revolte des Nichtidentischen gegen die Macht der Identifizierungen auffallend konvergiert.

Für Jürgen Habermas (1968 S. 262) war die „Psychoanalyse als das einzig greifbare Beispiel einer methodisch Selbstreflexion in Anspruch nehmenden Wissenschaft relevant", die „einzige" emanzipatorische Wissenschaft – die Psychoanalyse als Praxis wohlgemerkt – nicht die kritische Gesellschaftstheorie selbst oder die Soziologie! Und Habermas wollte sogar die Logik dieser psychoanalytischen Praxis noch als kritisches Regulativ gegen die psychoanalytische Theorie Freuds stark machen, der er ein falsch theoretisches, szientistisches Selbstmissverständnis vorwarf, das nur durch Reflexion auf die Befunde der Praxis zu überwinden sei. Die Hypostasierung einer symbolischen zu einer biologischen Realität (das Ich, das Selbst oder das Subjekt) stellt nach Habermas einen theoretischen Fehlschluss dar, korrigierbar nur durch Reflexion auf die psychoanalytische Erfahrung.

Wir könnten nun viel darüber streiten, was dies bei Habermas bedeutet, „methodische Selbstreflexion", vielleicht sogar im Gegensatz zu Adornos Kategorie als methodischer Grundbegriff seiner negativen Dialektik[8]. Aber ebenso gewiss wie

---

„Das Veralten der Psychoanalyse" und in seiner Kritik an Erich Fromm intensiv mit der Psychoanalyse auseinander (vgl. Wiggershaus 1986).

7 Auch die Kritik des Revisionismus im psychoanalytischen Kulturalismus bei Karen Horney und Erich Fromm findet sich bereits hier.

8 In den Kapiteln 10–12 von „Erkenntnis und Interesse" (Habermas 1968), seinem heute von ihm nicht mehr sehr geschätzten ersten Hauptwerk (vgl. Müller-Doohm 2000, S. 141 f., Dahmer 1973), entfaltet er die These vom „szientistischen Selbstmißverständnis der Psychoanalyse",

diese frühe These von Habermas über die Psychoanalyse ein Kerngedanke seiner Theorie der Erkenntnisinteressen gewesen ist, so gewiss und gründlich hat er diese Bestimmung und das ganze Projekt Psychoanalyse und Selbstreflexion später revidiert bzw. fallen gelassen zugunsten einer idealistischen Kommunikationstheorie der Gesellschaft und der idealen Diskursgemeinschaft der scientific community zumal.

Und dann noch Axel Honneth. Dessen Anerkennungsparadigma, das die Annahme einer primären Intersubjektivität vor aller Subjektivität behauptet, greift ebenfalls auf die psychoanalytische Sozialpsychologie zurück bzw. bemüht eine zwischen G. H. Mead und Donald W. Winnicott jonglierende Äquilibrierung eines imaginären Ichs, das im Spiegel des Anderen, aber eines verallgemeinerten, abstrakten Anderen (Benjamin 1995), sein Gleichgewicht finden soll. Axel Honneths Psychoanalyse-Rezeption führt aber – was ich hier nicht weiter ausführen kann – in ihrer Abstrahierung vom konkreten Anderen zu einer Position, die Adorno als falsches Verständigtsein kritisiert hätte. Honneth (Honneth 1993, 1994, 2000, 2001) hat – bei aller Kritik, die daran zu benennen bleibt – mit einer an Jessica Benjamins Adornokritik anknüpfenden Lesart der Psychoanalyse die Variationen der beschriebenen Frankfurter Melodie gewiss bereichert.

Und doch ist es still geworden um jene Liaison zwischen Kritischer Theorie und Psychoanalyse, und nicht einmal markante Kontroversen oder Dissonanzen können dafür angeführt werden, so dass die Frage erlaubt sein muss, ob nicht beide Partner dieser Liaison mittlerweile „fremdgegangen" sein könnten, weil die Bezie-

---

aber auch eine an Alfred Lorenzer anknüpfende und diese überbietende tiefenhermeneutische Interpretation des psychoanalytischen Prozesses. Die Psychoanalyse wird hier als das „einzige greifbare Beispiel einer systematisch Selbstreflexion in Anspruch nehmenden Wissenschaft" und also einer kritisch-emanzipativen Wissenschaft qualifiziert (l.c. 262). Dieser Ansatz bot dem Methodenstreit in den Sozial- und Geisteswissenschaften richtungsweisende Impulse und ist so von bleibendem Wert (vgl. Warsitz 1990, S. 107–203, Warsitz 1997). Habermas selbst hat ihn nicht weiterentwickelt bzw. nachträglich dezidiert verworfen „So hätte ich sehen müssen, dass der Versuch, das freudsche Neurosenmodell von der Pathogenese einzelner Individuen auf die Entstehung und Entwicklung gesellschaftlicher Institutionen zu übertragen, zum Scheitern verurteilt ist" (Habermas 2000, S. 14, vgl. Müller-Doohm 2000, S. 7 ff.). Kritisch zum Habermasschen Ansatz einer die narrative Souveränität, ja die „Herrschafts"-funktion „des Ich" (Habermas 1968, S. 300) feiernden Verständnisses von Psychoanalyse äußerte sich Ulrich Sonnemann in seiner Arbeit über den psychoanalytischen Erkenntnisbegriff (Sonnemann 1986, vgl. ders. 1984).– Habermasens eigene „unangenehme Überraschung" über einen „ominösen Druckfehler", in dem dort „herrschaftliche" statt „herrschaftsfreie Diskussion" stand und der sich vom ersten bis zum 67. Tausend der Taschenbuchausgabe von „Erkenntnis und Interesse" ohne Korrektur durch den Autor durchgehalten hat, erweist sich im Sinne der Kritik Sonnemanns als veritable freudsche Fehlleistung (Habermas 2000, S. 12).

hungsdynamik etwa erschöpft war oder weil sich die Dame „Psychoanalyse" zu sehr in die Arme eines Herrn namens „Dr. med. Therapeuticus" geworfen hat und die Kritische Frankfurter Philosophie umgekehrt den Verführungskünsten der kognitivistischen Ichpsychologen in Gestalt des Sozialbehavorismus (G. H. Mead), der kognitiven Entwicklungspsychologie (J. Piaget) und der Psychologie des moralischen Bewusstseins (L. Kohlberg) erlegen sein könnte? Nun: Erkaltete Liebe lässt sich schlecht aufwärmen, es ergäbe einen schalen Beigeschmack des Epigonalen und Entsinnlichten. Die Spurensuche nach den Ursachen solchen Erkaltens der Liaison zwischen Kritischer Theorie und Psychoanalyse könnte uns umgekehrt aber wieder auf die Spur jenes Geistes der Revolte bringen, den wir bei Freud behauptet hatten und der einst auch die Kritische Theorie als Stachel wider den Zeitgeist der akademischen Zunft gefürchtet sein ließ, bis sie sich durch ihren neueren Formalismus und Universalismus im universitären Diskurs ein wenig die Zähne ziehen ließ. Allerdings könnten wir bei unserer Spurensuche nach dem Geist der Revolte nicht unbedingt in Frankfurt, sondern – horribile dictu - z.B. in Paris oder anderswo fündig werden – wo immer jener Geist der Revolte und eines atopischen und nomadischen Begehrens wehen mag.

Die Psychoanalyse als Praxis lässt sich zwar (im System der Krankenversicherung) auf den „furor sanandi" reduzieren. Und einem solchen Reduktionismus mag vielleicht auch der Mainstream der Therapeuten folgen, insofern sie sich auf die schiere Technik einer Kurierung psychischer Symptome und defekter seelischer Mechanismen und Sozialisationsdefizite zu Wohlbefindlichkeitszwecken beschränken.

Nun weht der Geist der Revolte aber nicht über den Dingen, sondern in ihnen, hier in Körper – Sprache – Trieb. Diese Triangel des Subjekts, die das Ich mit seinem Anderen verbindet, spannt dessen zweite Natur gleichsam auf, in deren Tiefe nicht „das Schema der ungestörten Genußfähigkeit" sich findet, sondern gerade die Gründe von deren Unmöglichkeit schlummern, das Illusionäre an ihnen sich verbirgt (Adorno 1951, S. 75). Darin spiegelt sich vielmehr bzw. inszeniert sich und revoltiert die Dynamik oder Dialektik einer Begegnungs- und Entfremdungsgeschichte des Subjekts in statu nascendi und in statu sociali, die man mit Adorno als „negative Dialektik", mit G.W.F. Hegel und A. Green (1993) als eine „Arbeit des Negativen", vielleicht auch mit H. Marcuse als eine Gestalt der „großen Weigerung" bezeichnen könnte: „Arbeit des Negativen" – dieser Begriff Hegels verweist nun aber seinerseits auf Praxis, nicht auf Kontemplation, wie Adorno selbst wohl glaubte, wiewohl er auch das Gegenteil ahnte: „Nur wer es vermöchte, in der blinden somatischen Lust, die keine Intention hat und die letzte stillt, die Utopie zu bestimmen, wäre einer Idee von Wahrheit fähig, die standhielte" – so Adorno (1951, S. 102) unter „Diesseits des Lustprinzips" in seiner Psychoanalysekritik in den „Minima Moralia".

Die dialektische Selbstreflexion des Ich als eines Anderen gilt als Bedingung der Wahrheit des Selbst. Das Selbst der Selbstreflexion stellt sich hier als inkorporierte, eingravierte Schrift mit den Buchstaben: Körper – Sprache – Trieb in der zweiten Natur dar (vgl. Angehrn 2003, S. 313 ff.: „Urschrift – Spur").

Zur Kritik des Identitätsdispositivs des Subjekts

Adornos Text über die Position des modernen Subjekts zwischen soziologisierender Verallgemeinerung und psychologisierender Vereinzelung (wie auch Marcuses Text von 1970 über „das Veralten der Psychoanalyse") hatten die These von der strukturellen Ichschwäche und ihrer Neigung zur narzisstischen Regression in der modernen Gesellschaft hellsichtig antizipiert. Diese These Adornos wird von A. Honneth und J. Benjamin allerdings bei Adorno gerade kritisiert, was ich hier nicht ausführen kann[9].

---

9 Aus der Schwäche der Vaterfunktion in der modernen Gesellschaf resultiert laut Adorno eine Ichschwäche des modernen Subjekts. Honneth wendet nun kritisch gegen Adorno ein, dass dessen verkürzte Bezugnahme auf Freuds Dispositiv der vaterlosen Gesellschaft zu einer nostalgischen Überhöhung der väterlichen Funktion geführt habe, aus deren Schwäche die gesamte kritische Sozialpsychologie abgeleitet und zugleich verkürzt bestimmt wird. Adornos Aufsatz: „Zum Verhältnis von Soziologie und Psychologie" (Adorno 1955) ist von Jessica Benjamin und Axel Honneth zum Anlass einer heftigen Invektive gegen den Altvater der Kritischen Theorie genommen worden. Übrigens fordert Jessica Benjamin in „Shadow of the Other" (Benjamin 1998) die längst fällige Klärung der Differenz zwischen Adorno und Habermas bezüglich der Kategorie der Identität, der Intersubjektivität und der Selbstreflexion ein. Während es Adorno um eine negativ-dialektische Kritik des Identitätsbegriffs ohne ausreichende Thematisierung der Intersubjektivität gegangen sei, habe Habermas eine Intersubjektivitätstheorie ohne Thematisierung der destruktiven Potentiale der Conditio humana vorgenommen: der blinde Fleck des einen sei komplementär zum blinden Fleck des anderen, allerdings durch ihre eigene, Jessica Benjamins, Intersubjektivitätstheorie (l.c. 85 bzw. 93) kompensierbar – ein differenzierter Begriff der unterschiedlichen Identifikationsfiguren der menschlichen Entwicklung, väterlicher, mütterlicher, aber auch anderer umweltvermittelter Beziehungsobjekte. Erst deren Integration ermögliche einen umfassenden Begriff von Intersubjektivität, die zur ersehnten kognitiven, kommunikativen und moralischen Kompetenz, der neuen Ikone der Kritischen Theorie, zu führen in der Lage sei. Dadurch wird aber auch der kritische Blick auf die narzisstische Pathologie der Moderne bei Honneth wieder getrübt. Die veraltete Vaterfixierung und der am Vater ausgerichtete Identitätsbegriff der frühen Kritischen Theorie ist nun der

Aber lässt sich die Überlegung der Altväter Freud und Adorno über die Pathodynamik der Schwäche des Ich als Folge einer Schwäche der Vaterrepräsentanz in der spätbürgerlichen Kultur und lassen sich die daraus resultierenden narzisstischen Pathologien wirklich als bloße nostalgische Überhöhung der alten Vatersehnsucht verharmlosen?

Adorno weitete seine These schließlich aus zu einem Jenseits von Soziologie und Psychologie bis hin zu einer „Metaphysik nach Auschwitz", in der er eine melancholisch gewordene Kritische Theorie beschrieb, die ihr revolutionäres Potential letztlich noch in den Refugien ästhetischer Erfahrungen, nicht mehr primär in revolutionären Aufständen gegen den Totalitarismus der verwalteten Welt und auch nicht mehr in den Ergebnissen der positiven Wissenschaften zu retten vermag. Was aber Honneth als „Verlust des Sozialen" bei Adorno beklagt, lässt sich umgekehrt auch als Spur der sozialen Traumatisierungserfahrung in negativer Form, als Objektverlust und innere Revolte gegen diesen Verlust verstehen, von der lediglich noch die Erfahrung der modernen Kunst, auf die sich Adorno in seinem Spätwerk vorwiegend bezieht, Kunde gib (vgl. Hoß, Steinert 1997).

Adorno nennt seinen Ansatz deshalb eine „Negative Dialektik", weil sich das revolutionäre Potential nicht in den positiven Identifizierungen und Ich-Kompetenzen des Bewusstseins, sondern in dem, was sich ihnen gerade entzieht, im Nicht-Identischen, verbirgt. In ihm kündigt sich ein Aufstand an, eine Revolte, die die erstarrte Ichstruktur wieder zu verflüssigen vermag – fände sich denn ein vernehmendes Ohr, das sich als Resonanzkörper jener Binnenrevolution anböte – ästhetische Theorie, negative Metaphysik oder eben Psychoanalyse wären dessen Adres-

---

Grund für die Verdrängung der Kategorie des Sozialen bei Adorno. Erst deren Rücknahme ermöglicht eine Wiederkehr der verdrängten sozialen Dimension des Subjekts – so lese ich den Tenor von Honneths Adornokritik in seiner Studie „Kritik der Macht" (Honneth 1985). Später (Honneth 1994, 2000) versucht er, diese These durch eine Integration von Winnicotts Objektbeziehungstheorie und Meads symbolischem Interaktionismus bindungstheoretisch zu fundieren. Problematisch bleibt dabei die Reduktion der Freudschen Triebtheorie zu einem imaginären Spiegelkabinett intersubjektiver Anerkennungsrituale, in denen das erlebende Ich („I"), welches Mead mit Freuds „Es" gleichsetzt, letztlich dominiert wird vom reflexiven Ich („me"). Was in der Spannung zwischen „I" und „me" herausfällt und verschwindet, ist allerdings das Begehren. So spricht Honneth vom Begehren nach Anerkennung, nicht aber von der Anerkennung des Begehrens (zur Differenz zwischen Honneths, Jessica Benjamins und Lacans Begriff der Anerkennung vgl. Warsitz 2000), welches erstere ja gar kein Begehren, sondern ein Bedürfnis wäre, triebentkleidet, reine Agape oder Caritas. Das solchermaßen zum Schweigen gebrachte freudsche Es wird insgesamt exkommuniziert, wird zu einem Exilanten der kommunikativen Vernunft, der lediglich noch in leibgebundenen Expressionen seine Wiederkehr finden kann.

saten! Die Leere des modernen Subjekts im Augenblick seines Zerbrechens beredt werden lassen wäre der Moment einer Solidarität mit diesem stürzenden Subjekt, und daraus ließe sich implizit ein Programm für psychoanalytische Praxis als Solidarität zu entfalten.

Das Ich ist – wir wissen es – nicht Herr im eigenen Hause, ja es ist, als Totalität, als das „Ganze" einer Ichidentität interpretiert, gerade das Unwahre: Identität ist die Urform von Ideologie, seelisches Leiden die Rache des Nichtidentischen am Terror der Identität und zugleich am Schaden, den das Ich den abgespaltenen Teilen seiner selbst angetan hat. Freuds Kritik am Begriff der (Psycho-) Synthese sei identisch mit dem der „Negativen Dialektik" an Hegels Bestimmung des Ganzen als des Wahren – so Adorno (1966, S. 142 ff.: „Guckkastenmetaphysik"). „Die Unwahrheit aller erlangten Identität ist verkehrte Gestalt der Wahrheit" (l.c. 153)[10].

Insofern lässt sich das Ich oder Selbst auch nur schwer – obwohl dies allenthalben versucht wird – als solipsistisches Ich oder als Selbstreflexion im einsamen Sinne eines bei sich seienden Ichs etwa wie bei Fichte denken, als Rückwendung des Ichs auf die Stationen seiner Entstehung oder die Formen seiner Entäußerung, auch nicht als narrativ-kommunikative Kompetenz (Habermas) oder als Spiegelungseffekt eines „generalized other" in wechselseitiger Anerkennung (Honneth). Es ist in viel fundamentalerer Weise entäußert, ent-fremdet, es erkennt, verkennt

---

10 „Daher haben die Begriffe der Person und auch seiner Varianten, etwa die Ich-Du-Beziehung (sc.: wir könnten ergänzen: auch viele intersubjektivistische Theorien des Subjekts einschließlich der Theorie der kommunikativen Kompetenz), den öligen Ton ungeglaubter Theologie angenommen. So wenig der Begriff eines richtigen Menschen vorweggenommen werden kann, so wenig gliche er der Person, dem geweihten Duplikat ihrer eigenen Selbsterhaltung. Geschichtsphilosophisch setzt jener Begriff, wie gewiss einerseits das zum Charakter objektivierte Subjekt, andererseits seinen Zerfall voraus. Vollendete Ichschwäche, der Übergang der Subjekte in passives und atomistisches, reflexähnliches Verhalten, ist zugleich das Gericht, welches die Person sich verdiente, in der das ökonomische Prinzip der Aneignung anthropologisch geworden war. Was an den Menschen als intelligibler Charakter zu denken wäre, ist nicht das Personhafte an ihnen, sondern wodurch sie von ihrem Dasein sich unterscheiden. In der Person erscheint dies Unterscheidende notwendig als Nichtidentisches. (...) Human sind die Menschen nur dort, wo sie nicht als Person agieren und gar als solche sich setzen; das Diffuse der Natur, darin sie nicht Person sind, ähnelt der Lineatur eines intelligiblen Wesens, jenes Selbst, das vom Ich erlöst wäre; die zeitgenössische Kunst innerviert davon etwas. Das Subjekt ist die Lüge, weil es um der Unbedingtheit der eigenen Herrschaft willen die objektiven Bestimmungen seiner selbst verleugnet; Subjekt wäre erst, was solcher Lüge sich entschlagen, was aus der eigenen Kraft, die der Identität sich verdankt, deren Verschalung von sich abgeworfen hätte. (...) Negative Dialektik hält (...) (sc. nicht, P.W.) inne vor der Geschlossenheit der Existenz, der festen Selbstheit des Ichs, wie vor ihrer nicht minder verhärteten Antithesis, der Rolle, die von der zeitgenössischen subjektiven Soziologie als universales Heilmittel benützt wird....." (l.c. 273–5).

und anerkennt sich im Anderen, in dem es sich aber auch verliert und aus dem es sich nur gebrochen wieder zu gewinnen vermag. Das Selbst – das ist der Andere, Ich ist ein Anderer (Rimbaud) und der Andere ist immer schon der Körper, der Trieb, das Begehren, der Mangel und natürlich auch der konkrete Andere, das Triebobjekt und sein Mangel. Das Unbewusste – wir wissen es seit Lacan – ist das Begehren, ist der Diskurs des Anderen (Lacan 1966, S. 439).

Zum Verhältnis von Selbstreflexion und innerer Revolte

Der Begriff „Selbstreflexion" enthält eine zugleich solipsistische, eine interaktionistische, eine imaginäre und eine symbolische Konnotation: einerseits scheint er ein bloßes Nachdenken des Subjekts über sich selbst zu suggerieren, also eine solipsistische Selbstbespiegelung darzustellen, andererseits ist er in sich polar strukturiert: ein Selbst, das sich selbst zu betrachten im Stande ist („Selbst-Reflexion"), vermag dies nur vermittels eines Anderen, es besitzt bereits in sich ein intersubjektives Moment: Diese innere Dialogizität oder Alterität des Ich kennen wir psychoanalytisch als Ichspaltung in zwei Subjekte, z.B. in ein Subjekt des Unbewussten (das symbolische je) und ein Subjekt des Wissens und der Verkennung (das imaginäre moi) oder auch als „therapeutische Ichspaltung" in der psychoanalytischen Technik.

Nun liegt ein wissenschaftlicher, man könnte sagen ein konstruktivistischer Kurzschluss nahe, der in der akademischen Psychologie, in Teilen der Ich- oder Selbst-Psychologie, in der Soziobiologie und in der kognitiven und in der Neuropsychologie auch immer wieder gezogen wird: Man postuliert oder hypostasiert einfach ein Selbst als innere Instanz und Substrat des späteren reflexiven Selbst, das man schon dem Infans supponiert als vorsprachliches, oder Ur-Selbst oder als präverbales oder vorbewusstes Selbst[11].

---

11 vgl. Sterns „Kern-Selbst" oder Damasios „Neuronales" bzw. „Kern-Selbst", auf dem das „Meta-Selbst" aufbaue (Damasio 1994; ders. 1999); vgl. auch Edelmanns „biologisches Selbst" (Edelmann 1992) sowie Fonagy's „präreflexives" oder „physikalisches Selbst" im Gegensatz zum „psychologischen Selbst" bzw. die Entwicklungsreihe: Protoself – Coreself – Autobiografic self (Fonagy, Gergely, Jurist, Target 2002, S. 79). Gegenüber diesen stark schichtentheoretischen und entwicklungspsychologischen Selbstkonzepten hängt der dialektische Anspruch von Fonagy's entwicklungspsychologischer Selbsttheorie eigentümlich in der Luft (in: Fonagy, Target, 1995; vgl. hingegen Eccles, Popper, 1977).

Diese Hypostase eines Selbstkonstrukts droht immer dann, wenn man nicht mehr nach der Erfahrungsbedingung einer wissenschaftlichen Kategorie fragt, die hier ja aus dem Sprechen über ein adultes aktuelles Selbsterleben zurückfragt auf die Bedingungen der Möglichkeit seiner Entstehung. Eine solche Kategorie, hier das Selbst, sprachlich bloß die Substantivierung eines Pronomens und ohnehin erst ziemlich spät gebräuchlich, existiert aber nie und nimmer vor aller Erfahrung, vor aller Interaktion und vor aller Innerlichkeit und ist nirgends einfach direkt beobachtbar und beschreibbar: dies zu unterstellen, stellt den klassischen szientistischen Fehlschluss dar, zu glauben, die Dinge „intentione recta" einfach vor sich zu haben anstatt sich ihrer reflexiv zu vergewissern (vgl. Habermas 1968, S. 368).

Der Bezug der Selbstreflexion auf die Alterität des Ich in Körper Sprache und Symbol erlaubt uns nun überzuleiten zu der Frage, wie Selbstreflexion als innere Revolte gegen die Totalität der lebensgeschichtlichen Identifizierungen zu denken sei, gerade wenn wir empirisch in Rechnung stellen, dass die Struktur dieser Identifizierungen psychohistorisch auf dem Boden einer bedrohten Ichstruktur, eines fragilen Subjekts, stattfindet? Wer wäre der Träger oder der Adressat dieser Revolte und was wäre gegebenenfalls deren Medium? Die Linguistin und Psychoanalytikerin Julia Kristeva (Kristeva 1996) gibt darauf eine programmatische Antwort, die zugleich eine Neuformulierung der Beziehung zwischen Kritischer Theorie und Psychoanalyse erlaubt. Ihr zufolge vermag das historisch zu Fall gebrachte revoltierende Subjekt in seinem eigenen Diskurs, in den Formen seines Sprechens, Handelns und Schreibens, seines Textes und seiner Körperinszenierungen auch im psychoanalytischen Prozess einschließlich von dessen semiotischen Feinheiten, Verästelungen und Tiefenschichten, indirekt sich am Leben zu erhalten[12]. Psycho-

---

12 Auch M. Foucault hat diesen Gedanken des Verschwindens des Selbst in der Moderne 1966 reflektiert, allerdings im folgenden Zitat vom „Menschen" statt vom „Selbst" gesprochen: „Das Selbst"/ „Der Mensch ist eine Erfindung, deren junges Datum die Archäologie unseres Denkens ganz offen zeigt. Vielleicht auch das baldige Ende. Wenn diese Dispositionen (sc. vom Menschen, vom Selbst etc, P.W.) verschwänden, so wie sie erschienen sind, (...) dann kann man sehr wohl wetten, dass der Mensch verschwindet wie am Meeresufer ein Gesicht im Sand" (Foucault, 1966, S. 462). Die Phänomenologie der Leere wird psychoanalytisch beantwortet von einer Phonologie der Rede – das wäre der Sinn von Selbstreflexion als einer negativ – dialektischen: der Mensch im Spiegel des Anderen, in dem er sich sieht und in dem er sich allererst herstellt und nun aber erschreckt oder auch gleichgültig wahrnimmt, daß ihm seine Spiegelungsmöglichkeit verloren gegangen ist – dieser moderne Mensch beginnt, die imaginäre Illusion zu erkennen, indem er über sie spricht – wie unsere depressiven Patienten im Gegensatz zum narzißtischen Normopathen, der immer nur mit seinen positiven Selbstspiegelungen beschäftigt ist: Er blickt in einen leeren Spiegel, erfährt die Leere des inneren Erlebens und versucht, diese Leere, die sich in den vielfältigen Formen des Schweigens und des leeren Spre-

analytische Praxis als „Arbeit des Negativen" gilt ihr als eine Art Triebkraft oder Lebenselixier, als das einzige verbleibende Pharmakon, als symbolisches Antidepressivum gegen die Melancholie des historisch ins Straucheln geratenen Subjekts.

Kristeva hat in ihren letzten Texten zur „Zukunft der Revolte" (Kristeva 1997) männliche und weibliche Rebellen des 20. Jahrhunderts psychohistorisch und textkritisch auf die Grundzüge ihres aufständigen Denkens befragt, J. P. Sartre, Roland Barthes, Antonin Artaud einerseits sowie andererseits die „genialen Frauen", z.B. Hannah Arendt, Melanie Klein und Colette (Kristeva 1999–2002). Sie findet in deren Texten den Grundgedanken einer gegen die positiven Bewusstseinsformationen revoltierenden negativen Vernunft, die in der Kritik, im verneinenden Denken den Motor ihrer Entwicklung sieht. Dessen Gestalten sind aber nicht mehr allein politisch oder sozial zu finden, sie spielen sich als innere Revolte in diesen Rebellen ab, wobei der eine oder andere von ihnen darüber hinaus den Weg zur äußeren Revolte gefunden haben mag. Als Psychoanalytikerin versucht Kristeva nun, diese Gestalt des revoltierenden Denkens auch in den klinischen Pathologien des modernen Subjekts, also in der psychoanalytischen Praxis wiederzufinden. Ihr Gedanke der revoltierenden Vernunft entstammt der Rekonstruktion der Pathodynamik des modernen Subjekts. Sie verbindet ihn mit postkleinianischen und poststrukturalistischen Theorieansätzen, die den Gedanken der inneren Revolte im psychoanalytischen Prozess selbst suchen z.B. in Form der negativen Übertragungsphänomene und der projektiven Identifizierungen, die den Prozess einerseits bedrohen wie sie ihn umgekehrt allererst ermöglichen. Es handelt sich um Übertragungs- und Gegenübertragungsphänomene z.B. des Schweigens, des Verstummens, der Denkstörungen im Zuhören, der Aufhebung der Stimmodulation (der „Tonalität" des Sprechens), der reduzierten Prosodie des Sprechens, des Beziehungsabbruchs

---

chens im analytischen Dialog ereignet, wieder beredt werden zu lassen. Antwort zu geben, vielleicht in dem man Worte provoziert, ist die Restfunktion der Psychoanalyse als Antidepressivum, die uns heute bleibt; Lacan benannte dies so: „Hier taucht jene grundlegende Illusion auf, deren Leibeigener der Mensch ist, viel mehr als all der ‚Leidenschaften des Körpers' im cartesischen Sinne, jene Leidenschaft, ein Mensch zu sein, möchte ich sagen, die par excellence die Leidenschaft der Seele ist, der Narzißmus, der all seinen Begierungen und seien es die erhabensten, seine Struktur auferlegt. Bei der Begegnung des Körpers und des Geistes erscheint die Seele als das, was sie für die Tradition ist, nämlich als Grenze der Monade. Wenn der Mensch, die Leere des Denkens suchend, sich vorwagt in den schattenlosen Schimmer des imaginären Raums, indem er sogar darauf verzichtet abzuwarten, was aus ihm auftauchen wird, zeigt ein glanzloser Spiegel ihm eine Oberfläche, auf der nichts sich reflektiert" (Lacan 1966, S III, S. 165/6).

und der „Attacks on linking" (Bion 1990), hinter denen unerträgliche, aber nicht benennbare Ängste, Gefühle der inneren Leere und des Verlustiggehens des Begehrens sich verbergen. Hier scheint eine Reduktion des Erlebens aufs acting out statt eines Phantasierens und Erinnerns stattzufinden.

Die Ritzmuster unserer Borderlinepatienten auf ihrer Haut, die verstümmelte und entleerte Sprache der Neurotiker und Melancholiker und die Triebentkleidungen und Triebmetamorphosen der Normopathen und Perversen künden über ihren Symptom – Charakter von den Spuren der Verletzungen des Selbst, welche dem revoltierenden Subjekt zum Sprach – Rohr bzw. zum Zeichengeber werden gegen die Zurichtungen durch das Bewusstsein und die Normativität. Hier werden der Körper und die Affektivität des Sprechens tonlos, stumm, die Sprache triebentkleidet und leer, sie verflüchtet sich aus dem Kontakt zum Anderen. Das Begehren und mit ihm das Subjekt geht sich selbst verloren (vgl. oben über „Aphanisis"). Die Analyse dieser negativen Phänomene ist nur möglich als Durcharbeiten des inneren Widerstandes, den das Subjekt gegen die eigene Destruktivität in der Übertragung entwickelt.

Julia Kristeva bezeichnet diesen Prozess der affektiven Sinnentleerung als „Abjektion", welche das zwischen Subjekt und Objekt Verworfene und Ausgeschlossene (das Abjekt) außerhalb des Bewusstseins und des Erlebens, also wiederum im Körper als Symptom und in der Sprache als Sprachverstümmelung und im Begehren als Verflüchtigung desselben, als Aphanisis, bewahrt. Das Abjektale zielt auf das in ihnen Verworfene, Abgelehnte, Abgespaltene und Ausgestoßene, das sich im frankophonen Sprachgebrauch mit dem Hässlichen, dem Ekligen, dem Gewaltsamen, dem Horror verbindet (Kristeva 1983). Es zeigt sich als Leitsymptom gerade auch klinisch in den „Neuen Leiden der Seele" (Kristeva 1993) wieder, den neuen narzisstischen Pathologien und Borderline-Syndromen in ihren immer verwirrender auftretenden klinischen Formen, in denen Subjektivität heute zugleich sich zeigt und verbirgt: In Körperinszenierungen, artifiziellen Syndromen des selbstverletzenden Verhaltens, Essstörungen, Persönlichkeitsspaltungen, auch in schweren, früher als endogen bezeichneten Depressionen. Als therapeutisches Regulativ ermöglicht deren Analyse in der Übertragungsbeziehung die Einbeziehung und psychische Integration von nichtrepräsentierten Objektbesetzungen.

Das Abjektale ist gewiss nicht zufällig auch zur kreativ inspirierenden Kategorie moderner ästhetischer Erfahrungen geworden, nicht nur in der Literatur, im Surrealismus, auch in der darstellenden Kunst, die sich gelegentlich ganz bewusst mit Kristevas Begriff „abject art" nennt (Kristeva 1983; vgl. Menninghaus 1999,

Kap. IX)¹³. „Ab-jet" und „Re-jet", Re-volte und Re-volution sind bei Kristeva die negativ-dialektischen Antipoden der identifizierenden Vernunft und zugleich Regularien der praktischen Vernunft der Psychoanalyse. Gewiss will die gängige psychoanalytische Praxis im Gesundheitsversorgungssystem davon nicht viel wissen: sie fordert normativ den „durchanalysierten" Psychoanalytiker und das durchanalysierte Subjekt, die „fully functioning person" (in der sog. humanistischen Psychologie), die Reife ödipaler Objektbeziehungen, Symptomfreiheit und Arbeitsfähigkeit. Aber diese Charakterisierungen eines „postanalytischen" Endzustands der psychischen Entwicklung stellen doch im wesentlich nur illusionäre Verkennungen einer narzisstischen Existenz dar, welche die brillante Verkleidung einer psychisch toten inneren Existenz wären: nämlich das trostlose Modell der ausgetrockneten Zuydersee (nach Freuds Metapher, damit aus Es Ich werde), die Folge eines stillgestellten Unbewussten, in dem es dann wohl kein Begehren, keine Spontaneität, keine Phantasie und keine Konflikte mehr gebe. Julia Kristeva hat dieses Trugbild moderner Subjektivität, inkarniert im positiven Denken des Subjekts einer narzisstischen Kultur, einmal treffend als „Narziß – die neue Dementia" bezeichnet (Kristeva 1983, S. 102 ff.). Ein solches Subjekt wäre in der Tat (auch als Analytiker) „de-ment", geistlos, schwachsinnig, da vollständige Selbstreflexivität nur eine leere Selbstbespiegelung darstellen würde, so wie im Mythos von Narziss diese Selbstbespiegelung im kleinen Wasser zum Ende der Entwicklung, zum psychischen und letztlich zum physischen Tod führt: „Gesundheit zum Tode" war Adornos Wort in den „Minima Moralia" dafür (Adorno 1951, S. 68) und er ergänzte in „Diesseits des Lustprinzips": „Das Leere und Mechanisierte, das an erfolgreich Analysierten so oft sich beobachten läßt, kommt nicht nur aufs Konto ihrer Krankheit, sondern auch auf das ihrer Heilung, die bricht, was sie befreit" (l.c. S. 71, 73).

In einem psychoanalytischen Prozess als Spontaneität und als Anerkennung der inneren Revolte zeigt sich umgekehrt aber gerade die Schattenseite des modernen Selbst, dessen Reflexion (als Selbstreflexion) die inneren Brüche nicht zum Verschwinden bringt, sondern allererst fühlbar, spürbar und benennbar werden lässt, bevor sie sich möglicherweise auch verändern kann¹⁴. Das Selbst spiegelt sich im

---

13 „Das Zurück-Geworfen-Sein (le re-jeté), das Geworfen-Sein (jeté) des Daseins (...) ist eine Zurückstoßung (répulsion), die Ex-stase ist das andere Wort für die ab-jection" (Kristeva 1997, 17, eigene Üb.).

14 Mit Winnicott (1984, S.182 ff.) könnten wir sagen, dass das falsche Selbst der imaginären Identifikationen die Aufgabe hat, das wahre Selbst mit Hilfe der dialektischen Kraft der Auflösung von Identifizierungen dadurch zu schützen, dass es ihm immer neue Bindungen ermög-

Anderen, aber der Andere ist anders als seine Spiegelung suggeriert, oder es spiegelt sich im eigenen Körper als Ort der Selbstinszenierungen, im Trieb, im Triebobjekt oder in der Sprache, aber auch dabei treten die Spannungen einer Nichtidentität auf, Verzerrungen und Verluste an der erwarteten Reziprozität. Die Spiegelung gibt nicht das narzisstische Ideal wieder (wie bei Narziss im kleinen Wasser), es zeigt zerstörte Zonen, stumpfe Bereiche der Spiegelung, stumme, erstickte oder leere Worte, Mangel an Begehren.

Die analytische Arbeit der Selbstreflexion besteht also darin, die scheinbar sprachlosen und doch latent vorhandenen semiotisch und signifikativ bloß angedeuteten Botschaften und Zeichen dieser oft averbalen Sprache in die Formen des Sprechens zu übersetzen, beredt werden zu lassen z.B. über den Anderen, wozu eine „Arbeit des Negativen" (Green 1993) in den negativistisch abgewerteten Beziehungsformen die wichtigste Voraussetzung darstellt. Die Wiederherstellung der Bindung im Sinne einer Objektalisierung – das erotische Antidot gegen die desobjektalisierende Funktion des Narzissmus, der in den Dienst des Todestriebs tritt – verlangt nach dem Wiederfinden einer verlorenen Sprache, die immer übersetzt, überträgt, die immer stottert und klemmt, aber immer auch hervordrängt als libidinöse Funktion.

Der symbolische Verlust, der Verlust an Worten, der das Pendant darstellt zur Erfahrung der inneren Leere, sucht nach dem „Begehren des Anderen", wartet auf eine Antwort, die das Schweigen unterbricht: Vom Anderen her, vom Gegenüber, z.B. vom Analytiker wird die Leere aufgebrochen, da sie unerträglich ist, nicht contained (ausgehalten) werden kann, sondern sprachlich gefüllt zu werden verlangt. Selbstreflexion ist nicht mehr die einsame Rückwendung des Subjekts auf sich selbst, wie in den klassischen narrativen Konzepten, sondern der Kampf um Beziehung, der Kampf um Worte, die Suche nach dem Tableau der Interaktion, die das Selbst letztlich ist[15]: Solidarität mit dem Subjekt im Moment seines Ver-

---

licht, um die Wege des Begehrens offen zu halten. Darin stellen sie diejenigen symbolischen Verbindungen und intersubjektiven Bindungen her, die die Pathologie der Leere immer wieder zu unterbinden versucht.

15 Diese „Arbeit des Negativen" nimmt die logische Stelle ein, die auch in der „Negativen Dialektik" Adornos der Begriff der Selbstreflexion inne hat, der sich allerdings deutlich von demjenigen von Habermas unterscheidet: Adorno nennt sie „Arbeit am Nicht-Identischen". Das Nichtidentische gegen die Macht der Identifizierungen zu schützen – dies formuliert Adorno als die Aufgabe der „Selbstreflexion". Als negative Dialektik führt sie nicht wiederum zu einem positiven Wissen über die Geschichte, die Gesellschaft oder eben das Selbst. Ihr Ziel ist nicht die Aufhebung der Widersprüche in einem herrschaftsfreien Diskurs oder ein erfülltes,

schwindens könnten wir dies – mit Foucault und Adorno – als Restoption einer postmodernen Theorie des Subjekts nennen. Die Leere des modernen Subjekts im Augenblick seines Zerbrechens beredt werden zu lassen wäre Adorno zufolge der Moment einer Solidarität mit diesem stürzenden Subjekt. Daraus wäre sein implizites Programms einer psychoanalytischen Praxis als Solidarität zu entfalten.

„Daher muß Dialektik, in eins Abdruck des universellen Verblendungszusammenhangs und dessen Kritik, in einer letzten Bewegung sich noch gegen sich selbst kehren (...) Sie zerstört den Identitätsanspruch, indem sie ihn prüfend honoriert. Darum reicht sie nur so weit wie dieser. Er prägt ihr als Zauberwort den Schein absoluten Wissens auf. An ihrer Selbstreflexion ist es, ihn zu tilgen, eben darin Negation der Negation, welche nicht in Position übergeht. Dialektik ist das Selbstbewußtsein des objektiven Verblendungszusammenhangs, nicht bereits diesem entronnen (...) Das Absolute jedoch, wie es der Metaphysik vorschwebt, wäre das Nichtidentische, das erst hervorträte, nachdem der Identitätszwang zerging" (Adorno 1966, S. 395/6).

Jene innere Revolte, die einer Antwort harrt (also die Praxis der Psychoanalyse), ist, so Kristeva, eine spezifische Erkenntnis des 20. Jahrhunderts[16], den die Psychoanalyse, die Phänomenologie und die Existenzphilosophie auf ein bislang ungelöstes Problem der kritischen Tradition des Denkens gerichtet haben[17],[18].

---

wahres Selbst oder ein „absolutes Wissen" welcher Art auch immer, z.B. der sich vollständig durchsichtige Mensch, sondern lediglich eine Anerkennung der Widersprüchlichkeit dieses Ichs selbst, das Eingeständnis seiner inneren Zerrissenheit, die Anerkennung des Begehrens: Und diese Anerkennung ist die Voraussetzung einer Transformation, nicht schon diese selbst.

16 Kristeva stellt ihren Begriff der Revolte in die Tradition des kritischen Denkens der europäischen Tradition, des cartesischen Zweifels, des Freiheitsdenkens der Aufklärung, Hegels Negativität, Marxens Revolutionsgedanken, Freuds Unbewussten, Zola's „J´accuse" sowie in den Kontext der formalen Revolten der künstlerischen Formgebung wie dem Bauhaus, dem Surrealismus, Antonin Artauds und Stockhausens, Picassos, Pollocks und Francis Bacons (Kristeva 1996, S. 6). Die Grundfrage eines Denkens der Revolte ist somit schon in den Anfängen des Nachdenkens über die Subjektivität laut geworden, bei Augustinus, dem großen Selbstaufklärung und Selbstanalytiker, von dessen „qaestio mihi factus sum" Kristeva ausgeht (Kristeva 1997, S. 12). Ohne diese Frage, dieses Sichinfragestellen eines Subjekts kann keine Psychoanalyse beginnen und kein philosophischer Gedanke entspringen!

17 Wichtige Protagonisten wie Max Horkheimer, insbesondere aber Herbert Marcuse und später Jürgen Habermas und K. O. Apel haben als Anhänger der Phänomenologie und der Existenzphilosophie, ja als Heideggerianer zu philosophieren begonnen und in Heidegger den Neube-

Zum Schluss

Was Adorno noch philosophisch und sozialwissenschaftlich postuliert hatte, wird in der klinischen Realität heutiger Psychoanalysen unübersehbar und in der psychoanalytischen Theoriebildung zum unüberhörbaren kritischen Stachel des Denkens. Versuchen wir, die heutigen Neukonzeptualisierungen der Psychoanalyse, die von Neokleinianern und französischen Poststrukturalisten ausgehen, in Verbindung zu bringen, so lässt sich der psychoanalytische Prozess nunmehr weniger als Neugeburt des Selbst oder des Subjekts bezeichnen, wie wir uns in ichpsychologischer Tradition auszudrücken pflegen, sondern besser als Revolte des Nichtidentischen gegen die Identifizierungen im Ich, gegen dessen rigide gewordene Abwehrstruktur eines normopathischen Charakters oder eben als Alterität des Subjekts.

Adornos Kategorie des Nichtidentischen, Derridas Begriff der Differenz und Julia Kristevas Begriff des Abjektalen zusammen zu lesen, mag wie eine Diskursvermischung erscheinen, die wegen ihrer Überschneidung verschiedener Wahrheitsansprüche der neueren Kritischen Theorie geradezu als Todsünde gilt und bekanntlich mit ewiger Verbannung aus den höheren Gemächern des Grand Hotels Abgrund geahndet wird. Aber wie schon erwähnt, hält sich der Psychoanalytiker ja vorzugsweise ohnehin weiter unten auf, so dass ihn die Drohung wenig zu schrecken vermag.

In jenem revoltierenden Denken könnte die Psychoanalyse umgekehrt jedoch wieder emanzipatorisch werden, da sie die „Sprengung von innen" (Adorno, nach

---

ginn eines radikalen Denkens der konkreten Existenz und der Faktizität des Daseins gefunden zu haben geglaubt; Marcuse wollte bei Heidegger habilitieren und Habermas pries noch 1953 Heideggers „Sein und Zeit" als „bedeutendstes philosophisches Ereignis seit Hegels „Phänomenologie" (Habermas 1971, S. 65; zum Kontext des Verhältnisses von Kritischer Theorie und Fundamentalontologie vgl. McCarthy 1992). Gewiss: die vehemente und konsequente Abgrenzung von Heidegger insbesondere wegen dessen philosophischer und politischer Verstrickung in den Nationalsozialismus erfolgte schnell und endgültig. Aber mit der Verwerfung der Existentialontologie verwarf man dann auch das philosophische Problem, für dessen Beantwortung Heidegger doch einst den Weg eröffnet zu haben schien: Den Weg einer „Negativen Metaphysik" in Form einer Destruktion der klassischen Metaphysik mit dem Aufscheinen eines Denkens der konkreten Existenz und der Beziehung zum Anderen („Mitsein"), der bei Marcuse wie bei Adorno (s. „Negative Dialektik") und Habermas („Nachmetaphysisches Denken") einen steten Quell des eigenen Denkens darstellen sollte (zur Kategorie der „negativen Existenz" bei Heidegger und Adorno vgl. Habermas, 1968, S. 35; vgl. aber auch Sonnemann 1984).

18 vgl. Rockmore 2000; diese Kritik an Habermas mit Kristeva sehe ich jetzt auch formuliert bei McAfee (2000), bes. Kap. 2: „Subjects-in-Process", 65 ff., bes. S. 78.

Wiggershaus 1986, S. 299) des eigenen, selbst geschaffenen Gefängnisses vorzubereiten gestattet – Praxis als Spontaneität[19].

„Selbstreflexion" habe ich hier als einen Grundbegriff der psychoanalytischen Praxis und der philosophischen Reflexion gewählt, obwohl er bei Freud oder in den gängigen Konzeptualisierungen der psychoanalytischen Praxis oder der Technik der Psychoanalyse, nicht vorkommt. Ohne dies nun begriffslogisch wirklich eingelöst zu haben, ist also meine These, dass Adornos Begriff der Selbstreflexion dem nahe kommt, was man als eine Reflexion auf die Objektivität und die Alterität des Selbst in seinen Gestalten des Körpers (Leibes), der Sprache und des Triebs bezeichnen könnte. Adornos „Vorrang des Objekts" (Adorno 1969) vor dem denkenden Subjekt wäre dann der Vorrang der Leiblichkeit, der Sprachlichkeit und der Triebhaftigkeit (nicht der Instinkthaftigkeit wohlgemerkt). Der Vorrang des Objekts nun stellt das Vehikel einer Infragestellung jener Skepsis der psychoanalytischen Praxis (oder gegenüber der gesellschaftlichen Praxis überhaupt) dar, welche man Adorno ja gerne vorhält – zugunsten der reinen Theorie bzw. der Ästhetik.

Ergänzend habe ich die These vertreten, dass Körper – Sprache –Trieb, die Alterität des Selbst und damit die Gegenstände der Selbstreflexion mit dem konvergieren, was Kristeva als Subversion des Subjekts und als Revolte des Subjekts des Unbewussten, als das zwischen Subjekt und Objekt nicht Repräsentierbare, das Verworfene, Abstoßende (Abjekt) bezeichnet – der vornehmliche Gegenstand der psychoanalytischen Selbstreflexion. Erst darüber wird ein vorläufiger Begriff der Praxis der Psychoanalyse als Spontaneität, einer Verfügung des Unverfügbaren, einer symbolischen Vermittlung des Abjektalen denkbar.

---

19 Das hier vorgestellte Projekt einer „Psychoanalyse als Revolte" dürfte eine gewisse Nähe zu dem besitzen, was Peter Dews als innere Wahrheit des Subjekts bezeichnet im Sinne einer „dekonstruktiven Subjektivität", die er bei Lacan einerseits, bei Habermas andererseits findet, auch wenn sie sich, so Dews, bei Habermas zu einer Entsublimierung der Vernunft (vielleicht sogar zu einer „repressiven Entsublimierung") zu verkürzen droht (Dews 1995, 2001). Immerhin wären sich aber darin die Frankfurter und Pariser Spuren der Kritischen Theorie des Subjekts doch wieder näher als deren Protagonisten selbst vermuten – und erst eine dritte Position, hier der Blick aus englischer Ferne, vermag dies aufzuzeigen.

Literatur

Adorno, Th. W. (1951). Minima Moralia. Reflexionen aus dem beschädigten Leben, Frankfurt/M.: Suhrkamp.
– (1952). Die revidierte Psychoanalyse. In: Ders, Gesammelte Schriften, Bd. 8, S. 20–41. Frankfurt/M.: Suhrkamp.
– (1955). Zum Verhältnis von Soziologie und Psychologie. In: Ders., Gesammelte Schriften, Bd. 8, S. 42–85. Frankfurt/M.: Suhrkamp.
– (1963). Probleme der Moralphilosophie. Frankfurt/M.: Suhrkamp (1996).
– (1966). Negative Dialektik. In: Ders., Gesammelte Schriften, Bd. 6. Frankfurt/M.: Suhrkamp.
– (1969). Dialektische Epilegomena. Zu Subjekt und Objekt. In: Ders., Stichworte. Kritische Modelle 2, S. 151–168. Frankfurt/M.: Suhrkamp.
– (1969). Marginalien zu Theorie und Praxis. In: Ders., Stichworte. Kritische Modelle 2, S. 169–191. Frankfurt/M.: Suhrkamp.
– (Hrsg.) (1927). Der Begriff des Unbewußten in der transzendentalen Seelenlehre. In: Ders., Gesammelte Schriften, Bd. 1, S. 79–324. Frankfurt/M.: Suhrkamp.
Adorno, Th. W., Horkheimer, M. (1944). Dialektik der Aufklärung. Philosophische Fragmente. Frankfurt/M.: S. Fischer.
Angehrn, E. (2003). Interpretation und Dekonstruktion. Untersuchungen zur Hermeneutik. Weilerswist: Velbrück.
Benjamin, J. (1982). Die Antinomien des patriarchalischen Denkens. Kritische Theorie und Psychoanalyse. In: Bonß, W., Honneth, A. (Hrsg.). Sozialforschung als Kritik, S. 367–425. Frankfurt/M.: Suhrkamp.
– (1995). Der verallgemeinerte und der konkrete Andere. Die Kohlberg-Gilligan-Kontroverse aus der Sicht der Moraltheorie. In: Benjamin, J. (Hrsg.). Selbst im Kontext. Kommunikative Ethik im Spannungsfeld von Feminismus, Kommunitarismus und Postmoderne, S. 161–191. Frankfurt/M.: Suhrkamp.
– (1998). Shadow of the Other. Intersubjectivity and Gender in Psychoanalysis. New York: Routledge.
Bion, W. R. (1990). Angriffe auf Verbindungen. In: Bott Spillus, E. (Hrsg.). Melanie Klein heute 1, S. 110–129. München, Wien: Verlag Internationale Psychoanalyse.
Bonß, W. (1982). Psychoanalyse als Wissenschaft und Kritik. Zur Freudrezeption der Frankfurter Schule. In: Bonß, W., Honneth, A. (Hrsg.). Sozialforschung als Kritik. Zum sozialwissenschaftlichen Potential der Kritischen Theorie, S. 426–455. Frankfurt/M.: Suhrkamp.
Busch, H.-J. (2001). Subjektivität in der spätmodernen Gesellschaft. Weilerswist: Velbrück Wissenschaft.
Dahmer, H. (1973). Libido und Gesellschaft. Studien über Freud und die freudsche Linke. Frankfurt/M.: Suhrkamp.
Damasio, A. R. (1994). Descartes' Irrtum. Denken, Fühlen und das menschliche Gehirn. München: List.
– (1999). Ich fühle, also bin ich. Die Entschlüsselung des Bewusstseins. München: Econ-Ullstein-List.
Dews, P. (1995). The Limits of Disenchantment. Essays on Contemporary European Philosophy. London, New York: Verso.
– (2001). Kritische und konservative Paradigmen der Psychoanalyse. In: Bohleber, W., Drews, S. (Hrsg.). Die Gegenwart der Psychoanalyse – die Psychoanalyse der Gegenwart, S. 225–237. Stuttgart: Klett-Cotta.
Eccles, J. C., Popper, K. R. (1977). The Self and its Brain. Berlin: Springer.
Edelmann, G. (1992). Göttliche Luft, vernichtendes Feuer. Wie der Geist im Gehirn entsteht – die revolutionäre Vision des Medizin-Nobelpreisträgers. München, Zürich: Piper.

Fonagy, P., Gergely, György, Jurist, Elliot L., Target, Mary (2002). Affect Regulation, Mentalisation and the Development of the Self. New York: Other Press.
Fonagy, P., Target, M. (1995). Understanding the violent patient: The Use of the Body and the Role of the Father. The International Journal of Psychoanalysis 76, 487–501.
Foucault, M. (1966). Die Ordnung der Dinge. Frankfurt/M.: Suhrkamp.
Freud, S. (1900). Die Traumdeutung, Gesammelte Werke, Bd. II/III. Frankfurt/M.: S. Fischer.
– (1913). Totem und Tabu. In: Ders., Gesammelte Werke, Bd. IX, S. 3–206. Frankfurt/M.: S. Fischer.
– (1916). Trauer und Melancholie. In: Ders., Gesammelte Werke, Bd X, S. 427–446. Frankfurt/M.: S. Fischer.
– (1918). Wege der psychoanalytischen Therapie. In: Ders., Gesammelte Werke, Bd. XII, S. 181–194. Frankfurt/M.: S. Fischer.
– (1920). Jenseits des Lustprinzips. In: Ders., Gesammelte Werke XIII, S. 1–69. Frankfurt/M.: S. Fischer.
– (1921). Massenpsychologie und Ichanalyse. Gesammelte Werke, Bd. XIII. Frankfurt/M.: S. Fischer.
– (1923). Das Ich und das Es. In: Ders., Gesammelte Werke, XIII, S. 235–289. Frankfurt/M.: S. Fischer.
– (1986). Briefe an Wilhelm Fließ 1887–1904. Frankfurt/M.: S. Fischer.
– (1992). Briefwechsel. 1908–1938. Frankfurt/M.: S. Fischer.
Freud, S., Binswanger, L. (1992). Briefwechsel 1908–1938. Frankfurt/M.: S. Fischer.
Görlich, B., Schmidt, A. (Hrsg.) (1995). Philosophie nach Freud. Das Vermächtnis eines geistigen Naturforschers. Lüneburg: zu Klampen.
Green, A. (1992). La Déliaison. Psychanalyse, anthropologie et litterature. Paris: Pluriel.
– (1993). Le Travail du Négatif. Paris: Les Éditions de Minuit.
Habermas, J. (1968). Erkenntnis und Interesse. Frankfurt/M.: Suhrkamp.
– (1971). Theorie und Praxis. Frankfurt/M.: Suhrkamp.
– (2000). Nach 30 Jahren. Bemerkungen zu „Erkenntnis und Interesse". In: Müller-Dohm, S. (Hrsg.). Das Interesse der Vernunft, S. 12–20. Frankfurt/M.: Suhrkamp.
Hegel, G. W. F. (1807). Phänomenologie des Geistes. Frankfurt/M.: Suhrkamp (1970).
Honneth, A. (1985). Kritik der Macht. Reflexionsstufen einer kritischen Gesellschaftstheorie. Frankfurt/M.: Suhrkamp.
– (1993). Dezentrierte Autonomie. Moralphilosophische Konsequenzen aus der modernen Subjektkritik. In: Menke, C., Seel, M. (Hrsg.). Zur Verteidigung der Vernunft gegen ihre Liebhaber und Verächter, S. 149–163. Frankfurt/M.: Suhrkamp.
– (1994). Kampf um Anerkennung. Frankfurt/M.: Suhrkamp.
– (2000). Objektbeziehungstheorie und postmoderne Identität. Über das vermeintliche Veralten der Psychoanalyse. Psyche – Zeitschrift für Psychoanalyse 54, 1087–1109.
– (2001). Das Werk der Negativität. Eine psychoanalytische Revision der Anerkennungstheorie. In: Bohleber, W., Drews, S. (Hrsg.). Die Gegenwart der Psychoanalyse – die Psychoanalyse der Gegenwart. Stuttgart: Klett-Cotta.
– (2001). Facetten des vorsozialen Selbst. Eine Erwiderung auf Joel Whitebook. Psyche – Zeitschrift für Psychoanalyse 55, 790–802.
Hoß, D., Steinert, H. (Hrsg.) (1997). Vernunft und Subversion. Die Erbschaft von Surrealismus und Kritischer Theorie. Münster: Westfälisches Dampfboot.
Jay, M. (1973). Dialektische Phantasie. Die Geschichte der Frankfurter Schule und des Instituts für Sozialforschung 1923–1950. Frankfurt/M.: S. Fischer.
Kristeva, J. (1983). Pouvoir de l'horreur. Essai sur l'abjection. Paris: Gallimard.
– (1983). Geschichten von der Liebe. Frankfurt/M.: Suhrkamp.
– (1993). Die neuen Leiden der Seele. Hamburg: Junius.
– (1996). Sens et Non-Sens de la Révolte. Pouvoirs et limitees de la Psychanalyse. Paris: Fayard.
– (1997). La révolte intime. Pouvoirs et limites de la psychanalyse II. Paris: Fayard.

- (1999–2002). Le génie féminine. La vie, la folie, les mots. Tome I–III. Hannah Arendt, Melanie Klein, Colette. Paris: Fayard.
Lacan, J. (1966). Écrits. Paris: Édition du Seuil.
- (1966). Schriften, Bd. I–III. Olten: Walter.
Marcuse, H. (1970). Das Veralten der Psychoanalyse. In: Ders., Kultur und Gesellschaft 2, S. 85–106. Frankfurt/M.: Suhrkamp.
McCarthy, T. (1992). Heidegger und die Kritische Theorie. In: Jamme, C., Harris, K. (Hrsg.). Martin Heidegger. Kunst, Politik, Technik, S. 279–293. München: Fink.
McAfee, N. (2000). Habermas, Kristeva and Cizisenship. Ithaca, London: Cornell University Press.
Menninghaus, W. (1999). Ekel. Theorie und Geschichte einer starken Empfindung. Frankfurt/M.: Suhrkamp.
Müller-Doohm, S. (Hrsg.) (2000). Das Interesse der Vernunft. Rückblicke auf das Werk von Jürgen Habermas seit „Erkenntnis und Interesse". Frankfurt/M.: Suhrkamp.
Nancy, J.-L. (2005). Derridas Spuren. Über das Risiko des Denkens und die Schrift im Herzen der Stimme (Gespräch mit Sergio Benvenuto). Lettre international 70, 98–102.
Pohlen, M., Wittmann, L. (1980). Die Unterwelt bewegen. Frankfurt/M.: Syndikat.
Rantis, K. (2001). Psychoanalyse und „Dialektik der Aufklärung". Lüneburg: zu Klampen.
Reijen, W. v., Schmid Noerr, G. (1988). Grand Hotel Abgrund. Hamburg: Junius.
Rockmore, T. (2000). Heidegger und die französische Philosophie. Lüneburg: zu Klampen.
Schneider, C., Stillke, C., Leineweber, B. (Hrsg.) (2000). Trauma und Kritik. Zur Generationsgeschichte der Kritischen Theorie. München: Westfälisches Dampfboot.
Schülein, J. A. (2000). Von der Kritik am „szientistischen Selbstmissverständnis" zum Verständnis psychoanalytischer Theorieprobleme. Überlegungen zur Weiterentwicklung von Habermas' Psychoanalyse-Interpretation. In: Müller-Dohm, S. (Hrsg.). Das Interesse der Vernunft. Rückblicke auf das Werk von Jürgen Habermas seit „Erkenntnis und Interesse", S. 376–407. Frankfurt/M.: Suhrkamp.
Sonnemann, U. (1984). Metaphysische Bestürzung und stürzende Metaphysik. Über ein Denken, das dem Schlußsatz der Negativen Dialektik gerecht werden könnte. In: Naeher, J. (Hrsg.). Die Negative Dialektik Adornos, S. 293–316. Meisenheim: Leske & Budrich.
- (1986). Gesetz und Geschichte. Psyche – Zeitschrift für Psychoanalyse 40, 569–583.
Starobinski, J., Grubrich-Simitis, I., Solms, M. (2000). Hundert Jahre Traumdeutung von Sigmund Freud. Drei Essays. Frankfurt/M.: S. Fischer.
Vergil (o. J.). Aeneis. lat.- dt., München, Zürich: Artemis (1983).
Warsitz, R.-P. (1990). Zwischen Verstehen und Erklären. Die widerständige Erfahrung der Psychoanalyse bei Karl Jaspers, Jürgen Habermas und Jacques Lacan. Würzburg: Königshausen & Neumann.
- (1997). Die widerständige Erfahrung der Psychoanalyse zwischen den Methodologien der Wissenschaften. Psyche – Zeitschrift für Psychoanalyse 51, 101–142.
- (2000). Anerkennung als Problem der Psychoanalyse. In: Schild, W. (Hrsg.), Anerkennung: Interdisziplinäre Dimension eines Begriffs, S. 129–156. Würzburg: Königshausen & Neumann.
- (2001). Jenseits von Soziologie und Psychologie: Psychoanalyse als Revolte. In: Bohleber, W., Drews, S. (Hrsg.). Die Gegenwart der Psychoanalyse – die Psychoanalyse der Gegenwart, S. 246–263. Stuttgart: Klett-Cotta.
Wiggershaus, R. (1986). Die Frankfurter Schule. Geschichte, Theoretische Entwicklung, Politische Bedeutung. München, Wien: Hanser.
Winnicott, D. W. (1984). Reifungsprozesse und fördernde Umwelt. Frankfurt/M.: S. Fischer.

Jochen Schade

Adornos Analysekritik im Lichte moderner psychoanalytischer Problemstellungen

Vorbemerkung

Diese Arbeit ist als Vortrag konzipiert, und seine Publikation war ursprünglich nicht vorgesehen. Um seinen Duktus und seine Unmittelbarkeit zu bewahren, habe ich den Text für diesen Band im Wesentlichen unverändert übernommen, so dass hier ein leicht modifiziertes Vortragsmanuskript veröffentlicht wird. Deshalb habe ich auch die anekdotischen Passagen und die Aussagen über mein persönliches Verhältnis zu Adorno und seiner Theorie, leicht gekürzt, ebenfalls an ihrem Ort gelassen. Darüber hinaus möchte ich bemerken, dass in dem Vortrag nur einige Schlaglichter auf das Verhältnis Adornos zur Psychoanalyse geworfen werden, mit besonderer Fokussierung auf die klinische Praxis. Eine systematische Untersuchung des gesamten Problemkreises Adorno und die Psychoanalyse war nicht beabsichtigt.

Liebe Kolleginnen und Kollegen,

in einer seiner pointierten Stellungnahmen zur Philosophiegeschichte sagt Adorno: „Er [Hegel; J.S.] und Kant waren die letzten, die, schroff gesagt, große Ästhetik schreiben konnten, ohne etwas von Kunst zu verstehen" (Adorno 1970, S. 495). Die implizite Ergänzung ist unübersehbar: Meine Ästhetische Theorie kann heute nur deshalb ihren Rang haben, weil ich etwas von Kunst verstehe. Nun, Adorno verstand etwas von Kunst, von Musik und Literatur zumal, und den kritischen

Tenor meines Vortrages konnte ich nur anschlagen, weil meine Verehrung für den Musik- und Literaturschriftsteller groß ist. Seine Aufsätze über Kafka, über Beckett, über Goethes Iphigenie sind ja unvergleichlich in ihrer erhellenden Präzision und subtilen Gescheitheit. Diese dankbar anerkennenden Sätze sollen mir gewissermaßen die Legitimation verschaffen, über Adorno kritisch zu reden.

Ich habe das Thema Adorno und die Ästhetik nicht zufällig angeschlagen. Der Vergleich zwischen seiner Haltung zur Kunst und seiner Einstellung zur Analyse ist für mich sehr erhellend und soll zentral für den letzten Teil des Vortrages sein.

Vorher noch einige Sätze zu meiner affektiven Einstellung zu Adorno, die nach analytischer Einsicht all meinen theoretischen Haltungen ihm gegenüber vorausgeht.

Erstens: Ich kann mir kaum vorstellen, dass die dezidierten, sehr entwertenden Feststellungen Adornos zur Entwicklung der Analyse nach Freud nicht eine ziemlich tiefe Verletzung und Kränkung in Analytikern auslösen. Ich zitiere später einige seiner Äußerungen, deren Kränkungscharakter durch die Eleganz und die zynische Treffsicherheit der Diktion immens verstärkt wird. Es ist schwierig, dazu eine angemessene Haltung zu entwickeln und sich seinen berechtigten Kritiken und produktiven Anregungen nicht gekränkt zu entziehen. Sie als Zuhörer müssen beurteilen, ob mir ein gescheiter Umgang damit möglich wurde. Zweitens: Ich habe in der DDR gelebt und nur sehr selektiv Adorno lesen und die Adornorezeption in Westdeutschland kaum verfolgen können, weshalb ich damals beispielsweise wenig Kritisches über ihn gelesen habe. Ich gehörte zu einer Randgruppe in der DDR – nein wahrscheinlich war es keine Gruppe, sondern nur wenige zerstreute Einzelne –, die doch erheblich von ihm geprägt waren. Einige seiner Texte waren für mich unwidersprechlich, vielleicht auch deshalb, weil ich sie eigentlich nie diskursiv verhandelte. Die Texte, die mich besonders beeindruckten, waren die „Dialektik der Aufklärung" und „Minima Moralia" und davon nicht einzelne Aussagen, sondern sozusagen die radikale Atmosphäre der Kritik, der Verurteilung, der Unversöhnlichkeit und die unbekümmerte Generalisierungstendenz bei äußerst genauen, sozusagen mimetischen Beschreibungen solcher Topoi oder Konstellationen wie dem der Halbbildung, der Kulturindustrie, des Antisemitismus und des autoritären Charakters. Diese radikale Kritik der Aufklärung aus einer Haltung der Aufklärung verlieh meinem diffusen Unbehagen an der verwalteten Welt moderner Gesellschaften leidenschaftlichen Ausdruck. Mein Eindruck verstärkte sich dadurch, dass ich meine Lebenserfahrung in einem repressiv-autoritären System – cum grano salis – vorbildlich beschrieben fand, obwohl ich den zentralen Topos der umfassenden Prägung der Gesellschaft durch die Austauschform seiner Waren – bei der mickrigen Form dieses Austausches in der DDR – abziehen musste. Die Faszination steigerte sich durch Aussagen, die wohl jeder kennt. „Es gibt kein richtiges Leben im falschen" (Adorno 1954, S. 43), oder: „nach Auschwitz ließe kein Gedicht mehr sich schreiben" (Adorno 1964, S. 355) oder: „An der Psychoanalyse ist nichts wahr als ihre Übertreibungen" (Adorno 1954, S. 54).

Es war die Atmosphäre von Radikalität, die mich anzog, obwohl sie ganz unvermittelt ihr Wesen und Unwesen in mir trieb, denn ich bemühte mich sehr wohl um ein gutes Leben und las unbekümmert und tief beeindruckt Gedichte, die nach Auschwitz geschrieben wurden. Über die „Minima Moralia" ist gesagt worden, „sie überzeuge uns nicht argumentativ, sondern bewirke vielmehr ein eigentümliches Einrasten der Zustimmung" (Jaeggi 2005, S. 120), eine Beschreibung, die ich unbedingt bestätigen kann. Überhaupt hatte ja Adornos Denken häufig etwas Autoritäres, um es exponiert zu formulieren. Ich habe in den letzten Jahren einige Gespräche gehört, die noch in den großen Zeiten des Kulturrundfunks aufgenommen wurden. Gespräche Adornos mit Eugen Kogon, Ernst Bloch, Elias Canetti und anderen, und wenn ich ehrlich bin, kann ich nicht verhehlen, dass mir nicht selten der Schreck in die Glieder fuhr über seine apodiktische Art zu diskutieren und den anderen den Raum zu nehmen.

Jetzt wird mir ganz ängstlich zumute, denn natürlich werden viele von Ihnen sagen: Was soll denn das? Ist es nicht mehr als banausisch, Einzeläußerungen am Rand aus dem Zusammenhang einer großen Philosophie zu reißen und zu denunzieren? Ja, wahrscheinlich ist diese Erzählweise einem Affekt geschuldet und ich hoffe, Sie werden schon merken, dass es nicht nur der Affekt der Feindseligkeit ist, sondern der der Befreiung. Ich musste mich von Adorno befreien, und späte Manifestationen dieser gewaltsamen Befreiung hören Sie jetzt. Ein Spezialakt davon ist eine Kritik seiner Kritik der Psychoanalyse, sonst würden Sie sich allmählich fragen: Wo bleibt sie denn nun, die Psychoanalyse? Ich erinnere an den Anfang: Nach Adorno konnten Kant und Hegel eine Ästhetik schreiben, ohne etwas von Kunst zu verstehen. Ähnlich pointiert möchte ich fragen: Nahm Adorno für sich in Anspruch, eine Kritik der Psychoanalyse schreiben zu können, ohne etwas von ihr zu verstehen? Nun hat er keine systematische Kritik der Analyse geschrieben und wohl auch nicht wirklich den Anspruch erhoben, dazu in der Lage zu sein, aber die Entschiedenheit seiner Urteile, das Grundsätzliche in der Kritik der nachfreudschen Analyse war oft von einer unvergleichlichen Schärfe und so verächtlich, dass ich mich schon frage, wie er sich dazu legitimiert fühlte. Gewiss, Sie könnten mich jetzt fragen: Darf man keine Kritik der Astrologie schreiben (was Adorno übrigens tat), ohne viel davon zu verstehen? Aber dann wäre die Psychoanalyse in eine Nachbarschaft gerückt, in die sie auch nach Adornos Ansicht nicht gehört. Es soll auch nicht auf die exkludierende Aussage hinauslaufen, über Analyse dürfen nur Analytiker urteilen. Die Borniertheit und Gefahr dieses Urteils ist ja offenkundig. Aber dürfen wir nicht fragen, ob der Kritiker die zeitgenössische Literatur kennt, die innerfachlichen Diskussionen und Kontroversen, eine Anschauung von der klinischen Praxis hat und die zentrale Rolle der klinischen Praxis zur Kenntnis nimmt? Ich kann diesen Katalog nicht verbindlich machen und sehe schon, dass er unbedingt anfechtbar ist. Aber vorausgesetzt, Sie akzeptieren ihn vorläufig, darf ich sagen: Adorno verstand nicht genug von der Entwicklung der Analyse als therapeutischer und wissenschaftlicher Disziplin seiner Zeit. Habermas schreibt in seiner Einleitung zu „Erkenntnis und Interesse", einem Text, der ja eine neue Epoche im Umgang der Frankfurter Schule mit der Analyse einleitete, klarstellend und vielleicht mit dem Unterton von schlechtem Gewissen, dass sich seine Kenntnis auf das Studium der Schriften Freuds beschränke und er sich nicht auf die praktischen Erfahrungen einer Analyse stützen könne (Habermas 1968, S. 10). Ich kann mir nicht vorstellen, dass Adorno eine ähnlich einschränkende Stellungnahme für nötig gehalten hätte.

Der Person Freud gegenüber dominiert bei Adorno eindeutig der bewundernde Respekt, vor allem gegenüber dessen Radikalität und Kompromisslosigkeit. Er bewunderte Freuds Fähigkeit, Widersprüche stehen zu lassen und nicht vorschnell zu vermitteln, und nicht zuletzt imponierte ihm Freuds Fähigkeit und Technik, aus dem „Abhub" der Erscheinungswelt die weit reichendsten Schlüsse zu ziehen, eine Fähigkeit, die er übrigens auch an Kafka hochschätzte. „Die Größe Freuds besteht wie die aller radikalen bürgerlichen Denker darin, daß er (…) Widersprüche unaufgelöst stehen läßt und es verschmäht, systematische Harmonie zu prätendieren, wo die Sache selber in sich zerrissen ist. Er macht den antagonistischen Charakter der gesellschaftlichen Realität offenbar" (Adorno 1952, S. 40). Und noch 1957 schreibt er: „Demgegenüber schien der Versuch geboten, das lebendige Bewußtsein von Freud in Deutschland wieder herzustellen; zu zeigen, wie wenig überholt seine Theorien, wie aktuell sie gerade angesichts dessen sind, was man aus ihnen gemacht hat" (Adorno 1957 b, S. 648–649)

Bei aller Wertschätzung war seine Kritik nicht minder schroff – und entzündete sich vor allem an der biologischen oder anthropologischen Fundierung von Freuds Pessimismus, der den Menschen grundsätzlich und von vornherein als unglückliches oder unglücksbereites und konfliktträchtiges Wesen begreift und nicht wie Adorno im Wesentlichen als geschädigt durch gesellschaftliche, besonders kapitalistische Herrschaftsverhältnisse. Wie über Reich hätte Fenichel auch über Adorno schreiben können, dieser leugne „das Faktum, dass menschliches Zusammenleben an und für sich unausgesetztes mannigfaltiges Triebunterdrücken bedeutet" (zit. n. Schröter 1998, S. 183). Nach Whitebook vertrat Freud die Auffassung, „der Konflikt zwischen Lust und Gesetz gehöre zu den transhistorischen Notwendigkeiten der Zivilisation, und Repression sei daher unvermeidlich. Dieser Konflikt ist für die linken Freudianer eine historisch kontingente (...) Tatsache, die umgestürzt werden kann und soll. (...) Die freudianische Linke wollte tatsächlich die Freudsche aufgeklärte, desillusionierte und trostlose, das heißt anti-utopistische Theorie (...) wieder in ein Vehikel zur Erlösung verwandeln" (Whitebook 1998, S. 539). Nun wir können uns fragen, ob Adorno in diesem Sinn zu den linken Freudianern zu zählen ist. Wahrscheinlich nicht, dazu ist sein Denken im Grunde zu antiutopisch und pessimistisch, aber nach meiner Auffassung fällt von dem Messianisch-Benjaminschen Erlösungsdenken Adornos, dessen Umrisse ja noch nicht richtig bestimmt sind, ein Licht auf diese Kontroverse mit Freud, denn anders ist ja folgende Äußerung nicht zu verstehen, in der er Freud vorwirft, sich auf die Seite der Unterdrücker und eines falschen Herrschaftsprinzips zu stellen: „Als später Feind der Heuchelei steht er zweideutig zwischen dem Willen zur hüllenlosen Emanzipation des Unterdrückten und der Apologie hüllenloser Unterdrückung" (Adorno 1954, S. 67). Adorno deutet die Parteinahme für die Unterdrückung von Triebimpulsen des Menschen als Parteinahme für unterdrückende gesellschaftliche Herrschaftsverhältnisse. Für Adorno ist „die Ungleichzeitigkeit von Unbewußtem und Bewußtem selbst ein Stigma der widerspruchsvollen gesellschaftlichen Entwicklung" (Adorno 1955, S. 61)

Nach meiner Auffassung eskamotiert er anthropologische Tatsachen fort, die es zu erhellen und nicht zu verleugnen gilt. Die Beschreibung einer Spannung zwischen dem Einzelnen und dem Kulturprozess ist nicht das Ergebnis von falscher Parteinahme oder Verwirrung auf Seiten Freuds, sondern Teil einer inhärenten Spannung im Kern der Sache. Folgendes Zitat ist besonders witzig und entlarvend: „Die Stelle aus der ‚Zukunft einer Illusion', an der mit der nichtswürdigen Weisheit eines abgebrühten alten Herrn die Commis-voyageur-Sentenz vom Himmel zitiert wird, den wir den Engeln und den Spatzen überlassen, ist das Seitenstück zu jenem Passus aus den Vorlesungen, wo er die perversen Praktiken der Lebewelt schaudernd verdammt" (Adorno 1954, S. 68). Es geht ja um ein Heinezitat aus dem Wintermärchen und deshalb fiel mir eine Heineanekdote ein. Heine wurden nach seiner berühmt-berüchtigten Polemik gegen Börne auch von wohlmeinenden Freunden Vorwürfe gemacht ob ihrer Indezenz und Rücksichtslosigkeit. Heine gab ihnen in der Sache schon recht, sagte dennoch lächelnd: „Aber habe ich es nicht schön ausgedrückt?" Zweifellos hat Adorno auch viele scharfe, aggressiv aufgeladene Behauptungen schön ausgedrückt, aber ob er sich zur Entschuldigung nur auf die Schönheit seines Ausdrucks berufen hätte, wage ich zu bezweifeln. Er hätte wohl bedingungslos auf dem Wahrheitsgehalt seiner Äußerung bestanden. Nun, Adornos Haltung zu Freud ist die eine Sache. Ungleich einseitiger und überwiegend bis durchgehend negativ ist seine Haltung zur Nachfreudschen Analyse, von der ich Ihnen gleich einige Kostproben geben möchte, nicht ohne ein masochistisch begründetes Amüsement, vielleicht auch nicht ohne mich in der Illusion zu wiegen: Mich wird er wohl nicht meinen?!

Außer den konkreten Argumenten gegen Karen Horney in dem Aufsatz „Die revidierte Analyse" (Adorno 1952, S. 20–40) haben die anderen Kritiken keine konkreten Adressaten, beschreiben keinen wirklichen Konflikt inhaltlich, sondern geben einem hoch unzufriedenen Affekt Ausdruck, der im Wesentlichen die Abkehr von der Freudschen Radikalität, die Tendenz zur falschen Versöhnung und zur opportunistischen Anpassung der Psychoanalyse behauptet. Ich will keineswegs sagen, dass er nicht oft das Rechte trifft. Mein Punkt ist die mangelnde Diskussionsbereitschaft, die unzureichende Kenntnis des Entwicklungsstandes der internationalen Analyse, die seine kritisierten Punkte durchaus schon präzise und kontrovers diskutiert. Er äußert eine Generalverdammung und schert die gesamte Analyse über einen Kamm, so dass die inhaltlichen Problemstellungen nicht wirklich erhellt werden.

„Der psychoanalytische Revisionismus der verschiedensten Schulen, der den angeblichen Freudischen Übertreibungen gegenüber stärkere Berücksichtigung sogenannter gesellschaftlicher Faktoren advoziert, hat nicht bloß die großartigsten Entdeckungen Freuds, die Rolle der frühen Kindheit, der Verdrängung, ja den zentralen Begriff des Unbewußten, aufgeweicht, sondern er hat sich darüber hinaus mit dem trivialen Menschenverstand, dem gesellschaftlichen Konformismus verbündet und die kritische Schärfe eingebüßt" (Adorno 1957b, S. 648).

Oder es wird der Psychoanalyse unterstellt, sich „selber zu einem Stück Hygiene" gemacht zu haben (Adorno 1954, S. 65), analytische Einsichten „in weitem Maß durch Verwässerungen verdrängt [zu haben; J.S.], die dogmatisch als Fortschritt über Freud betrachtet werden" (Adorno 1957a, S. 13). „Aus der Analyse des

Unbewußten machen sie einen Teil der industrialisierten Massenkultur, aus einem Instrument der Aufklärung ein Instrument des Scheins" (Adorno 1952, S. 40). Oder besonders schön: „Entspannt wird auf dem Diwan vorgeführt, was einmal die äußerste Anspannung des Gedankens von Schelling und Hegel auf dem Katheder vollbrachte: die Dechiffrierung des Phänomens. Aber solches Nachlassen der Spannung affiziert die Qualität der Gedanken: der Unterschied ist kaum geringer als der zwischen der Philosophie der Offenbarung und dem Gequatsche der Schwiegermutter" (Adorno 1954, S. 76–77). Ähnlich schön und böse ausgedrückte Verdikte stehen einzeln als bloße Behauptungen da und sind nicht wirklich integriert in sach- und gedankenreiche Auseinandersetzungen mit den beschriebenen Phänomenen. Anstatt nun die undankbare Aufgabe zu übernehmen, auf diese Polemik einzugehen, sie ausgewogen zu bewerten, zeitlich einzuordnen usw., möchte ich im zweiten Teil des Vortrages auf einige Problemstellungen eingehen, zu denen Adorno dezidiert Stellung nimmt. Das sind die Themen:

– Psychoanalyse als Therapie
– die Bedeutung der Kindheitserinnerungen und deren Rekonstruktion in der Analyse
– Triebpsychologie und Trauma
– Sublimierung

Dieser Abschnitt soll keine Polemik gegen Adorno werden, sondern eine kurze Darstellung des heutigen Diskussionsstandes über diese Fragen. Analytiker werden ahnen, wie holzschnittartig bei der unüberschaubaren Breite der Diskussion sie ausfallen wird.

Den Themen ist formal gemeinsam, dass Adorno zu ihnen dezidierte Stellungnahmen abgab. Ich versuche nun, die kontroversen Diskussionen dieser Probleme in der aktuellen Psychoanalyse zu beschreiben und zu zeigen, dass Adornos Antworten zu kurz griffen, weil die Probleme, zu denen er eindeutige Antworten zu finden glaubte, zu immer differenzierteren Diskursen führen. So gibt es keine abschließenden Entscheidungen, sondern nur jeweils neue Diskussionsstände.

Zur Therapie

Adorno gehörte zu den „Unanalysierten" des Frankfurter Institutes, im Gegensatz beispielsweise zu Horkheimer (vgl. Wiggershaus 2001, S. 300), und er stand der Analyse als therapeutischer Aktivität sehr kritisch gegenüber. Die Bearbeitung der Übertragung begriff er als „die ausgeklügelte Situation, in der dann das Subjekt willentlich unheilvoll jene Durchstreichung seiner selbst vollzieht" (Adorno 1954, S. 68). Ein Grundvorwurf Adornos, die Analyse führe zur bequemen Anpassung an Unrechtsverhältnisse, ist nun von großen Teilen der linken Öffentlichkeit übernommen worden und hat der deutschen Analyse wohl nicht wenig Schaden zugefügt. Das Schicksal und die Wirkung dieses Vorwurfes kann ich hier nicht näher besprechen. Natürlich birgt sich in ihm ein ernstes Problem, aber seine Antwort ist zu einseitig und völlig unbewiesen. Seine – euphemistisch formuliert – Reserve gegenüber Therapie folgt wesentlich aus seiner pessimistischen Gesamthaltung und seiner Skepsis gegen jede Art von Praxis, falls sie nicht den Aktivitäten der Ästhetischen Avantgarde entspricht. Sein Argwohn gegen die Praxis der Analyse scheint logisch unvermeidlich. Wie sollte die Analyse, die in den universellen Verblendungszusammenhang eingebettet ist, welcher „nur noch Hoffnung auf Erlösung, aber keine verändernde Praxis mehr zulässt" (Wellmer 2003, S. 239), etwas Rettendes bekommen können? Sie müsste sich am eigenen Zopf aus dem Sumpf ziehen, in den sie ja wie oben geschildert tief eingesunken ist. Adorno beschreibt die Analyse überwiegend als Anpassungsinstrument in einer Herrschaftsgesellschaft, ohne je konkrete Begründungen für diesen Vorwurf abzugeben, oder Therapieverläufe zu beschreiben, die diesen Verdacht rechtfertigen. Aber folgende Anekdoten über – sagen wir scheiternde Therapien oder abortive Therapieversuche – erzählte er oft. Die erste lautet: Schönberg habe sich in einem Schweizer Berghotel wegen einer Erkältung an Freud gewandt, weil der der einzige Arzt dort war. Offenbar war die Begegnung enttäuschend und Freuds Haltung nicht besonders souverän. Nun mögen Sie darüber nachdenken, warum Adorno diese Geschichte gern und mit diebischer Freude erzählte. Die andere Anekdote ist gewichtiger. Sie betrifft eine Konsultation Gustav Mahlers bei Freud wegen einer psychogenen Lähmung der rechten Hand, leicht einzusehen wie unerquicklich bei einem Dirigenten und Komponisten. Freud hat Mahler wohl supportiv-stützend und ermutigend behandelt mit raschem Erfolg und ihn keineswegs zur Analyse ermuntert. Adorno wird nicht müde, diese Haltung Freuds zu loben. Sie sehen, er lobt Freud wegen des Verzichtes auf eine Analyse und nicht etwa wegen irgendeiner gelingenden Analyse. Über die von Adorno vorgeschlagene therapeutische Haltung ist ja schon viel geschrieben worden (vgl. z. B. Schmid Noerr 2001, S. 803-834). Adorno glaubt, dass „eine kathartische Methode, die nicht an der gelungenen Anpassung und dem ökonomischen Erfolg ihr Maß findet, darauf ausgehen [müsste], die Menschen zum Bewußtsein des Unglücks, des allgemeinen und des davon unablösbaren eigenen, zu bringen und ihnen die Scheinbefriedigungen zu nehmen, kraft derer in ihnen die abscheuliche Ordnung nochmals am Leben sich erhält" (Adorno 1954, S. 69). Viele Formen der „berufsmäßigen Güte" hält er für Betrug. „Wenn es Freud an solcher Güte gebrach, so wäre er hier wenigstens in der Gesellschaft der Kritiker der politischen Ökonomie, die besser ist als die von Tagore und Werfel" (Adorno 1954, S. 67). Zum Staunen bei seiner Thematisierung der therapeutischen Haltung ist nun gar die Zustimmung zur Leninsche Theorie der Avantgarde, denn er schreibt 1936 an Horkheimer: „[Fromm] hat mich in die paradoxe Situation gebracht, Freud zu verteidigen (…). Fromm macht es sich bei dem Begriff der Autorität viel zu leicht, ohne den ja schließlich weder die Theorie der Avantgarde noch die Diktatur zu denken ist. Ich würde ihm dringend raten, Lenin zu lesen (…). Nein, gerade wenn man wie wir Freud von links kritisiert, dürfen nicht solche Dinge, wie das läppische Argument vom ‚Mangel an Güte' passieren" (in Horkheimer 1995, S. 498). Nun hat die Diskussion um die Haltung der Analytiker eine lange Tradition in der Geschichte der Analyse. Adorno scheint ganz auf die Position einer strengen, erkenntnisorientierten, abstinenten und neutralen Haltung des Analytikers eingeschworen – eine Haltung, die seit Jahrzehnten in der Analyse kontrovers diskutiert wird. Nun gelten Neutralität und Abstinenz immer noch als unverzichtbare Grundhaltungen des Analytikers, aber ihre inhaltliche Bestimmung hat sich schon grundlegend verändert. Freud betonte die Rolle der Abstinenz vor allem, weil er dabei die sexuelle Abstinenz im Auge hatte und – nicht zu unrecht – die Libertinage seiner Schüler fürchtete und den Schaden, den sie der Analyse zufügen könnte. Wenn Freud sagt, die Analyse solle in der Entbehrung durchgeführt werden, dann meint er die sexuelle Entbehrung, die sich ja von selbst verstehen sollte. Aus Adornos Andeutungen scheint aber hervorzugehen, dass er viel mehr damit meinte, er radikalisierte das Prinzip der Abstinenz. In der Analyse weiß man aber heute, dass die Patienten mehr bekommen müssen als Deutungen, die ihm sein Unglück bewusst machen, sondern – hier nun redet die Gemeinschaft der Analytiker mit vielen Zungen – eine korrektive emotionale Erfahrung, eine gute Beziehungserfahrung, die Erfahrung des holding und des containing, zentrale Ansätze der Bionschen Theorie, die nicht leicht als unehrliche

Betrugsmanöver der Analytiker zu denunzieren sind. Im Gegensatz zu dem von Adorno pejorativ benutzten Begriff der „Güte" sind die oben stehenden Haltungen theoretisch gut begründet und mit einer präzisen Darstellung ihrer Ausübung und Nützlichkeit versehen. Der Analytiker ist von einer abständigen Beobachterposition in die Rolle eines teilnehmenden, aktiven und engagierten Teilnehmers einer menschlichen Begegnung gerückt, eine Bewegungsrichtung, die Adorno wohl auf Grund eines tiefen Misstrauens in das produktive Potential menschlicher Beziehungen nicht gefallen hätte.

Die Analytiker unter uns könnten Ihnen sofort einen unversöhnlichen Streit um die genauere Beantwortung der Frage nach der optimalen therapeutischen Haltung vorführen. Aber die Gesamttendenz geht doch hin zu einer weniger „strengen" Haltung des Analytikers. Adorno ist dessen nicht eingedenk, dass durch ausschließliche Strenge Momente der Herrschaft und Retraumatisierung in Szene gesetzt werden können, und seine implizite Geringschätzung der sonst so hoch von ihm bewerteten Freundlichkeit ist auch nicht gut verständlich. Aber ein Wahres bleibt an seinen Vorstellungen. Alle Ideen der Strenge des Analytikers sind an die Vorstellung vom Setting übergegangen. Die strenge Bewahrung des Setting – dazu gehören die hohe Frequenz der Sitzungen, die Kontinuität der Analyse, die Klarheit der Abmachungen, auch ein so trivial erscheinendes Faktum wie die Honorarregelung für Ausfallstunden – ist zu einem zentralen Merkmal analytischer Therapie geworden und scheint alle Vorstellungen über Strenge und Konsequenz aufgesogen zu haben. So verwandelt sich die Bewahrung des Setting nicht selten in das rettende Dritte, das Dritte in den ödipal triangulierenden Phantasien der Analytiker, denn sie wissen mittlerweile, wie mir vor einigen Tagen eine Kleinianische Supervisorin sagte, dass sie kaum etwas anderes haben, um die Analyse vor den destruktiven Prozessen in einer Dyade zu schützen.

Zu den Kindheitserinnerungen und ihrer Bedeutung

Adorno beharrte auf der Bedeutung der Aufhebung der infantilen Amnesie gegen Horney. Von ihr werde „die zentrale Rolle der Kindheitserinnerungen (...) bestritten" (Adorno 1952, S. 23), die zum Kern der psychoanalytischen Theorie gehöre. Im Gegensatz zu den Revisionisten versuche Freud, „orientiert am Modell des Traumas, neurotische und andere Charakterzüge so weit wie möglich auf einzelne

Vorgänge im Leben des Kindes (...) zurückzudatieren" (Ebd). Die Preisgabe dieser Haltung wirft er Horney vor. „Man betrachtet jedoch die Vergangenheit nicht als den lange gesuchten Schatz, sondern sieht darin nur eine willkommene Hilfe für das Verständnis der Entwicklung des Patienten" (Adorno 1952, S. 34), und, wiederum sehr schön ausgedrückt: „La recherche du temps perdu est du temps perdu. Horneys frisch-fröhlicher Vorschlag annulliert eben die Individualität, der er angeblich dienen soll" (Ebd.). Viele kritische Einwände Adornos gegen Horney sind zweifellos berechtigt. Aber bei der Bedeutung der Kindheitserinnerungen für die Analyse hat die klinische avancierte Analyse mittlerweile einen anderen Weg genommen, als er Freud und Adorno vorschwebte. Nach unserem heutigen Verständnis ist die Psychoanalyse im Wesentlichen eine Methode zur Entfaltung und Untersuchung des Übertragungs-Gegenübertragungsprozesses in allen seinen Verästelungen. Nichtanalytiker können sich kaum vorstellen, in welchem Maß die heutige Analyse sich auf die Untersuchung genau dieses Prozesses konzentriert. Wenn sie es wüssten, käme es ihnen obskur vor. Es schließt nämlich ein, dass die Themen, auf die Laien die Analyse häufig reduzieren, immer randständiger werden – also die Untersuchung der Lebensgeschichte oder die Aufhebung der infantilen Amnesie oder die Rekonstruktion einer plausiblen Geschichte der kindlichen Sexualität. Es ist damit nicht gesagt, dass die Analytiker die Bedeutung von Kindheitserleben oder gar von Traumata vernachlässigen. Nie haben wir mehr von den enormen Wirkungen dieser Einflüsse gewusst. Es geht um die Frage nach der therapeutischen oder prozessualen Wirksamkeit der Erinnerungen daran. Sie wird heute aus vielen Gründen viel geringer veranschlagt als von Freud oder Adorno. Einer dieser Gründe ist das Wissen, dass die wirksamsten Prägephasen in eine Zeit vor der Symbolisierungs- und damit Erinnerungsfähigkeit der Patienten lagen. Diese Zeit kann nicht rekonstruiert werden, sondern nur gemeinsam konstruiert. Und damit fällt ein wichtiges Stichwort. Es gibt eine konstruktivistische Lesart der Analyse, in der Bedeutung nicht entdeckt wird, sondern als Funktion der gegenwärtigen therapeutischen Beziehung konstruiert wird und als Erinnerung im Hier- und-Jetzt-Kontext umgeschrieben wird. Lebensgeschichte und Bedeutung werden gemeinsam konstruiert. Die entdeckte Wahrheit über die Vergangenheit ist in ein gemeinsames Narrativ eingebunden, das erst wahr wird, wenn es für den Patienten plausibel und vertraut wird (Bohleber 2001, S. 16–19). In der augenblicklichen Situation ist das Pendel weit in die beschriebene Position ausgeschlagen. Natürlich gibt es Kritik daran, die das totale Vergessen der Vergangenheit beklagt.

Zum Problem der Triebtheorie

Adorno war ein unerbittlicher Verfechter der Triebtheorie und er führt die Revisionisten für die angebliche Preisgabe der Triebtheorie immer wieder vor. Aber bei Lichte besehen scheint es mir eine merkwürdige Sache um die Adornosche Interpretation der Triebtheorie. Seine Stellung erscheint auf den ersten Blick inkonsistent, wenn nicht gar widersprüchlich. Er feiert die Triebtheorie, betont aber die traumatische Einwirkung der Gesellschaft auf die innerste Konstitution des Menschen, also auf seine Triebnatur. Man „darf sich nicht dem verschließen, daß sie [die Gesellschaft; J.S.] in Schocks erfahren wird, in jähen, abrupten Stößen, die durch eben die Entfremdung des Individuums von der Gesellschaft bedingt sind" (Adorno 1952, S. 24), oder: „Die Zufügung dieser Narben ist eigentlich die Form, in der die Gesellschaft sich im Individuum durchsetzt" (Ebd.). Die Hypothese des Schocks entspricht der ersten – sagen wir protoanalytischen – Phase der Neurosenlehre, in der Freud davon ausging, dass die Hysterie durch eine traumatische sexuelle Erfahrung in der Kindheit entsteht. Der traditionelle Geburts- und Ursprungsmythos der Psychoanalyse ist Ihnen bekannt. Er beruht geradezu auf der Preisgabe dieser Traumatheorie im Jahr 1897 und ermöglichte Freud die Formulierung der triebhaften, sozusagen angeborenen infantilen Sexualität und der ödipalen Konfliktdynamik. Ganz abstrakt betrachtet, benötigen wir nun zur Genese der Neurose weder ein Trauma noch einen Schock noch eine gewaltsame Vermittlung gesellschaftlicher Herrschaft, um krank zu werden. Das wäre eine konventionelle Lesart der Triebtheorie, die zu den Adornoschen Anschauungen in eklatantem Widerspruch stünde. Und das ergäbe doch auch eine witzige Konstellation: der glühendste Verfechter der Triebtheorie als ihr geheimer Verächter. Aber nichts ist so einfach, wie wir uns es mit dichotomem Denken machen wollen. Die inneranalytische Diskussion der Triebtheorie ist alt und unüberschaubar. Es gab oder gibt eine Tendenz, sie als überholt und veraltet auszusondern. Autoren, die diese Ansicht verfechten, sind Legion und gehören zum Mainstream der Analyse. Die Abweisung bezieht sich aber in der Regel auf eine biologistische oder hydraulische Lesart der Triebtheorie, auf dem Primat des quantitativen oder, wie Freud sagte, ökonomischen Modells oder in anderen Zusammenhängen auf die Gleichsetzung von Instinkt und Trieb. Nun hat aber Freud den Begriff viel komplexer gefasst und ihn an strategisch hervorragender Stelle platziert: als Grenzbegriff zwischen Körper und Seele. Er ist einerseits das Repräsentierte – die somatischen Impulse – andererseits ein Repräsentant dieser Impulse – die Phantasie. Gerade diese Grenz-

oder Doppeleigenschaft macht ihn nun zu einem heuristisch produktiven Begriff und nicht umsonst hält die Mehrheit der Analytiker an ihm fest, trotz der Kritiker aus den eigenen Reihen. Er dient den Analytikern als Schibboleth und markiert ihre Abgrenzung besonders gegenüber Verfechtern der Bindungstheorie oder der Motivations- und Emotionsforscher.

Ich möchte Sie jetzt über eine spannende Lesart informieren weil ich glaube, dass sie Adorno gefiele, denn mir erscheint sie mit seinen Anschauungen kompatibel. Es geht um die Theorie Laplanches (Laplanche 1970, S. 199–233) von der Urverführung, die Lehre von den untergründigen sexuellen Botschaften der Erwachsenen, die bei den engen körperlichen und seelischen Kontakten der Eltern mit den Kindern unweigerlich auf die Kinder einwirken. Nach Ferenczi (Ferenczi 1932, S. 511–525) sprechen Erwachsene und Kinder zwei unterschiedliche, nicht ineinander übersetzbare Sprachen – die Sprache der Zärtlichkeit und die Sprache der Sexualität. Das Kind wird unausweichlich im Kontakt mit den Erwachsenen mit der sexuellen Sprache der Leidenschaft konfrontiert, durchaus in dem handfesten Sinn, dass sie sich ihm als erogene Zone einschreibt. Der Trieb wird durch die für das Kind rätselhafte Botschaft oder Anrede vom Anderen in das Subjekt eingeschrieben. Laplanche lenkt mit seiner Wiederentdeckung und Verallgemeinerung der Verführungstheorie die Aufmerksamkeit auf den traumatischen Ursprung des Triebs überhaupt. Der Trieb entsteht also durch die Konfrontation des Kindes mit dem unbewussten Begehren des Erwachsenen. Solchermaßen ist er intersubjektiv konstituiert, ist der Trieb die Sprache des Anderen, die ein Leben lang einer nie vollständig gelingenden Übersetzungsaufgabe unterliegt. Das Triebkonzept wird dabei nicht geopfert, sondern erweitert. Die Weitergabe gesellschaftlicher Impulse – denn natürlich ist die Sexualität der Erwachsenen auch gesellschaftlich mitgeformt – ist darin eingeschlossen (vgl. auch Hegener 2002, S. 721–755). Der Trieb ist weder eine nicht weiter ableitbare biologisch-endogene Realität, noch bloße gesellschaftliche Zutat. Die Gewalt wird als konstituierendes Element gesellschaftlicher und intimer Zusammenhänge anerkannt. Denn die Vermittlung der sexuellen Botschaften an die Kinder hat zweifellos ihre schockartigen und traumatischen Momente.

Auf den ersten Blick scheint mir, dass Adorno sich in dieser Theorie wieder fände und seine anscheinend widersprüchliche Interpretation der Triebtheorie, die theoretisch auf seiner Bedeutung besteht, aber in praxi dann doch den von der Gesellschaft vermittelten Traumen das entscheidende Gewicht für die Genese psychischer Krankheiten zumisst, wäre in ihr dialektisch aufgehoben.

Zur Sublimierung

In einem engen Zusammenhang mit der Triebtheorie steht das Problem der Sublimierung. Sie ist ein ungeliebtes Kind in der Psychoanalyse. Es haftet ihr das Odium des falsch Sentimentalen und Mystifizierenden an (Whitebook 2003, S. 680).

Sie bedeutet, streng analytisch gesprochen, die Abwendung der sexuellen Libido von ihren lustspendenden Objekten und Praktiken und deren Verwendung bei nichtsexuellen, kulturell wertvolleren Leistungen. (Laplanche und Pontalis 1986, S. 478–481). Die Sublimierung ist ein ungeliebtes Kind, weil sie triebtheoretisch nicht leicht zu erklären ist und ihr ein normativer Charakter anhaftet, aber sie ist eine „Doktrin, von der man schlecht sehen kann, wie man auf sie verzichten soll" (Laplanche und Pontalis 1986, S. 481). Adorno kannte diese abwägenden Zweifel nicht und war ein entschiedener Gegner des Sublimierungskonzeptes. Er spricht vom „Verzicht aufs Triebziel (…), welches Freud naiv als die Sublimierung verherrlicht, die es wahrscheinlich gar nicht gibt" (Adorno 1954, S. 244). Immerhin fügt er hier vorsichtshalber das „wahrscheinlich" des Zweifels ein. Eine apodiktische und eindeutige Bemerkung dazu lautet: „Künstler sublimieren nicht" (Adorno 1954, S. 242). Gewiss, ein starker und provokanter Satz, denn gelten Künstler nicht als die eigentlichen Gladiatoren der Sublimierung? Groß war wohl der Verdacht Adornos, dass untergründige disziplinierende Impulse das Konzept bestimmen und ihn mit banausischem und kunstfeindlichem Potential armieren. Es sei dahingestellt, ob nun Künstler sublimieren oder nicht – tatsächlich kennen wir ja viele produktive Künstler, die ihre sexuellen und perversen Impulse nicht zähmten, sondern auslebten und trotzdem hoch kreativ waren –, die Notwendigkeit eines Konzeptes der Sublimierung steht für die meisten Analytiker außer Frage, unter anderem weil es eine Erfahrung der klinischen Arbeit ist, dass libidinöse Energien, die vor der Analyse in neurotischen und perversen Wiederholungszwängen gebunden waren, danach zu kulturellen Leistungen genutzt werden können.

Whitebook schreibt in seiner Arbeit „Zu Adornos Interpretation von Kant und Freud": „Während Adorno in seiner negativen Dialektik eine rudimentäre Theorie der Sublimierung anwendet, ohne sie zu nennen, ist er in seiner Kulturkritik (…) dem Thema durchweg feindlich eingestellt. (…) Danach stellt die Sublimierung eine Flucht in die falsche Versöhnung dar, die den antagonistischen Charakter der zeitgenössischen Gesellschaft verleugnet. (…) In der total verwalteten Welt ist jedes Bild des Menschen außer dem Negativen ideologisch, muss jede Antizipation einer humaneren eher beschädigt, denn harmonisch sein" (Whitebook 2003, S. 687–688). Einen zentralen Gedanken Adornos, nach dem nur in der avancierten Kunst Momente von Versöhnung aufzufinden sind, hat Albrecht Wellmer folgendermaßen formuliert: Ästhetische Rationalität füge das Nicht-Identische zu einer „gewaltlosen Einheit des Vielen". Dieser Vorgang wird „als Aufscheinen eines messianischen Lichts im Hier und Jetzt, als Vorschein realer Erlösung" gedeutet (zit. n. Whitebook 2003, S. 690). Adorno war unendlich weit von dem Gedanken entfernt, irgendeiner anderen gesellschaftlichen Praxis oder gar der Analyse ein ähnliches Potential zuzuschreiben. Warsitz schreibt von „einer melancholisch gewordenen Kritischen Theorie, die ihr revolutionäres Potential letztlich nur noch in den Refugien ästhetischer Erfahrungen" und nicht mehr in revolutionären Aufständen oder den Ergebnissen der positiven Wissenschaften zu retten vermag (Warsitz 2001, S. 252) – und wie ich hinzufüge auch nicht in der Praxis der Psychoanalyse. Die Analytiker haben naturgemäß mehr Vertrauen, dass dem gemeinsamen aktiven und intersubjektiven Prozess ein Potential zur Versöhnung und einer zwanglosen Synthese innewohnt, wenn auch nicht gerade das Aufscheinen eines messianischen Lichtes. Adorno hatte überhaupt wenig Hoffnung für das nachbürgerliche Subjekt und dessen Entwicklungsmöglichkeiten. Er hatte keine Idee über neue Möglichkeiten einer psychischen Versöhnung des Selbst oder über eine alternative Logik der Synthese nach der Auflösung des bürgerlichen Subjekts.

Auf die Analyse bezogen war für Adorno das „Konzept der Integration und Sublimierung zu eng mit der konformistischen Ich-Psychologie seiner Zeit verbunden" (Whitebook 2003, S. 690). Er war außerstande, sich durch die Analyse beförderte alternative, gewaltarme und zwanglose Formen der Ich-Integration vorzustellen. Nach Whitebook war Adorno nicht willig, für das moderne Subjekt – und ich füge erneut hinzu, für die Psychoanalyse – zu leisten, was er für das Kunstwerk zu tun bereit war, den Versuch seiner Rettung (Whitebook 2003, S. 702).

Zur Kunst und Analyse

Im letzten Abschnitt möchte ich versuchen, einige der luziden Einsichten Adornos über Aspekte der Kunstproduktion und der Kunstrezeption gedrängt zusammenfassen, und ich stütze mich dabei wesentlich auf einen Artikel von Wellmer (2005): „Über Negativität und Autonomie der Kunst. Die Aktualität von Adornos Ästhetik und blinde Flecken seiner Musikphilosophie". Nach meiner Auffassung finden wir in diesen verdichtete Aussagen die Beschreibung einer untergründigen Verwandtschaft des „ästhetischen Prozesses" mit dem psychoanalytischen Prozess. In diesem Überblicksreferat ist die Darstellung notwendigerweise eher evokativ als diskursiv, eher kursorisch und andeutend als argumentativ.

Wellmer schreibt, Adorno betone das spezifische Zusammentreten von Rationalität und Mimesis in der internen Organisation von Kunstwerken. Die Prozessualität ihres Zusammenlesens in der ästhetischen Erfahrung gleiche dem Herstellen und Zerschneiden von Synthesen. Adorno begreife das Kunstwerk als unendliches Reflexionsmedium. In einigen seiner Arbeiten fänden wir den Zugriff auf das Hohe und das Niedere, das Zusammenspiel von physiognomischer Deskription und struktureller Analyse. Durch Adornos interpretatorisches Verfahren werde sinnfällig, dass es philosophisch nichts Erstes und nichts Letztes gibt und eine Distanzierung von Wahrheitshorizonten notwendig bleibt (Wellmer 2005, S. 245–249).

Ich bin von diesen Passagen fasziniert, denn alle Formulierungen beschreiben ziemlich genau die Verfahrensweise analytischer Arbeit. Das Zusammentreten von Rationalität und Mimesis, das Herstellen und Zerschneiden von Synthesen, das Zusammenspiel physiognomischer Deskription und struktureller Analyse, die Betonung des Prozesscharakters und des unendlichen Reflexionscharakters sowie die radikale Distanzierung von ontologisierenden Wahrheitsansprüchen können zwanglos in eine avancierte Lesart der Psychoanalyse übersetzt werden. Adornos Arbeit in seiner Ästhetischen Theorie ist ja im Wesentlichen der Versuch, den seltsamen Vorgang zu erhellen, in dem Nichtsagbares doch gesagt werden kann, in dem das mimetische Moment in Sprache übersetzt werden kann, das Nichtidentische flüchtig identifiziert wird, Leidensimpulse einen kognitiven Charakter bekommen (vgl. auch Honneth 2005, S. 185). „Das leibhafte Moment meldet der Erkenntnis an, daß Leiden nicht sein, daß es anders werden solle" (Adorno 1970, S. 203).

Einen anderen Aspekt der Grundproblematik beschreibt Warsitz: „der psychoanalytische Prozeß läßt sich nunmehr weniger als Neugeburt bezeichnen, (…) sondern besser als Revolte des Nichtidentischen gegen Identifizierungen im Ich (…)" (Warsitz 2001, S. 257).

Lässt sich die Arbeit der Analytiker nicht ähnlich beschreiben, als Versuch, dem stummen Leiden eine Sprache zu verleihen, das Nicht-Identische zu erkennen und anzuerkennen. Das ist metaphorisch gesprochen und analytisch ziemlich ungenau.

Es ist ungenau, aber vielleicht ist zu sehen, worauf ich hinaus will. In seinen Gedanken zur Ästhetik, zur Produktion und zur Rezeption von Kunstwerken thematisiert Adorno Probleme, die in den aktuellen analytischen Diskursen gleichfalls relevant sind. Die Kenntnisnahme von Adornos Texten könnte da durchaus befruchtend wirken. In den exponierten und konkreten Stellungnahmen zur Analyse äußert sich Adorno ideologisch voreingenommen und geprägt von Resignation über das Potential menschlicher Kommunikation. Aber in seinen Gedanken über die ästhetische Erfahrung, immerhin auch einer intersubjektive Aktivität, findet er glanzvolle Beschreibungen für die Arbeit an der Versöhnung, deren Gehalt auch für die analytische Arbeit nutzbar gemacht werden könnte.

Literatur

Adorno, Th. W. (1952). Die revidierte Psychoanalyse. In: Ders., Gesammelte Schriften, Band 8: Soziologische Schriften I, S. 20–40. Frankfurt/M.: Suhrkamp.
– (1954). Minima Moralia. Reflexionen aus dem beschädigten Leben. In: Ders., Gesammelte Schriften, Band 4. Frankfurt/M.: Suhrkamp.
– (1955). Zum Verhältnis von Soziologie und Psychologie. In: Ders., Gesammelte Schriften, Band 8: Soziologische Schriften I, S. 42–85. Frankfurt/M.: Suhrkamp.
– (1957a). Vorbemerkung zu: The Stars down to Earth: The Los Angeles Times Astrology Column. In: Ders., Gesammelte Schriften, Band 9.2: Soziologische Schriften II, S. 11–13. Frankfurt/M.: Suhrkamp.
– (1957b). Freud in der Gegenwart. In: Ders., Gesammelte Schriften, Band 20.2, Vermischte Schriften II, S. 646–649. Frankfurt/M.: Suhrkamp.
– (1964). Negative Dialektik. In: Ders., Gesammelte Schriften, Band 6. Frankfurt/M.: Suhrkamp.
– (1970). Ästhetische Theorie. In: Ders., Gesammelte Schriften, Band 7. Frankfurt/M.: Suhrkamp.
Bohleber, W. (2001). Die Gegenwart der Psychoanalyse. Zur Entwicklung ihrer Theorie und Behandlungstechnik nach 1945. In: Bohleber, W. und Drews, S. (Hg.) (2002). Die Gegenwart der Psychoanalyse – die Psychoanalyse der Gegenwart, S. 15–34. Stuttgart: Klett-Cotta.
Ferenczi, S. (1932). Sprachverwirrung zwischen den Erwachsenen und dem Kind (Die Sprache der Zärtlichkeit und der Leidenschaft). In: Ders., Bausteine zur Psychoanalyse, Bd. 3, S. 511–525. Berlin, Wien: Ullstein (1984).
Jaeggi, R. (2005). „Kein Einzelner vermag etwas dagegen": Adornos Minima Moralia als Kritik von Lebensformen. In: Honneth, A. (Hg.). Dialektik der Freiheit. Frankfurter Adorno-Konferenz 2003, S. 115–142. Frankfurt/M.: Suhrkamp.
Habermas, J. (1968). Erkenntnis und Interesse. Frankfurt/M.: Suhrkamp (9. Aufl. 1988).
Hegener, W. (2002). Ur-Verführung und verlorenes Objekt – Zur Einschreibung des Triebs in der Theorie Freuds. Psyche 56, 721–755.
Honneth, A. (2005). Eine Physiognomie der kapitalistischen Lebensform. Skizze der Gesellschaftstheorie Adornos. In: Honneth, A. (Hg.). Dialektik der Freiheit. Frankfurter Adornokonferenz 2003, S. 165–187. Frankfurt/M.: Suhrkamp.
Horkheimer, M. (1995). Briefwechsel 1913–1936. In: Ders., Gesammelte Schriften, Bd. 15, S. 496–501. Frankfurt/M.: Fischer.

Laplanche, J. (1970). Die allgemeine Verführungstheorie. In: Ders., Die allgemeine Verführungstheorie und andere Aufsätze, S. 199–233. Tübingen: edition diskord.
Laplanche J. und Pontalis J.-B. (1986). Das Vokabular der Psychoanalyse. Frankfurt/M.: Suhrkamp.
Schmid Noerr, G. (2001). Erich Fromm und die „Frankfurter Schule". Psyche 55, 803–834.
Schröter, M. (1998). Manichäische Konstruktion. Kritik an zwei Studien über Wilhelm Reich und seine Konflikte mit der DPG/IPV (1933–1934). Psyche 52, 176–198.
Warsitz, P. (2001). Jenseits von Soziologie und Psychologie: Psychoanalyse als Revolte. In: Bohleber, W. und Drews, S. (Hg.) (2001). Die Gegenwart der Psychoanalyse – die Psychoanalyse der Gegenwart, S. 241–263. Stuttgart: Klett-Cotta.
Wellmer, A. (1983). Wahrheit, Schein, Versöhnung: Adornos ästhetische Rettung der Modernität. In: Friedeburg, L. und Habermas, J. (Hg.). Adorno-Konferenz 1983, S. 138 – 176. Frankfurt/M.: Suhrkamp.
– (2005). Über Negativität und Autonomie der Kunst. Die Aktualität von Adornos Ästhetik und blinde Flecken seiner Musikphilosophie. In: Honneth, A. (Hg.) (2005). Dialektik der Freiheit. Frankfurter Adorno-Konferenz 2003, S. 237–278. Frankfurt/M.: Suhrkamp.
Whitebook, J. (1998). Freud, Foucault und der „Dialog mit der Unvernunft". Psyche 52, 505–544.
– (2003). Zu Theodor W. Adornos Interpretation von Kant und Freud. Psyche 57, 681–707.
Wiggershaus, R. (2001). Die Frankfurter Schule. Geschichte. Theoretische Entwicklung. Politische Bedeutung. München, Wien: Carl Hanser.

Claus-Dieter Rath

Kontrolliert die Psychoanalyse?!
Eine Skizze

Die zwei Hauptteile dieses Textes entspringen dem Frage- und dem Ausrufezeichen im Titel. Diese ergeben nämlich unterschiedliche Lesarten, wie in der psychoanalytischen Praxis, wo ein Satz als Aussage, als Frage oder als Imperativ gehört werden kann, was sich auch auf die Platzierung von Subjekt und Objekt auswirkt.

Man kann hier also einerseits lesen: Übt die Psychoanalyse Kontrolle aus? Und andererseits: Psychoanalyse soll einer Kontrolle unterliegen!

Der erste Teil fragt also: Ist die Psychoanalyse, die psychoanalytische Kur, Teil der gesellschaftlichen Kontrollpraktiken? Einige Vertreter der Kritischen Theorie behaupten ja, die Psychoanalyse gebe zwar vor, das Subjekt zu befreien, besorge aber dessen Beherrschung, dessen verbesserte Einpassung in unterdrückerische Zusammenhänge. Nicht sich entfaltende selbstbestimmte Individuen bringe sie hervor, sondern freudig sich knechtende und stumpfsinnig das ihnen Gebotene genießende „präparierte Leichen" (Adorno 1951a, Aphorismus 36). Der Analytiker gilt dabei als ein ganz besonderer Scharlatan: nicht weil er die Symptome nicht heilte, sondern weil er das Subjekt von dessen eigenem Befreiungspotential, nämlich von seinem unkontrollierbaren Begehren ‚kuriert', es also um sein Begehren betrügt.

Der zweite Teil befasst sich hingegen mit etwas Bedrängendem: Psychoanalyse muss kontrolliert werden! Dies ist das Anliegen derjenigen, die in oder an der Psychoanalyse – als Theorie und als Praxis – etwas beunruhigt, und die sie in den Griff bekommen, absichern oder kalkulierbar machen wollen. Das jeweilige Kontrollanliegen bleibt noch näher zu bestimmen.

I

Kontrolle als Begriff in der Psychoanalyse

Was ist Kontrolle überhaupt? Man spricht kritisch über soziale Kontrolle. Seit Michel Foucaults *Überwachen und Strafen* gilt Benthams Kontrollgefängnis, das *Panopticon*, als eines ihrer Paradigmen: diese Anstalt ist so gebaut, dass von einem zentralen Wachturm aus sich das Geschehen in all den ringsherum angeordneten Zellen erfassen lässt.

Im Alltagsleben und in jedem Beruf gibt es eine Menge von Kontrolltätigkeiten und -zusammenhängen: Normenkontrolle, Alkoholkontrolle, *appelation contrôlé*, Erzeugerkontrolle, Geburtenkontrolle, Effizienz- und Qualitätskontrolle (auch für Psychotherapeuten). Leute unterziehen sich bereitwillig allen möglichen Tests und sind auf deren Ergebnisse gespannt. Und jeder von uns kennt den einen oder anderen *Kontrollfreak*.

In der psychoanalytischen Lehre ist Kontrolle zunächst etwas Elementareres. Es geht um Körperfunktionen, um die Schließmuskeln, deren Beherrschung ein zu Unzeiten kackendes und pissendes Baby in ein sauberes Kind verwandelt. Ein Mann erläutert: „Ich war mit 14 Monaten sauber. Sie können sich vorstellen, was das bedeutet." Er arbeitet seit Jahrzehnten bei einer Kontrollbehörde. Kontrolle ist der Bereich von Sauberkeit und Ordnung, der sauberen Leistung. „Bleib sauber, Junge". Weiße Weste oder keine weiße Weste? Man ist auf Makellosigkeit bedacht, achtet auf Pünktlichkeit, Genauigkeit, Zuverlässigkeit. Zielgenauigkeit. Darauf, dass nichts ‚daneben' geht und dass man nicht ‚daneben' ist.

Der Kontrolle unterliegt auch die gute Haltung des Kindes, Jugendlichen, Erwachsenen: die orthopädische und später die moralische Haltung, die Haltung zum Anderen, ja die gesamte Lebenseinstellung. Der Einzelne soll sich nicht nur führen lassen, sondern sich selbst führen (Selbstsorge, Selbstzucht). In jeder der Kulturen und in jedem Menschen besorgt eine Kontrollinstanz, eine Art innerer Kontrollturm, diese Regulierung. Sie besteht aus einem Zusammenspiel von Wissensbereichen, Normativitätstypen (Machtsystemen) und Subjektivitätsformen (Foucault 1989, S. 10). Die Kontroll-Besatzung achtet auf die Synchronie, die Angepasstheit des Einzelnen ans Ideal und auf die Gefolgschaft gegenüber denjenigen, die als Vertreter einzelner Kulturideale – oder als deren Gesamtverkörperung – gelten. Diese innere Instanz ist mehr als ein Kulturabdruck, also der Eingriff von Traditionen, Imperativen, Sitten, Moden in die Psyche des Einzelnen: sie drängt auf dessen freudige Übereinstimmung mit allem und jedem, womit er in seiner Geschichte sich identifiziert hat.

Dieses Über-Ich, eine von Freud aus der klinischen Erfahrung und aus bestimmten Gottesfiguren (Freud 1935, S. 32f.) erschlossene Instanz, arbeitet unbewusst und bedient sich der Triebenergien. Es kann höchst bissig sein, doch untersagt es nicht jegliches Genießen, sondern hält sogar zum Genießen an (Lacan 1986, S. 9 u. S. 12). Es kommt natürlich auch auf die Stärke der Besetzung dieser Kontrolleinrichtung an und darauf, welche Maßnahmen von ihr zu erwarten sind.

Kontrollfunktion(en) der Psychoanalyse in der Auffassung der Kritischen Theorie

Inwiefern ist Psychoanalyse für manche Vertreter der Frankfurter Schule an gesellschaftlicher Kontrolle und Herrschaftsausübung beteiligt? Sehr vieles von dem, was ich hier darlegen will, habe ich in meinem Aufsatz *Begehren und Aufbegehren. Eine Skizze zum Verhältnis von Kritischer Theorie, Psychoanalyse und Studentenbewegung* (Rath 2001) dargestellt. Hier deshalb nur eine populäre Zusammenfassung – nicht aus zweiter Hand, sondern direkt aus den Mündern von Theodor Adorno und Max Horkheimer, die sich am 4. September 1950 im Hessischen Rundfunk mit Eugen Kogon über *Die verwaltete Welt oder: Die Krisis des Individuums*[1] unterhalten.

… Die Gesprächrunde erörtert soeben die verschwundene echte, wirkliche Leidenschaft, etwa der Madame Bovary oder der Anna Karenina, und auch die verschwundene Leidenschaft für das Recht wie im Fall Dreyfus bei Zola.…

ADORNO: Eben, das gibt es nicht mehr.

HORKHEIMER: Wenn nun eine heftige Liebe gefühlt wird, so geht man eben zum Analytiker und stirbt nicht mehr dafür.

ADORNO: Man könnte beinahe sagen: Die Menschen verlieren überhaupt das, was einmal Charakter war, die geprägte Eindeutigkeit ihres Ich, das sie von der Vergangenheit übernehmen und in die Zukunft hinein bewahren, weil ja dieses Ich gewissermaßen ein Ballast ist, der ihnen das Fortkommen innerhalb der gesellschaftlichen Riesenmaschine nur schwermachen könnte. Fast – man könnte sogar so weit [gehen] zu sagen, daß in diesem Prozeß die Menschen, die sich all dem

---

1 Diese Zeitangabe steht in den Gesammelten Schriften Horkheimers. Allerdings ist auf der 2004 veröffentlichten Kassette 1958 angegeben. Transkribiert in: Horkheimer, M. (1985) Gesammelte Schriften 13, S. 130–132.

anpassen nur um ihrer Selbsterhaltung willen, eben in diesem Prozeß der Anpassung genau dieses selbe Ich, dieses Selbst, verlieren, das sie eigentlich erhalten wollen, und darin liegt die satanische Dialektik dieses Prozesses beschlossen, soweit es um seine menschliche Seite sich handelt.

HORKHEIMER: Diese Anpassung macht aber doch ungeheure Schwierigkeiten. Dieses Zeitalter ist das Zeitalter der Psychologie und, wie ich schon eben gesagt habe, besonders das Zeitalter der Psychoanalyse. In der Psychoanalyse ist es so, daß der Prozeß der Verwaltung sich innerhalb des Menschen selber fortsetzt. Der Mensch macht sich selbst zum Objekt. Der Mensch verdinglicht sich sozusagen selbst. Er will nur noch das Fortkommen. Er will das, was die Psychoanalyse Genußfähigkeit und Arbeitsfähigkeit nennt, und darunter ist nichts anderes – soweit ich sehen kann, wenigstens heute – mehr, nichts anderes zu verstehen, als eben die Anpassung an die vorgegebene Wirklichkeit. Die Analyse, die einmal früher aus dieser Welt durch Kritik herausführen wollte, bleibt in der verdinglichten Welt. Die Bücher, die heute über Psychologie erscheinen, sind ja zum großen Teil die erfolgreichsten. Man sucht den Frieden, den Seelenfrieden, und da man nicht mehr irgendeinen wahren Glauben zu haben scheint, so wendet man sich an die Psychologie und fragt sie, wie denn das zu erreichen sei. Ich weiß, daß es in manchen Ländern Menschen gibt, die die Zeitungen mit Spannung erwarten, weil die Zeitungen täglich Ratschläge von Psychologen enthalten, wie man sich in den verschiedenen Situationen benehmen soll. So ratlos sind im Grunde die Menschen geworden.

KOGON: Trotzdem, Herr Professor Horkheimer, sehe ich in dem Vorgang der Psychoanalyse und der Sucht, zum Psychoanalytiker zu gehen, eine gewisse Ratlosigkeit, die nicht bloß als Anpassung zu deuten ist. Nicht bloß, sage ich, obgleich das sicherlich das Vorherrschende ist...

HORKHEIMER: Die Anpassung ist ja das Ziel.

KOGON: Ja, das Ziel. Es kann ein verborgenes und erkanntes Ziel sein. Unter den verborgenen, meine ich, sind aber noch andere Wirkursachen. Ich empfinde beinahe Mitleid mit so vielen, die meinen, sie könnten vom Psychoanalytiker erfahren, wo die Ursachen stecken für die individuellen Nöte, die sie in dieser modernen Gesellschaft dieser verwalteten Gesellschaft empfinden. Ich sehe darin beinahe einen verzweifelten Versuch, sich aus den Schlingen, den Netzen, diesen ganzen Klammern der verwalteten Welt wieder zu befreien. Ich stimme durchaus zu, daß sie *innerhalb* des Systems der verwalteten Welt bleiben, daß dieser psychoanalytische Versuch die Mauern nicht niederlegt, daß er die Ketten nicht sprengt, das Netz nicht zerreißt, nicht wahr, denn man sucht einen Punkt in seiner eigenen Vergangenheit, von dem sich dann kettenartig herauf sozusagen alle Erklärungen finden lassen. Und die Freiheit der Entscheidung, also die Freiheit der Person, wird auf diese Weise *nicht* hergestellt, obgleich es ein nützliches Hilfsmittel sein *könnte,* sage ich, sein *könnte,* wenn Werte vorhanden wären, die allein imstande sind, die Ketten zu zerreißen.

HORKHEIMER: Psychoanalyse versucht ja gerade, den Menschen davor zu bewahren, die äußeren Netze zu zerreißen, indem sie ihn lehrt, wie er seine eigenen Triebe und Leidenschaften verwalten kann.

KOGON: Ah, das ist sehr gut, ja.

ADORNO: Ich glaube, man kann an der Psychoanalyse selber die Entwicklung der verwalteten Welt studieren. Denn die Psychoanalyse hat ja einmal bessere Tage gesehen. Sie hat ja ursprünglich gemeint, die Menschen, indem sie ihre verdrängten Triebe ihnen bewußtmacht, zu befreien, jedenfalls inwendig zu befreien und den Druck von ihnen zu nehmen, der in ihnen selber die Fortsetzung des äußeren, gesellschaftlichen Druckes bedeutet. Dieses Moment ist aus der Psychoanalyse heute völlig verschwunden, und genau jener Wille zur Freiheit, um dessentwillen sie einmal entstanden ist, gilt heute in der Psychoanalyse selbst als weltfremd, als neurotisch, als Gott weiß was noch alles. Die Psychoanalyse läuft vielmehr darauf hinaus, in ihrer heute praktizierten Form, daß die Menschen unter dem allgemeinen Druck sich wohl fühlen sollen, und sie bestärkt die Menschen, in der ohnehin weit verbreiteten Haltung, mit dem Stachel zu löcken. Besonders die gegenwärtigen Popularisierungen der Psychoanalyse, die sie abkürzen oder erleichtern wollen und die den Menschen die Anstrengung der Selbstbesinnung [in der Transkription steht hier fälschlicherweise: Selbstersinnung; CDR] ersparen wollen, kommen eigentlich nur noch darauf hinaus, die Keile an den Menschen, die gewissermaßen nicht glatt, reibungslos sich einfügen, wegzuschneiden und die Menschen auch subjektiv zu dem zu machen, was sie objektiv ohnehin sind, nämlich zu potentiellen Angestellten eines einzigen, riesigen Monstre-Unternehmens."

Man kann diesen Äußerungen entnehmen, dass es Adorno und Horkheimer nicht pauschal um eine Ablehnung der psychoanalytischen Praxis zu tun ist, sondern um die Art und Weise, in der das Subjekt sich im psychoanalytischen Prozess zum Objekt macht. Hierbei unterscheiden sie zwischen früher (,bessere Tage', in denen es der Psychoanalyse darum ging, die Menschen inwendig zu befreien) und heute, aber auch zwischen unterschiedlichen Richtungen psychoanalytischer Theorie und

Praxis. Unbehagen bereitet ihnen der analytische Umgang mit dem unkontrollierbaren Es, besonders am Beispiel der Freudschen Formel „Wo Es war, soll Ich werden", auf die sie im Lauf der Jahrzehnte mehrfach zurückkommen (Horkheimer 1985, Bd. 13, S. 134, auch S. 262). Dieses Motto, das sie übrigens manchmal entstellt wiedergeben, symbolisiert für sie einerseits das wertvolle Programm eines sich selbst Beherrschens, seiner selbst mächtig Werdens, andererseits ein Unterdrückungsprogramm, mit dem letztlich die Psychoanalyse ihren eigenen Gegenstand, das Es, eliminiere[2]. Allerdings verstehen sie unter ‚Ich' bisweilen die „geprägte Eindeutigkeit" eines Charakters, bisweilen ein uneinheitliches Gebilde, das als „Einheit der Person [...] vielleicht überhaupt nicht einmal zu ersehen ist" (Adorno 1946, S. 25).

Psychoanalytische Kulturarbeit

In seiner 1932 geschriebenen Vorlesung über „Die Zerlegung der psychischen Persönlichkeit" erklärt Freud, er könne sich vorstellen, „daß es gewissen mystischen Praktiken gelingen mag, die normalen Beziehungen zwischen den einzelnen seelischen Bezirken umzuwerfen, so daß z. B. *die Wahrnehmung Verhältnisse im tiefen Ich und im Es erfassen kann, die ihr sonst unzugänglich waren.*" Die „therapeutischen Bemühungen der Psychoanalyse" hätten „sich einen ähnlichen Angriffspunkt gewählt [...]. Ihre Absicht ist ja, das Ich zu stärken, es vom Über-Ich unabhängiger zu machen, sein *Wahrnehmungsfeld zu erweitern und seine Organisation auszubauen, so daß es sich neue Stücke des Es aneignen kann.* Wo Es war, soll Ich werden." Und dann folgt unmittelbar der Satz: „Es ist Kulturarbeit etwa wie die Trockenlegung der Zuydersee." (Freud 1932, S. 86; Hervor. CDR).

---

2 Adorno führte 1951 ein Moment seiner Kritik an Freud weiter aus: Dessen Motto „Wo Es war, soll Ich werden" belegt für ihn einen inneren Widerspruch in Freuds Denken, das zwar aufklärerisch und oppositionell sei, hier jedoch die Absicht offenbare, durch die Psychoanalyse das Irrationale, also gerade jenen noch nicht erfassten Rest, zu tilgen, an dem ihm doch so viel liege. Hier zeige sich, so Adorno, dass „für Freud der Begriff der Psychologie ein wesentlich negativer ist. Er definiert das Gebiet der Psychologie durch die Vorherrschaft des Unbewußten und fordert, daß, was [sic!] Es war, Ich werden soll. So wäre die Befreiung des Menschen von der heteronomen Herrschaft des eigenen Unbewußten gleichbedeutend mit der Abschaffung seiner ‚Psychologie'." (Adorno 1951b, S. 63 f.) Die Psychoanalyse komme also zu einem Ende, sobald das Es ganz ins Ich überführt worden sei. Adorno hebt dagegen das Unbewusste, das Triebhafte, besonders die Glücksansprüche des Subjekts hervor, als deren Vertreterin er die Psychoanalyse schätzt. (s.a. Adorno 1946/1952, S. 25).

Diese überraschende Verbindung von „therapeutischen Bemühungen der Psychoanalyse" und Kulturarbeit erweitert den Sinn des ‚Erschließens' um den der ‚Erschließung' eines Gebiets – es geht also um ein logisches wie um ein kolonisierendes Erschließen.

Mir scheint, dass die unterschiedlichen Auslegungen dieses berühmten Mottos auf verschiedenen Auffassungen des ‚Aneignens' („sich neue Stücke des Es aneignen") beruhen. Eine verbreitete, von der Ichpsychologie beeinflusste, Lesart dieses Bilds lautet: das Es soll zurückgedrängt, sein Gebiet soll annektiert werden, gleichsam nach der Art eines ‚Anschlusses' an das Ich, das nicht länger ein bloßes Anhängsel des Es bleiben soll. Dann wäre es ja vorbei mit der „Kränkung der menschlichen Größensucht durch die heutige psychologische Forschung [...], welche dem Ich nachweisen will, daß es nicht einmal Herr ist im eigenen Hause, sondern auf kärgliche Nachrichten angewiesen bleibt von dem, was unbewußt in seinem Seelenleben vorgeht" (Freud 1916/17, S. 284). Geht es darum, alles unter Kontrolle zu bekommen? Alles unter Kontrolle?

Andere Akzente setzt Jacques Lacan: Im Gegensatz zu einer gängigen französischen Übersetzung – „Le moi doit déloger le ça" („Das Ich soll das Es verscheuchen") – unterzieht er das Freudsche Motto seit den frühen Fünfziger Jahren einer Deutungsarbeit, die den Aspekt des Werdens hervorhebt und sich hauptsächlich auf die Tatsache stützt, dass Freud dort „Es" und „Ich" ohne Artikel schreibt; so gelangt Lacan zu Formulierungen wie: „Wo es war, soll ich werden" (Lacan 1966, S. 416 f.)[3], wobei „es" das Trauma oder der Urverlust (und die Urverdrängung) sein könnte, von dem ausgehend das Subjekt – „ich" – entstehen soll. Psychoanalytische *Kulturarbeit* wäre hier das Werden eines begehrenden Subjekts, das aus einem bloßen ‚trial und error' oder bloßer Anspruchlichkeit (Kriegenwollen) herausfindet.

Unter dem Gesichtspunkt der Kulturarbeit sollte weiterhin festgehalten werden, dass Freud in seiner Vorlesung das 1932 höchst aktuelle Bild von der Trockenlegung der Zuydersee im theoretischen Zusammenhang des Wahrnehmens, des Erschließens und des Ausbaus einer Organisation heranzieht. Das berechtigt zur Annahme, dass „aneignen" dort nicht als ein Zurückdrängen (wegnehmen, enteignen) zu verstehen ist, sondern als ein Erfassen oder Begehbarmachen unzugänglicher Verhältnisse. Ziel der *Kulturarbeit* wäre also nicht das Verstummen oder

---

3 Zu den verschiedenen Variationen bei Lacan, vgl. Hommel 1985: etwa: „Là ou c'était / s'était, là c'est mon devoir que je vienne à être", oder „Là ou c'était, Je doit advenir", oder „Là ou était la chose, je dois advenir".

Verschwinden des Objekts der Aneignung, sondern die Erweiterung eines Wahrnehmungsfelds.

Das Untersuchungsinteresse Michel Foucaults

Während Adorno, Horkheimer und Marcuse die Instanz des Triebs hervorheben – und gegen die Revision der Freudschen Triebtheorie kämpfen, wobei ihr „Trieb" nicht genau dem Freudschen entspricht, sondern eher so etwas wie „Begehren" meint –, interessiert sich Michel Foucault – an Lacan orientiert – für die Logik des Unbewussten. „Die Stärke der Psychoanalyse besteht darin, das was sie als Logik des Unbewußten ausgemacht hat, auf alle anderen Gegenstände ausgedehnt zu haben. Und damit ist die Sexualität nicht mehr das, was sie am Anfang war." Seine Orientierung an der Verbindung von Freud und Lacan bedeutet für ihn, „anders gesagt: die *Drei Abhandlungen zur Sexualtheorie* sind weniger von Bedeutung als die *Traumdeutung*. [...] Das heißt: nicht die Theorie der Entwicklung, die das sexuelle Geheimnis hinter den Neurosen oder den Psychosen sucht, sondern die Logik des Unbewußten..." (Foucault 1978, S. 149ff.).

In dem 1976 erschienenen ersten Band von „Sexualität und Wahrheit", dem er den Titel *Der Wille zum Wissen* gibt, analysiert Foucault das „Sexualitäts-Dispositiv" als ein Machtphänomen, das glauben lässt, der Sex sei Gegenspieler der Macht und folglich könne entfesselter Sex, ja schon allein das Sprechen vom Sex von der Macht befreien. Er unterstellt diese Position nicht direkt der Freudschen Psychoanalyse, sieht in ihr aber einen objektiven Verstärker des Sexualitäts-Dispositivs. In dem nach einer längeren Pause 1984 erschienen zweiten Band *Der Gebrauch der Lüste* nimmt er sich dann aber nicht alle möglichen Sexualitätsvorschriften bzw. Arten, vom Sex vor, sondern greift viel weiter aus, um als Rahmen eine Geschichte des begehrenden Menschen zu schreiben (vgl. seine Einleitung zu diesem Band).

Wenn Foucault die Diskursivierung des Sexuellen als eines wichtigen Lebensbereichs erforscht, interessiert ihn nicht jene Optik des Drucks, der Unterdrückung, Repression, die er in seiner Machtanalyse ausdrücklich kritisiert (Foucault 1989, S. 10), auch nicht die Frage der Werte, sondern das Diskursfeld. Er möchte einen „der Ausübung von Staatsmacht zugrundeliegenden Typ von Rationalität" freilegen. „Statt zu fragen, ob übermäßige Staatsgewalt auf exzessiven Rationalismus oder Irrationalismus zurückgehe, ist es meiner Meinung nach angemessener, sich an die spezifischen Typen der vom Staat produzierten politischen Rationalität zu halten" (Foucault 1988, S. 63). Gegenüber dem oft totalisierenden Vorgehen der

Frankfurter Schule unterscheidet Foucault seine Analyse der Beziehungen zwischen Rationalisierung und Macht in drei Punkten: Er möchte Rationalisierung in spezifischen Bereichen untersuchen; er fragt nach dem jeweiligen Typ von Rationalisierung; ihn interessiert, inwiefern neuere Formen der politischen Technologie auf sehr viel entferntere Prozesse zurückgehen (ebd.).

Die von Foucault im Laufe seiner Studien untersuchten Kontrollverfahren und -einrichtungen reichen über das Modell des *Panopticons* hinaus. Er bleibt hauptsächlich im Register der Sehsinne – das Schnüffeln wäre da nur ein Bild für das Nachspionieren –, doch behandelt er ebenso die Polizei, also Sauberkeit, und die sehr weit gehenden Verfahren der Seelenführung, die er „Pastoraltechnologie" nennt. Hierbei geht es um weit mehr als um Verbot und Bestrafung: um die Sorge und Pflege der „dauernden, individualisierenden und zielgerichteten" Hut.

Hergerichtete ‚personality'

Trotz solcher Unterschiede wenden sich beide Positionen entschieden gegen ein Kernstück gängiger Psychotherapie-Ideologie: gegen das die Ichspaltung leugnende „Sei Du selbst!", „Be yourself!", das in der vierziger und fünfziger Jahren eine Zielscheibe von Adornos und Marcuses Polemiken ist und das Foucault in den achtziger Jahren den ‚Kalifornischen Selbstkult' nennt: In diesem Selbstkult, sagt er, gehe „es darum, das eigene wahre Selbst zu entdecken, es von dem zu scheiden, was es verdunkeln oder entfremden könnte, und seine Wahrheit zu entziffern dank psychologischer oder psychoanalytischer Wissenschaft, die in der Lage sein soll, einem zu sagen, was sein wahres Selbst sei." (Foucault 1987, S. 283f.).

Adorno und Horkheimer interessieren sich bei ihrer kritischen Würdigung der Psychoanalyse in erster Linie für die Perspektiven der Befreiung und des Aufbegehrens in Freuds Texten, aber auch für dessen Versprechungen und Werturteile. Sie achten auf die Position, die das Subjekt – und damit auch der Psychoanalytiker und der Psychotherapeut – gegenüber der nie gänzlich beherrschbaren Instanz des Triebs einnimmt, wobei sie keineswegs Verfechter einer Triebentfesselung sind. Marcuse macht sich eher an triebtheoretischen Darstellungen fest, ihn interessieren das Verhältnis zwischen Eros und Todestrieb, die Bedeutung der Verdrängung (engl. *repression*) und der Sublimierung, besonders im Zusammenhang mit gesellschaftlicher Unterdrückung (engl. ebenfalls *repression*), auch das Verhältnis zwischen dem als Einheit gedachten Trieb und dem als Ensemble von Partialtrieben gedachten Trieb.

Adorno und Horkheimer arbeiten in den USA (nach ihrem Bruch mit Erich Fromm) mit dem aus Deutschland/Berlin emigrierten Ernst Simmel zusammen, den sie als einen Opponenten gegen die Mainstream-Psychoanalyse schätzen (s. Nachruf auf Simmel, Horkheimer 1947/1980). Und sie setzen nach der Rückkehr nach Deutschland ihr politisches Gewicht für die Reedition der Freudschen Werke und für die Schaffung einer Professorenstelle für Mitscherlich ein, und 1956 für die Feierlichkeiten zum 100. Geburtstag von Sigmund Freud. Sie selbst betreiben eine Anwendung der Psychoanalyse auf weite Gebiete der so genannten Geisteswissenschaften (so einer der Untertitel von IMAGO).

Von daher ist an dem Tagungstitel „Kritische Theorie und psychoanalytische *Praxis*" zu differenzieren: Nicht gegen psychoanalytische Praxis wenden die Frankfurter sich, sondern gegen eine analytische Psychotherapie, die eine Anpassung des Subjekts sich zur Aufgabe macht. Und sie haben ihre Zweifel daran, dass die Psychoanalytiker ihrer Zeit die Differenz gegenüber der Freudschen Psychoanalyse, die diese Orientierung an einer zu erledigenden Aufgabe bedeutet, tatsächlich noch erkennen bzw. ablehnen.

Auf ähnliche Weise kritisiert Jacques Lacan die therapeutischen Zielsetzungen einer *total personality*, ganzheitlichen Persönlichkeit (Lacan 1958b, S. 128), einer „emotionalen *reeducation*", einer „Anpassung an die Realität" oder einer als anthropologischer Norm vorgegebenen „Liebesfähigkeit". Er spricht auch polemisch von einer Ich-Orthopädie, die viele Analytiker betreiben. In seinen Untersuchungen über die „Ausrichtung der Kur" und über „die Prinzipien ihrer Macht" – so der Titel eines Textes von 1958 – setzt er sich mit Vorstellungen vom Heil, von der Heilung und von der Vollkommenheit auseinander. Neben den Heilserwartungen derer, die einen Analytiker aufsuchen, geht es ja auch darum: Wer oder was glaubt der jeweilige Psychoanalytiker sein zu müssen? In Bezug auf Störung, auf das Gestörte, auf das Intakte? (Auf diese Problematik des „Heilen-Wollens" hat Freud schon 1909 hingewiesen[4].) Dabei beobachtet er, dass „Forscher und Forschergruppen, je deutlicher sie spüren, daß sie in Sackgassen geraten bei dem Versuch, ihr Handeln in seiner Authentizität zu bestimmen, dieses um so eher in die Richtung einer Machtausübung zwingen wollen" (Lacan 1958a, S. 202). Er beschreibt eine Art Mikropolitik in der analytischen Praxis: Wer die Prinzipien der Macht der Psychoanalyse, des psychoanalytischen Diskurses, nicht untersucht, der beginnt automatisch mithilfe der Psychoanalyse Macht auszuüben – und somit gegen ihre

---

4 vgl. seinen Brief an Jung vom 25.1.1909. In: Freud/Jung Briefwechsel, S. 224.

Prinzipien zu verstoßen. Wenn Lacan hier von „Sackgassen [...] bei dem Versuch, ihr Handeln in seiner Authentizität zu bestimmen", spricht, macht er sich nicht ans Aburteilen, in der Art: „Der da ist sehr authentisch und jener dort ist es nicht". Es geht hier nicht um „Fehler", sondern um die Notwendigkeit, ein bestimmtes Verhältnis zu dem eigenen Handeln zu finden und es auf seine Authentizität hin zu befragen. Ziel ist es, den Ansprüchen des Analysanten nicht andere Forderungen entgegenzusetzen, sondern das, was darin an Begehren sich meldet, besser würdigen zu können.

II

Nun zum Imperativ „Die Psychoanalyse muss kontrolliert werden!" Hier könnte man untersuchen, auf welche Weise einzelne Personen, gesellschaftliche Institutionen, aber auch die genannten Theoretiker versuchen, die Psychoanalyse zu kontrollieren.

Die ethische Dimension – die aus der Psychoanalyse ausgekoppelt wird, je mehr auf Heilerfolge bzw. auf das Beseitigen von Widerständen und Symptomleiden geachtet wird – steht im Mittelpunkt der Polemiken der Kritischen Theoretiker gegen die Ideologien der *ego psychology* bzw. Ichpsychologie und des Kulturalismus, besonders Karen Horneys und Erich Fromms.

Adorno und Marcuse sehen als Emigranten in der US-Psycho-Ideologie eine Tendenz, die auch im Nationalsozialismus wirkt. Auf eine Formel gebracht: *Kraft durch Freud*. Der Nationalsozialismus hat sich ja nicht gegen Psychotherapie gewandt, sondern gegen die Freudsche Psychoanalyse.

Die Ausrichtung an der ethischen Frage nach dem „richtigen Leben" (Adorno 1951a, S. 7) geht im Nachkriegsdeutschland völlig verloren. Während die aus den USA nach Deutschland zurückgekehrten Adorno und Horkheimer die individuelle Psychoanalyse gegen jede Art von Druck der instrumentellen Effizienz verteidigen und die Praktiken der „verkürzten Analysen" und „Gruppenanalysen" ablehnen (Horkheimer 1968, S. 142), suchen die deutschen Analytiker und Therapeuten (darunter viele Ärzte) nach Anerkennung einerseits durch die Internationale (IPV), andererseits durch die deutschen Gesundheitsinstitutionen. Mithilfe des Nachweises, dass Psychotherapie effizient und kostensparend ist (Berliner Studie), wird Ende der sechziger Jahre die Neurose als Krankheit anerkannt und die Psychotherapie als Heilkunde.

Man kann behaupten, dass die Frage des ethischen Handelns des Psychoanalytikers ersetzt worden ist durch Imperative einer sozialen Psychohygiene – was heißt, dass viele ihr Handeln einem externen Auftrag und fremdbestimmten Zielen unterordnen. Psychoanalyse unter Kontrolle gebracht?

Noch einmal: Was heißt Kontrolle?

Kontrolle ist Beobachtung, Untersuchung, Aufsicht, Überwachung, Prüfung, Machtausübung. Ein Blick auf die Wortgeschichte eröffnet eine weitere Dimension dieses Begriffs. Er wurde im 18. Jh. aus gleichbed. frz. *contrôle* entlehnt. Dies ist aus *contre-rôle* (vgl. *kontra...* und *Rolle*) zusammengezogen und bedeutet eigentlich „Gegenrolle, Gegenregister", d. h. „Zweitregister (wie man es zur Prüfung der Richtigkeit von Angaben in einem Originalregister verwendete)"[5]. Rolle ist hier die Schriftrolle, *contra rotulum*. Das italienische Wörterbuch Zingarelli spricht von einem *contro registro*, einem *registro tenuto in doppia coppia*, also einem Register in zweifacher Ausfertigung (Zingarelli 1980, S. 414). *Controllare* wird dort erklärt als: 1. Etwas prüfen, um die Genauigkeit, Gültigkeit, Regelhaftigkeit, Entsprechung zu bestimmten Kriterien u. ä. festzustellen, 2. Einer Überwachung unterstellen, 3. In seiner Gewalt haben. Dazu reflexiv: Die Fähigkeit besitzen, die eigenen Impulse, Triebe u. ä. zu beherrschen und zu überwinden.

Es geht in dieser Perspektive noch um etwas anderes als um viel oder wenig Kontrolle, berechtigte oder unberechtigte Kontrolle. Nämlich: Um was für eine *Art von Kontrolle* handelt es sich, was und wer wird kontrolliert und wie stellt sich der einzelne zu der Kontrolle – vergleichbar Foucaults Frage: Welche Art von Rationalität ist im Spiel? Anhand welcher Parameter und worauf hin wird kontrolliert? Welche Stellung oder Position zum Anderen finde ich dabei (Opfer?, ...). Also: Was ist bei der *Contre-rôle* jeweils *das* Andere, anhand dessen kontrolliert wird oder *der* Andere, der als Kontrolleur wirkt?

Wie man sich stellt zum Anderen: Für Freud enthält Individualpsychologie immer schon ein gesellschaftliches, ein sozialpsychologisches Moment; es besteht darin, dass „im Seelenleben des Einzelnen [...] ganz regelmäßig der Andere als Vorbild, als Objekt, als Helfer und als Gegner in Betracht" kommt (Freud 1921, S. 73). Dieser große Andere ist bei Freud sowohl eine hilfreiche Person als auch eine hilfreiche Struktur: Vater und Mutter, Sprache und Kultur. Anders gesagt: Die

---

5 Duden Etymologie.

Pflege des Kindes umfasst auch dessen Einbeziehung in die Kultur, der die Eltern und Erzieher selbst angehören bzw. unterstehen. Die symbolische Ordnung der Kultur – beispielsweise die der elementaren Strukturen der Verwandtschaft – ist eine Regulierungsinstanz des Genießens bzw. der Forderungen des Eros und des Aggressionstriebs. Fraglos besteht sie größtenteils aus Zwängen, die dem Triebleben der Subjekte auferlegt sind, doch erleichtert sie den Verzicht durch bestimmte Versprechungen. Als solche fungieren in erster Linie die Idealbilder „einer möglichen Vollkommenheit der einzelnen Person, des Volkes, der ganzen Menschheit" (Freud 1929a, S. 453). Mit ihnen verbunden sind Bilder von Schönheit, Sauberkeit und Ordnung sowie der Genuss der Mythen und Dichtung einer Kultur, „der intellektuellen, wissenschaftlichen und künstlerischen Leistungen" und der religiösen Systeme. So kann man sich rühmen, dem deutschen „Volk der Dichter und Denker" oder dem italienischen „popolo di poeti e navigatori" anzugehören. Aufgrund solcher – vom Kind schon vorgefundener – kollektiver narzisstischer Momente werden wiederum bestimmte Anforderungen erhoben.

Bei seiner Arbeit mit Neurotikern erfährt Freud, wie die Einzelnen mit den auferlegten Vorschriften, also den Idealforderungen, Grenzziehungen und Verboten umgehen, wie sie sich über sie hinwegsetzen und eventuell sich selbst geschaffenen Gesetzen unterwerfen (etwa im Fall der Perversionen).

Effizienz- und Qualitätskontrolle

Unterscheidet sich eine effiziente Psychotherapie von einer effizienten Psychoanalyse? Oder: Gibt es effiziente psychoanalytische Akte, die aber nicht therapeutisch sind? Diese Fragen verweisen auf eine Klärung der Begriffe Psychoanalyse, Therapie, Kur, Effizienz.

In seinen Arbeiten über die moderne Rationalität hat Foucault herausgearbeitet, dass Individualität nicht ein Gegensatz zur Staatsräson ist, sondern dass beide ineinander verwoben sind (vgl. Foucault 1988).

Ein ganz besonderer Faktor der Kontrollgeschichte kommt mit der Einführung von Krankenkassen in verschiedenen Ländern – in Deutschland seit 1883[6], in Italien und Frankreich wesentlich später. Viele Patienten werden dadurch von der Bezahlung befreit und viele Ärzte bekommen mehr Arbeit. Nach und nach gilt dies

---

6 Die deutsche Sozialversicherung wurde von Bismarck geschaffen. 1883 wurde die Krankenversicherung der Arbeiter errichtet, 1884 die Unfall-, 1889 die Invaliditäts- und Altersversicherung, 1911 die Angestellten- und 1927 die Arbeitslosenversicherung.

auch für die Psychotherapie. Zugleich aber werden nun die Patienten zu „Fällen" von Behinderung oder Arbeitsunfähigkeit (Krankschreibung). Auf Kosten der Kasse behandelt wird eine Hemmung oder Unfähigkeit nur dann, wenn diese in einem von der Solidargemeinschaft definierten Bereich liegt (viele davon betreffen die Berufstätigkeit). Die Logik der Versicherungsleistungen bestimmt mehr und mehr die Kategorien von Pathologie, Diagnostik und Therapie (Kriegsneurose, Unfallneurose[7] usw.). Und auf der Seite der Ärzte bzw. Therapeuten muss nun festgestellt werden: Wer darf mit der Kasse abrechnen? (Lange Zeit gab es eine klare Aufteilung zwischen Kassenärzten und Privatpraxen[8].) Und: Wie muss die Behandlung durchgeführt werden, damit sie den Anforderungen der Kasse entspricht? In all diesen Fällen geht es um eine Semiotik der Symptome und um definierte ärztliche Leistungen („Leistungserbringer").

Es wäre interessant herauszuarbeiten, unter welchen institutionellen, juridischen, materiellen aber auch Theorie-Bedingungen Psychoanalytiker seit 1900 bis heute gearbeitet haben. Sie waren tätig in Militärhospitälern, Sanatorien, seit 1920 in psychoanalytischen Polikliniken, in Privat- wie in Kassenpraxen (daneben gab es bei manchen auch eine eigene *ärztliche* Praxis). Und wie sah das praktisch aus in den Zeiten der großen Wirtschaftskrisen, in denen auch das Bürgertum verarmte?

Das Abkommen mit einer Krankenkasse, die eine Behandlung unter der Bedingung bezahlt, dass sie Symptome mit diagnostiziertem *Krankheitswert* beseitige oder lindere, schränkt die Psychoanalyse auf eine kontrollierte Therapeutik ein. Solch eine als „Versorgung" oder als Dienstleistung verstandene Psychoanalyse orientiert sich vorrangig an dem Auftrag, ein Individuum nach Maßgaben einer medizinischen Institution wiederherzustellen. Der Therapeut verpflichtet sich vertraglich den Kassen gegenüber, „Störungen mit Krankheitswert" zu heilen oder zu lindern. Er schuldet das dem Patienten und dem Gemeinwesen, sobald er den Titel „Therapeut" führt. Der Therapeut muss vertragsgemäß *wissen* und *heilen*. Wer heute in Deutschland als Therapeut mit den Kassen arbeitet, übernimmt einen

---

7 Ein Angelpunkt in der gesamten Kassendebatte sind die sogenannten Unfallneurosen. Dort taucht der Begriff „Krankheitswert" auf (z. B. Dr. Riese 1928, in „Der sozialistische Arzt", 1929, V. Jg., S. 24), der uns ja noch 1999 im deutschen Psychotherapeutengesetz begegnet. Es scheint, dass erst die Unfallneurosen die Neurotik und deren Therapie ins Spiel bringen können, nämlich als Reparatur der Arbeitsfähigkeit. Denn ältere Erwerbungen werden ausdrücklich aus der Kassenzuständigkeit ausgeschlossen.

8 Davor und daneben gab es wohl bestimmte Fälle, in denen Staat oder Kommunen für psychotherapeutische Behandlungen aufkamen.

Auftrag und steht eindeutig in einem *Vertragsverhältnis*, d. h. er hat korrekterweise den Krankenkassenrichtlinien (bzw. KV-Richtlinien) Folge zu leisten. Er verpflichtet sich nicht nur auf ein Ziel, sondern auch auf einen festgelegten Rahmen: obligatorische Diagnose und Prognose, Zahl der Sitzungen, Dauer der Sitzungen (damit ist eine Lacansche Praxis der variablen Sitzungsdauer ausgeschlossen), Honorar. Dementsprechend kann der Patient einklagen, was ihm zusteht, was im Kassenvertrag festgeschrieben ist.

Die Frage, was Psychoanalyse mit Psychotherapie zu tun habe, kann man besonders angesichts der Mischung aus Reglementierung und finanzieller Förderung von Psychotherapien so zuspitzen: „Erledigt die Psychoanalyse einen Auftrag?" Ein Auftrag ist eine übertragene Aufgabe; etwas soll einer Weisung, Bestellung oder Anordnung gemäß erledigt werden. Mancher Auftrag geht auf einen Antrag zurück. Aufträge werden angenommen und ausgeführt oder abgelehnt – aber auch verbockt, vermasselt. Neben dem *Auftrag einer Institution* gibt es auch den *Auftrag des Patienten*, den *Selbstauftrag des Analytikers* (Begehren des Analytikers und Furor sanandi) und schließlich einen *gesellschaftlichen Auftrag*. Bei den therapeutischen Bemühungen geht es nämlich darum, einen Menschen von einer bestimmten Krankheit zu befreien oder ihn zu etwas Bestimmtem zu befähigen. Dabei sind mehrere Dimensionen eines Auftrags im Spiel: Auftrag einer gesellschaftlichen Einrichtung, Auftrag des Einzelnen, der um Hilfe nachkommt, Selbst-Auftrag des Analytikers.

Staatsräson und Kassenversorgung. Wandel in der Subjektivität der Psychoanalytiker

Wer im deutschen System krankenkassenfinanzierte Analysen durchführen will, braucht nicht bloß eine *Erlaubnis*. Es braucht einen *Auftrag* oder auch *Vertrag*, und wieder und wieder einen *Antrag*, der die Gewährung von etwas verlangt und der Auskunft gibt über die Frage: Wie lange noch bis zum Erfolg? Wie viele Sitzungen sind noch nötig?

Dieses Verfahren bedeutet eine Bürokratisierung des Anspruchs des Leidenden – der sich seine Analyse von einer Institution genehmigen lassen muss. Der Analytiker soll zu „Antrags"zwecken an der leidenden Person etwas diagnostizieren und prognostizieren, bevor eine analytische Arbeit an den Geheimnissen eines Symptoms überhaupt hat in Gang kommen können.

Das Abkommen mit einer Krankenkasse, die eine Behandlung unter der Bedingung bezahlt, dass sie Symptome mit diagnostiziertem Krankheitswert beseitige oder lindere, schränkt die Psychoanalyse auf eine kontrollierte Therapeutik ein.
Im Rückblick auf die Vereinbarungen der deutschen Analytiker mit den Gesundheitsinstitutionen kommt Ernst Lürßen zu dem drastischen Urteil:

> „Kritisieren wir heute die Anpassungsbereitschaft der Analytiker der 30er Jahre, müssen wir erkennen, daß auch wir in einer weit weniger bedrängenden Zeit eine Bereitschaft zur Anpassung zeigen, die wir mit wirtschaftlichen oder Sachzwängen zu begründen vermeinen." (Lürßen 1996, S. 21).

Es griffe viel zu kurz, wenn die Kritik an der Psychotherapeutengesetzgebung sich in Klagen über den „bösen" Staat und die mächtigen Ärzte- oder Psychologenlobbies erschöpfte. Betrachtet man die Situation der Psychoanalyse in den deutschsprachigen Ländern, so kann man feststellen, dass sie nicht allein das Resultat der Anpassung an institutionelle Verordnungen ist, sondern auch auf umfassendere gesellschaftliche und kulturelle Tendenzen zurückgeht.

Denn es geht ja einerseits um die inneren Entwicklungsmöglichkeiten der Psychoanalyse und andererseits um Entwicklungen, die weit über institutionelle Vorschriften hinausreichen und psychoanalytisches Arbeiten erschweren können; dazu gehören Entwicklungen im Bereich der Sprache, der Medien, der Wissenschaft, der Wirtschaft und der heutigen Subjektivität – sowie die Widerstände vieler Psychologen, Psychotherapeuten sowie Psychoanalytiker gegen die Psychoanalyse.

Man könnte sogar von einem kulturellen Wandel der Subjektivität vieler Psychoanalytiker sprechen. Was tun sich die um Approbation Nachkommenden an?

Geht es bei dem Sich-vermessen-lassen, d. h. der Evaluierung, das einer Approbation vorausgeht, um die Messbarkeit eines kollektiven, gemeinsamen *Symptoms*? Um ein Symptom, das einen zusammenhält, mit dem man sich identifiziert und anhand dessen man identifiziert, „an-erkannt", werden kann? Bedeuten die heutigen Anerkennungsprozeduren nicht, dass die Psychotherapeuten sich selbst in Verwaltungsobjekte verwandeln und obendrein bereitwillig dazu ihre Fähigkeit nachweisen, andere Menschen ebenfalls in Verwaltungsobjekte zu verwandeln? Man ließe sich dann vermessen auf die Eignung zum Leute-Vermesser. Es handelt sich um einen Akt der Standardisierung, der Normierung oder Normalisierung.

Wird Psychoanalyse als normalisierte zu einer Dienstleistung, bedeutet dies auch eine Proletarisierung der Analytiker. In der Tat sind die „Vertragsbehandler" unzufrieden, sobald der so genannte „Punktwert" zu sinken droht – was nicht allein die Wertschätzung ihrer Arbeit, sondern auch ihren Lebensunterhalt berührt, d. h. die Arbeit ist immer weniger wert.

Solch eine als „Versorgung" oder als Dienstleistung verstandene Psychoanalyse orientiert sich vorrangig an dem Auftrag, ein Individuum nach Maßgaben einer medizinischen Institution wiederherzustellen. Es entspricht diesem Vertragsverhältnis, dass die Kur oder Therapie sich nicht am Begehren des Einzelnen ausrichtet. Die Verantwortung des Analytikers bemisst sich hierbei nicht mehr in erster Linie an einer Ethik der Psychoanalyse, d. h. an der Aufgabe, dem Subjekt einen Zugang zu seinem Begehren zu ermöglichen. Im Gegenzug lindert ein Kassenvertrag einige Sorgen des Analytikers: die um den Zustrom von Klienten und die um sein (der Arbeit zugrunde liegende) *Begehren zu analysieren*, denn ein solcher Vertrag ist eine Anerkennung, eine Autorisierung bzw. Ermächtigung durch einen institutionellen Dritten.

Die bei der Krankenkasse zu beantragende und von ihr zu bewilligende Psychoanalyse impliziert eine bestimmte Ermächtigung zur Arbeit, die sich als eine Fremdbestimmung, als externer Faktor, in den Ausbildungsgängen vieler analytischer Institutionen in Deutschland niedergeschlagen hat. Für einen großen Teil der deutschen Psychoanalytiker ordnet sich damit das Spezifische der Psychoanalyse den Anforderungen einer öffentlichen Körperschaft unter, der sie Rechenschaft schulden.

Erledigt die Psychoanalyse einen Auftrag?

Psychoanalyse ist die Arbeit an der eigenen Position. Geht es beim Coaching um die Verbesserung der beruflichen und gesellschaftlichen Position, so handelt es sich bei der *Talking Cure* auf der Couch um die Befragung der subjektiven Position, d. h. um den Bezug zum Anderen. Solche Positionsfragen sind ausschlaggebend für die subjektiven Möglichkeiten und Unmöglichkeiten im eigenen Leben, etwa: Was heißt es, Mutter zu werden oder ein Vater zu sein? In der Analyse wird der Platz befragt, den man sich einmal zugewiesen sah und mit dem dann symptomatisch auch ein eigener Anspruch und ein Genießen verbunden wurde: Dass einer sich stets am Rande ansiedeln muss, dass einer Aufsehen erregen, sich verschlingen lassen oder andere füttern muss .... Es geht dabei immer um die Auseinandersetzung des Subjekts mit den Ansprüchen derer, die ihm einen bestimmten Platz zuweisen: „Du bist das und nichts anderes!"

Psychoanalyse ist die Arbeit an einem Auftrag – nicht als dessen Erfüllung, sondern als Bearbeitung dessen, was einem Subjekt aufgetragen wurde (im Symbolischen: Name, kulturelle Ordnung, Schuld) und dem, was das Subjekt meint, damit tun zu müssen (Imaginäres) in Relation zu einer unbewussten Ursache des Begehrens (das Reale, Urverdrängung, Trauma).

Das gilt auch für Psychoanalytiker in Bezug auf die Psychoanalyse: wieso landet einer beispielsweise bei den Lacanianern, einer bei Klein, bei Groß, bei Jung oder bei Reich, und wie geht er damit um?

Der analytische Prozess ermöglicht es dem Subjekt, seine verdrängten Neigungen der symbolischen Ordnung einzuschreiben. Es wird ihm möglich, seine Unvollkommenheit zu ertragen und für sein eigenes Begehren Verantwortung zu übernehmen, d. h., dass das, was es unternimmt, nicht stets mit einem „Nicht ich – der andere ist es gewesen", bemäntelt werden muss.

Psychoanalyse *erledigt* einen Auftrag nicht – auch nicht durch Deutungen. Ihre Stärke besteht gerade darin, dass sie immer etwas zu wünschen übrig lässt.

III

Zum Schluss – und als Ausblick auf einige meiner weiteren Arbeitsinteressen – möchte ich andeutungsweise drei Kontrollperspektiven differenzieren:

1. Adorno, Horkheimer und Marcuse liegt daran, die ursprüngliche Ausrichtung der Psychoanalyse auf die Dimension der Wahrheit zu bewahren gegen deren Revision (wie Erich Fromm sein eigenes Vorgehen genannt hatte; Fromm 1941, S. 212). Kontrolle ist hier der Vergleich der – von ihnen gleichsam gehüteten – Urschrift einer spezifisch Freudschen Lehre der Subjektbefreiung mit den verschiedenen kursierenden Umschriften. Adorno bezieht sich mehrfach affirmativ auf „die strenge Psychoanalyse" und die „strenge Sexualtheorie" (bspw. Adorno 1955 u. Adorno 1966), deren Erkenntnisse von anderen Strömungen immer wieder verleugnet würden. Und Marcuse betont: „Die Wahrheit der Psychoanalyse liegt darin, daß sie ihren herausforderndsten Hypothesen die Treue hält" (Marcuse 1964, S. 87).

2. Es gibt Richtungen in der Psychoanalyse, die behaupten, ein Analytiker müsse in einer Kur alles voraussehen und im Griff haben, „nach rationalen Richtungszeichen ordnen" (Fenichel 1985, S. 325). Dieses kommt einem Sich-Abschot-

ten gegen das Sprechen des Analysanten und gegen die Dimension der Überraschung gleich. Angesichts der heutigen Diagnose-Zwänge lohnt es sich, auf eine historische Polemik zwischen Wilhelm Reich und Otto Fenichel einerseits und Theodor Reik – als Verfechter des Moments der *Überraschung* in der Kur – andererseits[9] zurückzukommen.

3. In der Berliner Psychoanalytischen Poliklinik wurde Mitte der 20er Jahre eine Vielzahl von Bürgern durch Psychoanalyse-Neulinge behandelt. In Verantwortung gegenüber den Patienten und zugleich zum Zweck, die jüngeren Analytiker auszubilden, führte der Direktor Max Eitingon die so genannte „Kontrollanalyse" ein. Diese ist seitdem eines der Hauptelemente der Analytikerausbildung. Doch gibt es ganz unterschiedliche Vorstellungen davon, wer oder was dabei auf welche Weise „kontrolliert" werden soll und worauf die Aufmerksamkeit des Kontrollanalytikers ausgerichtet soll. Varianten gibt es auch hinsichtlich des Status des Supervisors (Aufseher? Besserwisser?) und des in der Supervision Geäußerten (wird darüber in einem Ausbildungsausschuss berichtet?). In Jacques Lacans Konzeption beschränkt sich die Kontrollanalyse nicht auf die vom Neuling zu absolvierende Wegstrecke unter „Aufsicht älterer, erfahrener Analytiker"[10], sondern ist ein analytisches Dispositiv, das einem Analytiker ein Leben lang bereitsteht, wenn er in Not und Angst gerät, damit er wieder einen Zugang zu seinem Analytikerbegehren findet.

Kontrolliert eine kritische Öffentlichkeit?

Was die breite, aber auch die gebildete Öffentlichkeit betrifft, kann man im geselligen Gespräch leicht feststellen, dass die meisten Leute nicht zu unterscheiden wissen zwischen der Arbeit eines Psychologen, eines Psychiaters, eines Psychotherapeuten, eines Neurologen und der Arbeit eines Psychoanalytikers. Diese produzierte Ignoranz und die Sprachverwirrung in Sachen Psychoanalyse in Deutschland wird Ende der fünfziger Jahren von Theodor W. Adorno scharf kritisiert im Zusammenhang mit seiner Forderung nach einem gesellschaftlichen Versuch, das

---

9 Reiks Buch *Hören mit dem dritten Ohr* ist die Bearbeitung seines 1935 in der holländischen Emigration auf Deutsch erschienenen Werks *Der überraschte Psychologe*. Die wesentlichen Thesen findet man sogar schon in Reiks Vortrag beim Wiesbadener Kongress der IPV 1932.

10 „... genießen die Aufsicht älterer, erfahrener Analytiker"; „unter der Kontrolle erfahrener Praktiker" (Freud 1926e, S. 319 u. S. 336).

Vergangene zu vergegenwärtigen, „selbst das Unbegreifliche noch zu begreifen": „Vor allem aber ist an die Psychoanalyse zu denken, die nach wie vor verdrängt wird. Entweder fehlt sie ganz, oder man hat sie durch Richtungen ersetzt, die, während sie sich rühmen, das vielgescholtene neunzehnte Jahrhundert zu überwinden, in Wahrheit hinter die Freudsche Theorie zurückfallen, womöglich in ihr eigenes Gegenteil verkehren. Ihre genaue und unverwässerte Kenntnis ist aktueller als je." Und er scheut sich nicht, eine Erklärung zu geben: „Der Haß gegen sie ist unmittelbar eins mit dem Antisemitismus, keineswegs bloß weil Freud Jude war, sondern weil Psychoanalyse genau in jener kritischen Selbstbesinnung besteht, welche die Antisemiten in Weißglut versetzt." Dann kommt, wie ein Echo auf eine Bemerkung Freuds in *Das Unbehagen in der Kultur*: „So wenig, allein schon des Zeitfaktors wegen, etwas wie eine Massenanalyse sich durchführen läßt, so heilsam wäre doch, fände strenge Psychoanalyse ihre institutionelle Stelle, ihr Einfluß auf das geistige Klima in Deutschland, auch wenn er bloß darin bestünde, daß es zur Selbstverständlichkeit wird, nicht nach außen zu schlagen, sondern über sich selbst und die eigene Beziehung zu denen zu reflektieren, gegen die das verstockte Bewußtsein zu wüten pflegt." (Adorno 1959, S. 142).

Literatur

Adorno, Th. W. (1946/1952). Die revidierte Psychoanalyse. (Übers. v. R. Koehne) In: Ders. (1977). Gesammelte Schriften Bd. 8/1. S. 20–41. Frankfurt/M.: Suhrkamp.
– (1951a). Minima Moralia. Reflexionen aus dem beschädigten Leben. Frankfurt/M.: Suhrkamp.
– (1951b). Die Freudsche Theorie und die Struktur der faschistischen Propaganda. (Übers. v. R. Koehne). In: Ders., Kritik. Kleine Schriften zur Gesellschaft, S. 34–66. Frankfurt/M.: Suhrkamp.
– (1955). Zum Verhältnis von Psychologie und Soziologie.
– (1959/1963). Was bedeutet: Aufarbeitung der Vergangenheit? (Vortrag vor dem Koordinierungsrat für christlich-jüdische Zusammenarbeit, 1959). In: Ders., Eingriffe. Neun kritische Modelle, S. 125–146. Frankfurt/M.: Suhrkamp.
– (1966). Postscriptum. In: Ders., Gesammelte Schriften. Bd. 8/1. Frankfurt/M.: Suhrkamp.
Duden Etymologie.
Fenichel, O. (1985). Zur Theorie der psychoanalytischen Technik. In: Ders., Aufsätze, Bd. I, S. 325–344. Frankfurt/M., Berlin, Wien: Ullstein.
Foucault, M. (1976). Überwachen und Strafen. Die Geburt des Gefängnisses. (Übers. v. W. Seitter). Frankfurt/M.: Suhrkamp.
– (1977). Sexualität und Wahrheit, Bd. 1: Der Wille zum Wissen. (Übers. v. U. Raulff / W. Seitter). Frankfurt/M.: Suhrkamp.
– (1978). Ein Spiel um die Psychoanalyse. Gespräch mit Angehörigen des Département de Psychanalyse der Universität Paris VIII in Vincennes. [Im Sommer 1977, also im Jahr nach dem Erscheinen des ersten Bandes von „Sexualität und Wahrheit".] In: Dispositive der Macht.

Michel Foucault. Über Sexualität, Wissen und Wahrheit. (Übers. v. J. Kranz). S. 118–175. Berlin: Merve.
- (1987). Interview mit Michel Foucault. In: Dreyfus, Hubert L. & Rabinow, Paul (Hg.). Michel Foucault. Jenseits von Strukturalismus und Hermeneutik. (Übers. v. C.-D. Rath / U. Raulff). Frankfurt/M.: Athenäum.
- (1988). Omnes et Singulatim: Für eine Kritik der ‚Politischen Vernunft'. (Übers. C.-D. Rath). S. 58–66. In: Lettre Internationale, 1. Jg., Nr. 1, Berlin.
- (1989). Der Gebrauch der Lüste. Sexualität und Wahrheit 2. (Übers. v. U. Raulff / W. Seitter). Frankfurt/M.: Suhrkamp.
Freud, S. (1916–17). Vorlesungen zur Einführung in die Psychoanalyse. S.A. 1. Frankfurt/M.: Fischer.
- (1921). Massenpsychologie und Ich-Analyse. G.W. 13, S. 71–161. Frankfurt/M.: Fischer.
- (1926e). Die Frage der Laienanalyse. S.A. Erg.Bd., S. 319 u. S. 336). Frankfurt/M.: Fischer.
- (1929a). Das Unbehagen in der Kultur. G.W. 14, S. 419–506. Frankfurt/M.: Fischer.
- (1932/1933). Neue Folge der Vorlesungen. G.W. 15. Frankfurt/M.: Fischer.
- (1935a). Nachschrift 1935 [zur „Selbstdarstellung" (1925d)]. G.W. 16, S. 31–34. Frankfurt/M.: Fischer.
Freud, S./Jung, C. G. (1974). Briefwechsel. Frankfurt/M.: Fischer.
Fromm, E. (1941). Die Furcht vor der Freiheit. In: Fromm, Erich (1989). Gesamtausgabe. Bd. 1, S. 217–394. München: dtv.
Hommel, S. (1985). Les interprétations lacaniennes du „Wo Es war soll Ich werden". In: Analytica, vol. 41 „La place du psychanalyste", Paris, S. 87–93.
Horkheimer, M. (1947/1980). Ernst Simmel und die Freudsche Philosophie; In: Görlich, Bernhard (Hg.). Der Stachel Freud, S. 139–148. Frankfurt/M.: Suhrkamp.
Horkheimer, M. (1968). Die Psychoanalyse aus der Sicht der Soziologie. In: Ders., Gesellschaft im Übergang. Aufsätze, Reden und Vorträge 1942–1970, S. 142. Frankfurt/M.: Fischer.
- (1985). Gesammelte Schriften. Bd. 13, S. 130–132. Frankfurt/M.: Fischer.
Lacan, J. (1958a). Die Ausrichtung der Kur und die Prinzipien ihrer Macht. (Übers. v. N. Haas). In: Ders., Schriften 1, S. 202. Frankfurt/M.: Suhrkamp (1975).
- (1958b). Die Bedeutung des Phallus (Übers. v. Ch. Creusot, N. Haas u. S. M. Weber). In: Lacan, J. (1975). Schriften II, S. 119–132. Olten, Freiburg i.Br.: Walter (1975).
- (1966). La chose freudienne. In: Ders., Écrits, S. 416 f. Paris: Éditions du Seuil.
- (1986). Encore (Das Seminar, Buch XX, 1972–1973) (Übers. v. N. Haas, V. Haas u. H.-J. Metzger). Weinheim, Berlin: Quadriga.
Lürßen, E. (1996). Fortsetzung oder Neubeginn? – Persönliche Betrachtungen zur Geschichte der Psychoanalyse vom Kriegsende bis heute. In: Psychoanalyse und Psychotherapie. Klinische Fragen aus Ost und West. Tagungsband 4 der DPV, Tagung in Stadtlengsfeld v. 12. – 14. September 1996, S. 21.
Marcuse, H. (1964). Das Veralten der Psychoanalyse (übers. v. Alfred Schmidt). In: Ders., Kultur und Gesellschaft II, S. 85–106. Frankfurt/M.: Suhrkamp.
Reik, Th. (1935). Der überraschte Psychologe. Über Erraten und Verstehen unbewusster Vorgänge. Leiden: A. W. Sijthoff's Uitgeversmaatschappij N. V.
Rath, C.-D. (2001). Begehren und Aufbegehren. Eine Skizze zum Verhältnis von Kritischer Theorie, Psychoanalyse und Studentenbewegung. In: Luzifer-Amor. Zeitschrift zur Geschichte der Psychoanalyse. 14. Jg. Heft 28, S. 50–99. Tübingen: ed. Diskord.
Zingarelli. Vocabolario della lingua italiana. Bologna: Zanichelli 1980 (10. Aufl.).

Hans-Joachim Busch

Kritische Theorie des Subjekts und emanzipatorische Praxis.

Zur gesellschaftlichen Bedeutung der Psychoanalyse

1. Die Entstehung der Kritischen Theorie des Subjekts

Ich behandle in diesem Aufsatz eine Spezialform Kritischer Theorie, die sich Ende der 60er Jahre ausprägte, die „Kritische Theorie des Subjekts" (Dahmer, Lorenzer, Horn). Und ich konzentriere mich auf die beiden Hauptvertreter dieser Variante einer „Psychoanalyse als Sozialwissenschaft" (1971), Klaus Horn und Alfred Lorenzer. Die Kritische Theorie des Subjekts ist eigens auf die Psychoanalyse hin angelegt und versteht sie als enge Verwandte der Kritischen Theorie. Damit geht sie über die 1. Generation der Kritischen Theorie einen Schritt hinaus. Weder ist Psychoanalyse – wie insbesondere bei Horkheimer und Adorno – bloße Hilfswissenschaft noch wird sie auf ihre theoretischen Anregungen reduziert und in ihrer therapeutischen Anwendungsform unberücksichtigt gelassen oder gar abgelehnt, wenn nicht diffamiert.

Was war aber nun der Grund, auf eine „Kritische Theorie des Subjekts" zu verfallen, und worin besteht ihr wesentlicher Gedanke? Das Verhältnis von Kritischer Gesellschaftstheorie und Psychoanalyse hatte sich in den 50er Jahren erschöpft (Decker/Türcke 2005). Die Erfahrung des Nationalsozialismus und der verwalteten Welt des Monopolkapitalismus hatten Adorno zu der resignativen Einsicht vom Ende des bürgerlichen Individuums gebracht. Damit hatte auch das theoretische Potential der Psychoanalyse, das Konzept des Unbewussten und der Triebe, keine gesellschaftliche Basis mehr, war sozusagen substanzlos geworden. Deshalb hatte die interdisziplinäre Verbindung von Psychoanalyse und kritischer Gesellschaftswissenschaft für ihn ihren Sinn verloren – eine Position, die ja vor

10 Jahren der altlinke Soziologe und Psychoanalytiker Reimut Reiche wieder aufleben ließ und worauf er seine neuerliche Generalattacke gegen ein solches Gemeinschaftsunternehmen in erster Linie stützte. Die weiterlaufende psychoanalytisch-therapeutische Praxis war in den Augen Adornos bloßes Herumdoktern an den Bruchstücken bürgerlicher Individualität, allenfalls mit dem Ziel, den Einzelnen fit zu machen für das Mitmachen im Schlecht-Bestehenden. Derart führe psychoanalytische Behandlung nur zur Festigung beschädigender Verblendungszusammenhänge, Psychoanalyse sei, wie es dann später Teile der Linken (Kursbuch 29; darauf entgegnend Dahmer u.a. 1973) formulierten, nurmehr Anpassungswissenschaft.

Nun wurde ja nicht nur von dem eben erwähnten Reimut Reiche übersehen, dass Adorno (1966) seiner in den 50er Jahren vertretenen Position ein Postskriptum folgen ließ, in dem er seine Annahmen relativierte und revidierte. Ich will das kurz in Erinnerung rufen. Adorno bricht mit der zuvor vertretenen Auffassung der vollkommenen Trennung von Soziologie und Psychologie. Es gebe immer noch Berührungspunkte, die Gegenstände seien nicht unabhängig voneinander. In den folgenden Sätzen konkretisiert er diesen Zusammenhang: „Gesellschaftlich ist eine Zone der Berührung die der Spontaneität. Relevant wird die Psychologie nicht allein als Medium der Anpassung, sondern auch dort, wo die Vergesellschaftung im Subjekt ihre Grenzen findet. Dem gesellschaftlichen Bann opponiert es mit Kräften aus jener Schicht, in der das principium individuationis, durch welches Zivilisation sich durchsetzte, noch gegen den Zivilisationsprozeß sich behauptet, der es liquidiert" (Adorno 1966, S. 92).

Das Subjekt ist demnach doch noch nicht (ganz) tot. Denkwürdig für meine Argumentation sind besonders Adornos weitere Folgerungen. „Ob die Prozesse der Integration, wie es den Anschein hat, einzig das Ich zu einem Grenzwert schwächen, oder ob, wie in der Vergangenheit, die Integrationsprozesse stets noch, oder erneut, das Ich kräftigen können, danach ist mit Schärfe bislang kaum gefragt worden. An der Sozialpsychologie, die in den sozialen Kern der Psychologie eindringt, nicht ihr einen kargen Zusatz soziologischer Begriffe beimischt, wäre es, diese Frage aufzunehmen; mit Rücksicht auf die Subjekte dürfte sie entscheiden" (ebd.).

Diese Sätze bedeuten, so behaupte ich, nichts Geringeres als die Geburtsstunde der Kritischen Theorie des Subjekts. So überraschend ist das schon deshalb nicht, weil Adornos kleine Schrift ja die Erwiderung auf Mitscherlichs immerhin auf dem Soziologentag 1965 gehaltenen Vortrag „Das soziale und das persönliche Ich" war, den dessen damalige Mitarbeiter Horn und Lorenzer mit angeregt hatten. Was ist nun das Neue in diesen Worten Adornos? Er ist zu der Einsicht gekommen, dass das psychoanalytische Persönlichkeitsmodell Freuds individuelle Kräfte und Bezirke vorsieht, in die Gesellschaft nicht einfach okkupatorisch eindringen kann und von denen her sie auch ihrerseits wichtige Impulse bezieht. Daher sei es eine offene Frage gesellschaftlicher Auseinandersetzung, ob das Ich sich der gesellschaftlichen Integrationsprozesse erwehren kann oder nicht, ob durch den gesellschaftlichen Druck nicht neue Kräfte im Ich geweckt werden könnten. Vor allem aber rückt er auch eine neue theoretische Perspektive in den Mittelpunkt, eine Sozialpsychologie (s. auch Goebel 2004, S. 483), die an den Subjekten, ihren Strukturen und den sich darin einzeichnenden Konflikten mit der gesellschaftlichen Wirklichkeit orientiert ist.

Genau diese Perspektive auszuformulieren, war das Vorhaben, dem sich die Kritische Theorie des Subjekts verschrieb. Sie konzentrierte sich konsequent auf die Freudsche Ursprungsfassung der Psychoanalyse, deren Revisionsversuche durch die Ich-Psychologie sie, ohne die Notwendigkeit der Weiterführung einer psychoanalytischen Theorie des Ich zu leugnen (Horn 1979, S. 110), wie schon Adorno (1955), vehement zurückwies (Horn 1971). In Freuds Theorie des Unbewussten und der Triebe sah sie genau den Ansatzpunkt einer über Freud hinaus radikalisierten Kritischen Theorie des Subjekts. Diese stellte die Struktur des Individuums in einen Zusammenhang mit den historisch-gesellschaftlichen Strukturen, ohne sie unter Anpassungsgesichtspunkten darin aufzulösen. Die eher unhistorisch verfahrende Psychoanalyse Freuds wurde zu einer historisch-sozialwissenschaftlichen Theorie des Individuellen umgearbeitet. Die gesellschaftliche Bedeutung der Psychoanalyse liegt dann darin, den Konflikt zwischen Gesellschaft und Individuum in Hinblick darauf zu untersuchen, welche Wirkungen er in letzterem hinterlässt, wie sich seine Struktur dadurch verändert und wie aus ihr umgekehrt spontan Anregungen auf den gesellschaftlichen Prozess ausgehen. Was passiert in diesem Zusammenhang in der Struktur der Subjekte, wie lassen sich die inneren Vorgänge in ihrer unbewussten lebensgeschichtlichen Dynamik bestimmen? Kein anderer humanwissenschaftlicher Ansatz kann, das macht die gesellschaftliche Bedeutung der Psychoanalyse aus, die Autonomie und Spontaneität der Individuen gegenüber den von ihnen mit erzeugten gesellschaftlichen Strukturen durch seine Erkenntnisse so stützen, wie die Psychoanalyse, keiner sonst kann die unbewusste Ebene der Handlungen der gesellschaftlichen Akteure in den Blick nehmen.

2. Kritische Theorie und psychoanalytische Praxis

Psychoanalyse als eine Form Kritischer Theorie sichtbar zu machen, wäre aber der Kritischen Theorie des Subjekts nicht gelungen, wenn sie nicht die Produktion psychoanalytischen Wissens im Rahmen eines ganz eigentümlichen Forschungsprozesses zu erhellen in der Lage gewesen wäre. Damit vollzog sie den eigentlichen Schritt über die 1. Generation der Kritischen Theorie hinaus. Dieser Schritt ist nicht zu verstehen ohne die erkenntnis- und kommunikationstheoretische Weiterentwicklung der Kritischen Theorie durch Jürgen Habermas (1968). Denn erst dadurch wurde begründbar, wie sehr Adorno geirrt hatte, als er Psychoanalyse lediglich als eine unkritisch-integrationistische Behandlungsmethode erachtete. Im Zuge seiner erkenntniskritischen Durchleuchtung zentraler philosophischer Ansätze der Moderne erkannte Habermas in der Psychoanalyse das einzige systematisch Selbstreflexion in Anspruch nehmende Verfahren. Das erkennende Subjekt stellt sich in ihr selbst als bewusst denkendes Wesen in Frage, bezweifelt seine Ansichten, Lebensweisheiten, -muster und Motive und begibt sich auf die Suche nach deren unbewussten Bedeutungen. Es tut das bzw. wird dazu fähig in einer besonderen sozialen Umgangsform, in der Beziehung mit einem für die unbewussten Vorgänge geschulten Psychoanalytiker. Ihm gibt es sein Inneres preis und erkundet zusammen mit ihm seine seelischen Regungen, um den unbewussten Zusammenhängen seiner Symptome auf die Spur zu kommen. Ohne den Dialog mit dem Analytiker würde dieses Verfahren nicht in Gang kommen und auch nicht ohne dessen empathische Hingabe an die Aufgabe, die unbewussten Botschaften, die ihn erreichen und die auch in ihm unbewusste Reaktionen zeitigen, gemeinsam mit dem Analysanden zu enträtseln. Es ist keine klassische Arzt-Patient-Beziehung, die hier praktiziert wird, sondern es ist ein Heilverfahren, das sich in der Kommunikation gleichberechtigter Partner vollzieht. D. h. der Analysand bleibt und wird erachtet als Experte seines Seelenlebens, nicht von einer objektivistischen Psychologie und -therapie entmündigt. Psychoanalyse verfolgt, wie Habermas unmissverständlich herausstellt, ein emanzipatorisches Erkenntnisinteresse.

Mit diesem Argument, das sich die Kritische Theorie des Subjekts zu eigen machte, konnte sie sich sozusagen erst richtig und guten Grundes von Adornos despektierlicher Auffassung der psychoanalytischen Praxis lösen. Psychoanalyse bietet alle Voraussetzungen einer Kritischen Theorie, befreit man sie nur von ihren unhistorisch-biologistischen Verblendungen. Sie hebt das Naturmoment menschlicher Leibgebundenheit hervor, rechnet mit der gesellschaftlichen Unstillbarkeit individuellen Triebverlangens, wodurch das Individuum mit der Gesellschaft lebenslang in einer Konfliktspannung verbunden ist. Dies heißt, innere Natur sperrt sich durchweg der vollkommenen Steuerung durch die Gesellschaft, lässt sich von letzterer nicht völlig aneignen. Der immer unvollständig bleibende, aber unablässig sich vollziehende Aneignungsanspruch der Gesellschaft wird als Teil eines lebenslangen Sozialisationsprozesses aufgefasst. Was in der Psychoanalyse Ontogenese genannt wird und zur Ausformung der mehr oder weniger neurotischen Persönlichkeitsstruktur führt, ist Produkt einer Sozialisation. Diese Sozialisation ist kein einseitiger Formungsprozess durch die Gesellschaft. Die Bildung des Subjekts ist zu jeder Zeit Aushandlung des Konflikts zwischen innerer Natur und Gesellschaft.

Um dies behaupten zu können, bedarf es aber theoretischer Vermittlungsschritte, über die die Kritische Theorie vorher nicht verfügte. Die Selbstreflexion, die Habermas betonte, geht ja nicht beiläufig und wie von selbst vor sich, sondern verweist auf die stete Gefahr des Misslingens und der Fragilität von Identitätsbildung und Subjektivität. Selbstreflexion reagiert ja als eigene Anstrengung bereits auf solche Fehlverläufe; und sie bedarf dazu eines bestimmten Mediums, um sich vollziehen zu können. Dies sind Sprache und Interaktion. Die Arbeit, die in der Psychoanalyse vor sich geht, ist nicht körperlich, jedenfalls nicht in dem Sinne produktiver Muskel- und Handarbeit. Sie betrifft den Teil menschlicher Praxis, der ebenso humanspezifisch ist wie instrumentell-reproduktive Arbeit und der für die Errichtung, Entwicklung und Aufrechterhaltung von Kultur und Gesellschaft ebenso wichtig ist. Man kann sich streiten, ob Ausdrücke wie „Beziehungsarbeit", „psychische Arbeit" oder auch „Elternarbeit", mütterliche „Arbeit" als Fürsorge für das eigene Kind übertrieben, grotesk oder selbstparodistisch sind – jedenfalls bezeugen sie die Einsicht in den keineswegs mühelos-unproblematischen, vielmehr heiklen, anstrengenden und aufwendigen Charakter dieser unserer Lebensvollzüge.

Einigen wir uns also darauf: In der psychoanalytischen Behandlung wird von zwei Personen Arbeit am eigenen Ich eines der Beteiligten, des Analysanden, verrichtet. Dies ist wirklich harte Arbeit – ein Kräftemessen von Trieben, Widerständen, Verdrängung, von Gewissensansprüchen und sozialen Normen; das gegenwärtig hoch im Kurs stehende Wort von der „relationalen Psychoanalyse" (Altmeyer 2003, Mitchell 2000, Wirth 2004) geht daran m. E. zumindest teilweise vorbei (Busch 2003).

Psychoanalyse rechnet mit der rätselhaften Natur des individuellen Bewusstseins. Sie richtet sich darauf aber nicht im Sinne instrumenteller, allenfalls kommunikativer Rationalisierung. Sie will Biographie nicht zu einem geheimnislosen Lebenslauf entmythologisieren. Sie will den Konflikt zwischen innerer Natur und Gesellschaft aufklären, nicht schlichten; die gesellschaftliche Auseinandersetzung entscheidet sich aber zwischen den Akteuren, den Institutionen und Systemen. Hingegen vergisst der derzeit kursierende Intersubjektivismus (s. z. B. Honneth 2001a u. b) wesentliche Teile dieser psychoanalytischen Auffassung und der damit verbundenen Intentionen Kritischer Theorie. Die Gesellschaftskritiker waren in der Psychoanalyse durchweg eher Außenseiter, ob Bernfeld, Reich, Mitscherlich, Richter oder Lorenzer, um nur einige der prominentesten zu erwähnen. So wurde der längst vorgenommene Vollzug der intersubjektivistischen Wende durch die Kritische Theorie des Subjekts nicht wahrgenommen, wohl auch wegen der materialistischen Radikalität, in der sie dort geschah. Die Psychoanalyse muss also auch gegen das Bewusstsein von Teilen der psychoanalytischen Profession, weniger gegen deren Praxis verteidigt werden.

Gleichwohl kann man psychoanalytischer Therapie erst dann die Absolution einer den Ansprüchen Kritischer Theorie standhaltenden Praxis erteilen, wenn ein Argument Adornos gegen die psychoanalytische Behandlung entkräftet werden kann. Im falschen gesellschaftlichen Ganzen kann es keine richtige psychoanalytische Teilpraxis geben, lautet es etwas verfremdet; das Glücksversprechen der psychoanalytischen Kur sei irrig und nähre eine Illusion, durch die auch der gesellschaftliche Rahmen nicht mehr als eigentliche Ursache der Beschädigungen erkannt werden könne und stattdessen verklärt werde. Man erkennt in diesem Argument leicht eine Variante des schon behandelten Anpassungsvorwurfs. Ich versuche es mir leicht zu machen und stelle ihm einen von mir gern verwendeten Gedanken Freuds gegenüber. Darin zeigt er sich als maßvoller Seelenarzt, der ganz und gar nicht gesellschaftliche Zusammenhänge ausblendet oder deren Wirkungen schönredet, sich gleichzeitig aber auch der Grenzen seines Einflusses bzw. Tuns bewusst ist. Er entwickelt ihn, wie das oft in seinen Schriften der Fall ist, in Form eines Dialogs:

> „Ich habe wiederholt von meinen Kranken, wenn ich ihnen Hilfe oder Erleichterung durch eine kathartische Kur versprach, den Einwand hören müssen: Sie sagen ja selbst, dass mein Leiden wahrscheinlich mit meinen Verhältnissen und Schicksalen zusammen-

hängt: daran können Sie ja nichts ändern; auf welche Weise wollen Sie mir denn helfen? Darauf habe ich antworten können: – Ich zweifle ja nicht, dass es dem Schicksale leichter fallen müßte als mir ihr Leiden zu beheben: aber Sie werden sich überzeugen, dass viel damit gewonnen ist, wenn es gelingt, Ihr hysterisches Elend in gemeines Unglück zu verwandeln. Gegen das letztere werden Sie sich mit einem wiedergenesenen Seelenleben besser zur Wehre setzen können." (Freud 1895, S. 312).

Freud kennt also Adornos Bedenken schon aus seiner Arbeit mit Patienten. Und er hat kluge und engagierte Neurotiker in Behandlung, wie deren nachdenkliche Fragen zeigen. Ich denke, Freuds in diesem Frage- und Antwortspiel aufgestelltem Argument ist beizupflichten: Der Verweis auf die für das Leiden mitverantwortlichen Verhältnisse erspart nicht den Aufwand einer psychoanalytischen Kur; die Hoffnung auf eine günstige Wendung des allgemeinen Schicksals mit symptombefreiender Wirkung für mich selbst ist dagegen trügerisch; jedoch bringt die Beseitigung der psychischen Hindernisse das Bewusstsein in die Lage, sich voll und ganz an die autonome Arbeit an seinem individuellen und gesellschaftlichen Schicksal zu machen – das Freud in bei ihm gewohnter Nüchternheit und Skepsis „gemeines Unglück" nennt. Freud ist also schon in den „Anfängen der Psychoanalyse" (Freud 1887–1902) – sieht man einmal von der fehlenden Geschichtlichkeit seines Denkansatzes ab – ganz auf der Höhe der von Adorno geltend gemachten Einwände. Er ist weit davon entfernt, Heilung mit Glück zu verwechseln und seine Patienten mit etwaigen Verheißungen zu verlocken. „Das erfolgreich analysierte Individuum bleibt unglücklich, behält ein unglückliches Bewusstsein...", heißt es später bei Marcuse (Marcuse 1963; zit. n. Haubl 1997, S. 8), diese Sichtweise übereinstimmend zusammenfassend. Und Freud hält die Ebenen von Individuum und Gesellschaft, deren Zusammenhang er ja bejaht, mit der nötigen Klarsicht auseinander. Das gemeine Unglück wird hinter dem individuellen neurotischen Elend sichtbar, nicht aber durch die Beseitigung des letzteren zugleich schon behoben. Das Trümmerfeld, zu dem es sich auftürmt (Benjamin 1989, S. 697), gerät aber nun unverstellt in den Blick und das Individuum kann die Chance ergreifen, es nicht ins Unendliche wachsen zu lassen.

In Freuds szenischem Aphorismus steckt überdies der Keim einer wichtigen Differenzierung, ohne die psychoanalytische Sozialpsychologie ihre aufklärerische Wirkung gar nicht erzielen und entfalten kann. Viele Versuche einer „angewandten

Psychoanalyse" bis heute haben ihr nicht entsprochen, aber auch die Konzeptualisierungen der Kritischen Theorie wurden ihr durchaus nicht immer gerecht. In den sozialcharakterologischen Argumentationen zeigt sich von Fromm bis Adorno ein folgenreicher Kurzschluss psychoanalytischer Sozialpsychologie. Gesellschaftliche Verhältnisse, über die Sozialisationsagentur Familie kaum abgewandelt, wandern relativ ungefiltert in die Subjekte ein und formen deren innere Strukturen. Den Autoren der ersten Generation der Kritischen Theorie fehlen einfach die begrifflichen Mittel, um die von Adorno scharfsinnig erkannte theoretische Sackgasse zu vermeiden, in die das Verhältnis von Soziologie und Psychologie geraten zu sein schien. Es geht also darum, die Strukturbildung der Subjekte eigens konzeptuell aufzurollen und damit gleichzeitig gesellschaftlichen Einfluss und individuelle (Gegen-)Wirkung betrachten zu können. Um die Autonomie der Subjekte wirklich begründen zu können, bedarf es eines Ansatzes, der sie erkundet und in ihrer Bildungsgeschichte durchsichtig werden lässt. Das ist der Zusammenhang, der den Schritt zu einer Kritischen Theorie des Subjekts erforderlich macht.

Auch wenn ich diese Kritische Theorie des Subjekts in ihren Facetten einer Sozialisationstheorie, einer Sprach- und Interaktionstheorie sowie einer Tiefenhermeneutik (und Kulturanalyse) hier nicht annähernd vorstellen kann, möchte ich im Zusammenhang dieser Tagung wenigstens noch die Frage psychoanalytischer Praxis etwas eingehender erörtern. Auch diesen Komplex hat ja Lorenzer unter der Fragestellung: „Was im Einzelnen macht eigentlich der Psychoanalytiker, und wie kommt es zu psychoanalytischer Heilung und Erkenntnis?" genauestens durchleuchtet und neu begriffen. Ich nenne als Stichworte „Sprachzerstörung und Rekonstruktion", „szenisches Verstehen" usw. Habermas' Überlegungen zum erkenntnistheoretischen Wesen der Psychoanalyse werden aufgenommen, und es wird die Praxis der Psychoanalyse als kritisch-materialistische Tiefenhermeneutik begriffen. Psychoanalyse ist demnach ein praktisch-änderndes Verfahren, eine nachholende bzw. zweite Sozialisation des Subjekts im Hinblick auf die Reflexion seiner psychodynamischen Verstrickungen und Blockaden.

3. Psychoanalytische Praxis und (emanzipatorische) politische Praxis

Psychoanalyse wird insofern, das möchte ich hier eigens hervorheben, insbesondere von Horn als ein Verfahren intersubjektiv-intrasubjektiver Aufklärung vorgestellt, das in der Tat Modellcharakter (Horn 1979, Goebel 2004) hat, das aber darüber hinaus in der späten Moderne, statt zu veralten, umso unentbehrlicher wird. Denn seit Marcuse vor über 40 Jahren seinen Befund vorlegte, hat sich die mit „Veralten" umschriebene Situation der Psychoanalyse noch einmal verschärft. Stand damals noch im Vordergrund, dass ihre kulturkritischen Einsichten in Vergessenheit geraten waren bzw. diese an den Verhältnissen wirkungslos abzuprallen schienen, so ist unter den spätmodernen Bedingungen neoliberaler Globalisierung nunmehr auch die damals noch florierende psychoanalytische Praxis und akademische Theorie und Therapeutik unter schweren Beschuss geraten und auf dem Rückzug befindlich. Das ist die eine Seite. Andererseits kann man das als Indiz dafür werten, dass die Psychoanalyse eben mit der zunehmenden Instrumentalisierung menschlicher Kapazitäten und Lebensvollzüge – anders als die Kritik es besagt – nicht kompatibel ist und dies zunehmend zu Tage tritt. Die zuvor vertretene These von der emanzipatorischen Potenz der Psychoanalyse hätte sich damit durch den Gang der Ereignisse bewahrheitet. Also müsste, im Umkehrschluss, dieses Potential doch auch gesellschaftskritisch mobilisierbar sein.

Das ist sicher leicht gesagt. Aber wie kann man argumentativ dahin gelangen, dieser Entwicklung den Weg ebnen? Die gesellschaftliche Bedeutung der Psychoanalyse liegt darin, dass sie einen einzigartigen Schatz birgt. Sie beruht auf einer gesellschaftsweit ungekannten Kommunikationsform, die Emotionalität und Leiblichkeit mit Selbstreflexion verbindet, in der Menschen sich ausschließlich der Ergründung ihrer unbewussten persönlichen Interaktionsmuster widmen. Freilich ist die psychoanalytische Gesprächssituation, allein schon wegen ihrer Asymmetrie, kein wirklich herrschaftsfreier Dialog. Aber, recht verstanden, orientiert sie sich an ihm, verwenden Analytiker und Analysand alle Mühe darauf, ihm nahe zu kommen (vgl. Haubl 1997, S. 22). Nun reichen Empathiefähigkeit und Gegenübertragungskompetenz, so unerlässlich sie für ein szenisches Verstehen sind, nicht aus, wenn Psychoanalyse als Kritische Theorie des Subjekts begriffen wird. Unter diesem Vorzeichen ergeben sich die bestmöglichen Aussichten auf Heilung nur dann, wenn der Psychoanalytiker auch die gesellschaftliche Situation, in der sich der psychoanalytische Prozess vollzieht und der Analysand sich befindet, ausreichend einbezieht. Nur wenn er die daraus gezogenen Erkenntnisse berücksichtigt und ihr Gewicht im Zusammenhang der Symptombildung und -aufhellung abwägt, kann er zusammen mit dem Analysanden die für ihn passende Weise der Wiedergewinnung oder Stärkung seiner Subjektivität herausfinden. Natürlich will ich damit hier nicht die Illusion, als habe psychoanalytische Praxis nicht mit erheblichem gesellschaftlichem Anpassungsdruck zu kämpfen, als sei sie dagegen gefeit, sich ihm zu beugen, nähren. Die Kassenfinanzierung verpflichtet etwa in Deutschland, wie Haubl (1997, S. 16) herausstellt, jedwede Therapie auf Ziele, die nicht auf die Mehrung von individueller Autonomie, sondern auf die Vermeidung negativer gesellschaftlicher Auswirkungen psychischer Krankheiten gerichtet sind. So wird als Therapieergebnis seitens der Kassen, wie es in deren offiziellen Richtlinien heißt, nicht nur die „Beseitigung einer pathologischen Symptomatik", sondern auch „eine Eingliederung in Arbeit, Beruf und/oder Gesellschaft" „möglichst auf Dauer" erwartet (Haubl, ebd.). Es ist daher verfehlt, übertriebene Erwartungen der Therapieform Psychoanalyse gegenüber zu hegen. Sie kann sicherlich keine Wunder vollbringen. Sie schafft, ist sie „good enough", so etwas wie einen Möglichkeits(-Zeit-)Raum, in dem man reflexiv und emotional Distanz und zugleich Zugang zu sich gewinnt und Neues, Anderes an sich entdecken kann. Was man mit dem dadurch erlangten Spielraum (sofern er überhaupt den gesellschaftlichen Einschränkungen gegenüber nennenswert zur Geltung kommen kann) anfängt, bleibt einem als Subjekt natürlich selbst überlassen – der Psychoanalytiker darf nicht tendenziös die Bildung eines gesellschaftskritischen, politisierten Subjekts anstreben. Er hat nur für die psychischen Voraussetzungen zu freier Sicht, Rück-Sicht, Vor-Sicht, Innenschau zu sorgen und dabei behilflich zu sein. Sympathien und Antipathien gegenüber den Zielen, Ansichten, Wertorientierungen der Analysanden haben dabei zurückzustehen.

Gleichwohl ist das schon viel, mehr jedenfalls als bloße Re-Integration in eine wenig glückverheißende Gesellschaft. Denn Psychoanalyse ist, anders als Adorno urteilte, keineswegs an ein subsumtionslogisches Vorgehen geknüpft (König 1996, S. 331). Sie lässt vielmehr den Analysanden in voller Absicht unzensiert zu Wort kommen, bildet einen Ort für Kommunikationen, die sich von Konventionen befreien. In einer dem entfesselten Talk frönenden Erlebnis- und Spaßgesellschaft scheint allerdings diese Qualität des psychoanalytischen Dialogs nicht mehr zu „stechen", sondern ihren Distinktionsgewinn weitgehend eingebüßt zu haben. Dem zweiten Blick offenbaren aber diese neu aus dem Boden geschossenen sozialen und medialen Orte den Charakter pseudokommunikativer Freisprech-Anlagen, bisweilen sogar Menschenzoos, in denen neuerdings dort auch gezeugte Babys – zur Unterhaltung des Massenpublikums – zur Welt gebracht werden (Was das sozialisatorisch-lebensgeschichtlich für diese medial gezeugten Babys heißt, fragt sich wohl niemand ...). Schutzzonen und Rückzugsräume solcher Selbstbesinnung ohne mediale Aufmerksamkeit werden daher aktueller denn je. Deshalb wird heute, so schließt Horn (1979, S. 116), „die psychoanalytische Therapieform" unmittelbar politisch relevant. In einer Zeit, in der der Prozess der Rationalisierung sich zunehmend auf psychische Ressourcen richtet, in der er sich die Denk-, Wahrnehmungs- und Gefühlsweisen von Subjekten passend zurichten will, kommt dem psychoanalytischen Verfahren gerade nicht die Funktion eines subtilen Anpassungs- und Disziplinierungsmediums zu. Diese Gefahr besteht zwar, aber nur, wenn man den ursprünglichen Intentionen der Psychoanalyse nicht die Treue hält und sich nicht um die ständige Weiterarbeit an ihrer Bestimmung als einer an subjektiver Wahrhaftigkeit, Authentizität und deren Artikulationsfreiheit orientierter Aufklärungsmethode bemüht. Letzteres umfasst ja gerade auch den Kampf um die Behauptung der Psychoanalyse als Wissenschaft und Therapeutik eigenen Rechts, der ihr derzeit und mit spürbaren praktischen Folgen (etwa an den Universitäten) bestritten wird. Dieser wissenschaftlichen (auch interdisziplinären) Auseinandersetzung hat sich Psychoanalyse ohne Dünkel und Arroganz in offener Argumentation zu stellen. Dabei geht es um die Klärung der eigenen Erkenntnisform und der Erforschung der therapeutischen Verfahrens- und Wirkungsweise. Nur so hat sie eine Chance, nicht ins Abseits zu geraten und ihre Vorzüge deutlich zu machen.

Aber das allein würde nicht reichen, eine politische Bedeutung der psychoanalytischen Arbeits- und Denkform zu beanspruchen, und wäre auch nicht ernst zu nehmen. Diese Bedeutung kann Psychoanalyse erst gewinnen, wenn sie Eingang findet in eine allgemeine Sozial- und Menschenwissenschaft. Dies kann zum einen geschehen in Form des schon behandelten Subjektbegriffs. Zum anderen lässt sich die psychoanalytische Untersuchungsmethode als eine einzigartig ausdifferenzierte Form kommunikativer Sozialforschung auffassen und außerhalb des klassischen psychoanalytischen Settings anwenden und weiterentwickeln. Denn da klar ist, dass der Alltag einer Gesellschaft nicht vollkommen nach dem Vorbild klassischer psychoanalytischer Liegekuren umzumodeln ist, um durch lauter bessere Menschen eine bessere Gesellschaft hervorzubringen, könnte Psychoanalyse in nen-

nenswertem Umfang nur in einer das Grundverfahren modifizierenden Form in den außerhalb der psychoanalytischen Praxis und ihrer Couch liegenden Bereich der Gesellschaft einfließen. Als Vorbild hierfür dienen Horn die psychoanalytischen Supervisions- und Balintgruppen. Hier werden wesentliche Elemente psychoanalytischen Wissens und Verstehens an Menschenberufler (Ärzte, Pädagogen, Pfarrer ...) weitervermittelt. Ihre Arbeit dient nicht dem Zweck einer Um-Professionalisierung, sondern einer entscheidenden Erweiterung von deren professioneller Kompetenz. Es wird ein Sinn für unbewusste Prozesse und Konflikte von Klienten entwickelt, der auch verbunden ist mit der Ausbildung von Elementen szenischen Verstehens. Das Ausmaß bzw. die Reichweite einer solchen reflexiven Erweiterung beruflicher Identität hat Argelander sehr eindrucksvoll formuliert:

> „... Die auf überliefertes Berufswissen begründete Identität gerät (...) ins Wanken. Äußere Reformen allein können das Problem nicht vollständig lösen, wenn sich nicht gleichzeitig eine Veränderung der Berufspraxis von innen vollzieht. Ich will damit sagen, daß sich durch Veränderungen der Persönlichkeitsstruktur der Berufsträger Einsichten in neue Sinnzusammenhänge für die Praxis ergeben. Sie haben zwangsläufig eine veränderte Berufspraxis zur Folge und können ein neues Identitätsgefühl stiften. Nach den bisherigen Erfahrungen kann die Teilnahme an Balint-Gruppen solche persönlichkeitsverändernden Vorgänge in Gang setzen und gleichzeitig das Wissen um die unbewußten Motivationen des Menschen vertiefen. Dabei wird das bereits vorhandene Berufswissen durch die Bereicherung mit neuen Erkenntnissen umorganisiert." (Argelander 1972, zit. nach Horn 1979, S. 137).

Diese Art der Erweiterung vollzieht sich ebenso in den Ansätzen einer qualitativen tiefenhermeneutischen Sozial- und Kulturforschung, in denen die psychoanalytischen Laienforscher auch nach dem Vorbild der Balintgruppen den Prozess des Verstehens der unbewussten Bedeutungen in Äußerungen von Interviewpartnern, in Texten, kulturellen Objektivationen organisieren.

Allerdings ist es wichtig, hier eine wesentliche Differenz beim Methodentransfer zwischen Couch und Beratung bzw. Sozialforschung nicht zu übersehen. Der klassische psychoanalytische Behandlungsprozess hat natürlich eine ganz andere psychodynamische Intensität (Dauer, Exklusivität der Zweiersituation, Übertragung-Gegenübertragung usw.) und kann daher persönlichkeitsstrukturell viel tiefer schürfen. Er richtet sich letzten Endes auf das dynamisch verdrängte Unbewusste, das noch einmal zu unterscheiden ist von einem deskriptiven Unbewussten. Letzteres gilt ja in Freuds Theorie des psychischen Apparats als Vorbewusstes und ist prinzipiell leichter zugänglich. Im Bereich dieses Vorbewussten bewegen sich eigentlich Balintgruppenarbeit und tiefenhermeneutische Sozial- und Kulturforschung. Es geht um die sinnlichen oder präsentativen Symbole, um Wünsche, Emotionen und Bedürfnisse nahe an der Oberfläche des Bewusstseins, die aber der Anstöße (durch eine bestimmte unübliche Kommunikationsform, ein Kunstwerk etc.) zu ihrer Artikulation bedürfen. Darin läge eine mögliche subversive Wirkung psychoanalytischer „Technik": Über die erwähnten „Multiplikatoren" Elemente psychoanalytischen Verstehens in zentrale Bereiche gesellschaftlicher Praxis einzuschleusen und dort Prozesse der Symbolbildung als Subjektbildung in Gang zu setzen. Ich weiß, das alles klingt unglaublich, aber innerhalb eines Unternehmens wie diesem Band, der sich der Kritischen Theorie widmet, kann man es vielleicht mal wagen, eine solche Idee zu äußern; denn ohne Mut und Selbstvertrauen, in den Mikrowelten des Alltags den herrschenden Strukturen neoliberal-ökonomischer Globalisierung etwas entgegenzusetzen (Giddens 1992), hätte man sich selbst aufgegeben und seine Würde als Subjekt verloren.

Literatur

Adorno, Theodor W. (1955). Zum Verhältnis von Soziologie und Psychologie. In: Ders., Gesammelte Schriften 8, Soziologische Schriften 1, Frankfurt am Main: Suhrkamp (1972), S. 42–85.
– (1966). Postscriptum (a.a.O., S. 86–92).
Altmeyer, Martin (2003). Im Spiegel des Anderen. Anwendungen einer relationalen Psychoanalyse. Gießen: Psychosozial-Verlag.
Benjamin, Walter (1989). Gesammelte Schriften, Bd. 1 und 2. Frankfurt am Main: Suhrkamp.
Busch, Hans-Joachim (2001). Subjektivität in der spätmodernen Gesellschaft. Konzeptuelle Schwierigkeiten und Möglichkeiten psychoanalytisch-sozialpsychologischer Zeitdiagnose. Weilerswist: Velbrück Wissenschaft.
– (2003). Intersubjektivität als Kampf und die Anerkennung des Nicht-Intersubjektiven. Kommentar zur Honneth-Whitebook-Kontroverse. Psyche 57, 262–274.
Dahmer, Helmut, Horn, Klaus u.a. (1973). Das Elend der Psychoanalyse-Kritik (Kursbuch 29). Frankfurt am Main: Athenäum.
Decker, Oliver & Türcke, Christoph (2005). Antrag auf Förderung einer Arbeitstagung. Leipzig: Unveröffentl. Papier.
Freud, Sigmund (1895). Studien über Hysterie, Gesammelte Werke, Bd. I, S. 75–312.
– (1950). Aus den Anfängen der Psychoanalyse. London: Imago.
Giddens, Anthony (1990). Konsequenzen der Moderne. Frankfurt am Main: Suhrkamp (1995).

- (1992). Kritische Theorie der Spätmoderne. Wien: Passagen-Verlag.
Goebel, Eckart (2004). Das irre Ganze und der Glücksanspruch des Einzelnen. Adorno und die Psychoanalyse. In: Ette, W., Figal, G. & Klein, R. (Hg.). Adorno im Widerstreit. Zur Präsenz seines Denkens. Freiburg, München: Alber, S. 482–495.
Habermas, Jürgen (1968). Erkenntnis und Interesse. Frankfurt am Main: Suhrkamp.
Haubl, Rolf (1997). Das Veralten der Psychoanalyse und die Antiquiertheit des Menschen. Über Psychoanalyse und Zeitgeist. In: Psychoanalyse im Widerspruch, Nr. 17, S. 7–26.
Honneth, Axel (2001a). Facetten des vorsozialen Selbst. Eine Erwiderung auf Joel Whitebook. In: Psyche 55, Heft 8, S. 790–802.
- (2001b). Das Werk der Negativität. Eine psychoanalytische Revision der Anerkennungstheorie. In: Bohleber, W. & Drews, S. (Hg.). Die Gegenwart der Psychoanalyse – die Psychoanalyse der Gegenwart. Stuttgart: Klett-Cotta, S. 238–245.
Horn, Klaus (1971). Insgeheime kulturistische Tendenzen der psychoanalytischen Orthodoxie. In: Ders., Schriften zur Kritischen Theorie des Subjekts, Bd. IV, hg. von H.-J. Busch. Gießen: Psychosozial (1998), S. 41–74.
- (1979). Zur politischen Bedeutung psychoanalytischer „Technik". Hinweise für eine kritische Sozialwissenschaft. In: Busch, H.-J. (Hg.) (1989). Politische Psychologie. Schriften zur Kritischen Theorie des Subjekts Bd. 1. Frankfurt am Main: Nexus, S. 107–151.
König, Hans-Dieter (1996). Die Methodologie der tiefenhermeneutischen Kultursoziologie in der Perspektive von Adornos Verständnis kritischer Sozialforschung. In: Ders. (Hg.). Neue Versuche, Becketts Endspiel zu verstehen. Sozialwissenschaftliches Interpretieren nach Adorno. Frankfurt am Main: Suhrkamp Taschenbuch Wissenschaft, S. 314–387.
Lorenzer, Alfred (1970). Sprachzerstörung und Rekonstruktion. Frankfurt am Main: Suhrkamp.
- Ders. u.a. (Hg.) (1971). Psychoanalyse als Sozialwissenschaft. Frankfurt am Main: Suhrkamp.
- (1971). Symbol, Interaktion und Praxis. In: Lorenzer, A. u.a. (Hg.). Psychoanalyse als Sozialwissenschaft. Frankfurt am Main: Suhrkamp, S. 9–59.
- (1972). Zur Begründung einer materialistischen Sozialisationstheorie. Frankfurt am Main: Suhrkamp.
- (1974). Die Wahrheit psychoanalytischer Erkenntnis. Ein historisch-materialistischer Entwurf. Frankfurt am Main: Suhrkamp.
- (1986). Tiefenhermeneutische Kulturanalyse. In: König, H.-D. u.a. (Hg.). Kultur-Analysen. Frankfurt am Main: Suhrkamp, S. 11–98.
Marcuse, Herbert (1965). Das Veralten der Psychoanalyse. In: Ders., Kultur und Gesellschaft 2, Frankfurt am Main: Suhrkamp, S. 85–106.
Mitchell, Stephen A. (2000). Relationality. From attachment to intersubjectivity. Hillsdale, London: The Analytic Press. Dt.: Bindung und Beziehung. Auf dem Weg zu einer relationalen Psychoanalyse. Aus d. Amerikan. von Martin Altmeyer unter Mitarb. von Michael Altmeyer. Gießen: Psychosozial-Verlag (2003).
Mitscherlich, Alexander (1966). Das soziale und das persönliche Ich. In: Ders., Gesammelte Schriften, Bd. IV, Sozialpsychologie 2, Frankfurt am Main: Suhrkamp (1983), S. 269–289.
Reiche, R. (1995). Sackgassen im Diskurs über Psychoanalyse und Gesellschaft. In: Psyche 49, S. 227–258.
Wirth, Hans-Jürgen (Hg.) (2004). Das Selbst und der Andere. Die relationale Psychoanalyse in der Diskussion. Psychosozial, 27. Jg., Nr. 97, Heft III.

Angelika Ebrecht

Vom glücklichen Bewusstsein, vom unglücklichen Bewusstsein und vom plötzlichen Erscheinen des Guten

Etwas, was man bei Menschen, die sich in psychotherapeutische oder psychoanalytische Behandlung begeben, vermutlich nicht gerade selten findet, ist der Wunsch, schnell und plötzlich von ihren Leiden befreit zu werden. Der Analytiker, so lautet die mitunter nicht ganz unverhohlen geäußerte Forderung, möge doch bitteschön entweder eine Zauberformel entdecken, die wie ein Sesam-öffne-dich den Weg zu ewigem Glück eröffnet, oder einen Punkt, an dem sich das Leiden wie mit einem Lichtschalter ausknipsen ließe. Nicht ganz zu Unrecht gelten derart depotenzierende Omnipotenzphantasien in der Regel als Widerstand gegen die Behandlung und als Versuch, die Mühen und Schmerzen einer langwierigen Auseinandersetzung mit der eigenen Innenwelt zu vermeiden. Dahinter verbirgt sich aber oft auch die Vorstellung, die Analyse könnte doch etwas ganz und absolut Gutes bereithalten, das man sich gern möglichst rasch aneignen möchte. Trotz aller in solchen Impulsen enthaltenen Gier – die Vorstellung vom Guten, das die Analyse bereithalten könnte, ist ja meist doch nicht verkehrt. Und wenn es gelingt, sie während des langen, mühevollen Wegs analytischer Arbeit zu bewahren und in kleine Portionen neuer Hoffnung und guter Beziehungserfahrungen umzuwandeln, kann sie, wie ich glaube, durchaus auch wertvoll und hilfreich sein. Phantasien vom absolut Guten sind überdies meist auch mit einer geradezu magischen Glücksvorstellung verbunden: die Analyse möge doch das Unglück beseitigen und den Schlüssel zu einem immerwährenden Glück liefern. So fragwürdig beide Phantasien auch sein mögen, so sind sie doch, wie ich zeigen möchte, der psychoanalytischen Behandlung immanent und verbinden sie mit einer kritischen Theorie des Subjekts. Sie können sowohl hinderlich sein als auch hilfreich wirken. Ich werde diese These anhand einiger Überlegungen zum Glück diskutieren, wie sie Vertreter der Frankfurter Schule in Anlehnung an andere Philosophen ausführen.

„Denn schwer zu tragen ist das Unglück, aber schwerer noch das Glück". Diese Zeile aus Hölderlins (1801, S. 153) Hymne *Der Rhein* macht deutlich oder lässt vermuten: Wo Glück gewünscht, ja geradezu ersehnt wird, ist Unglück nicht weit. Meist ist das Unglück ja auch viel verbreiteter als das Glück und bildet einen nicht zu unterschätzenden Antrieb, sich in psychoanalytische Behandlung zu begeben. Doch oft wird bald schon deutlich, dass das Glück mindestens ebenso sehr gefürchtet wird wie das Unglück. Ihm scheint nachgerade etwas Schreckliches anzuhaften. Und der Schrecken des Schrecklichen ist es, was es mit dem Unglück zu verbinden scheint. Die konsequenteste und schrecklichste Philosophie des Unglücks stellt wohl immer noch die *Dialektik der Aufklärung* dar. Angesichts ihrer düsteren Prophezeiung „triumphalen Unheils" in der von Aufklärung entzauberten Welt (Horkheimer und Adorno 1944, S. 7), angesichts der vermeintlich totalitären Herrschaft zweckrationaler Vernunft und realen Terrors erscheint es fast wie ein Märchen, dass das Gute möglich sein soll. Entsprechend märchenhaft sind eben auch Vorstellungen vom Glück. In den Glücksformeln: „Und sie lebten glücklich und zufrieden bis an ihr Lebensende", oder: „Und es war alles, alles gut", wird ihre Irrealität, Idealisierung, ja latente Verlogenheit deutlich: Denn dass alles für immer gut ist, kann ja nicht sein. Und doch möchten nicht nur Kinder diese Formeln immer wieder hören. Auch Erwachsene führen sie sich in den verflachten Versprechungen und Glücksgaukeleien der Kulturindustrie fast täglich immer wieder zu Gemüte. Deren nachgerade zwanghaft süchtige Wiederholung formelhafter Beschwörungen des Glücks als dem guten Ausgang einer unglücklichen Vorgeschichte (etwa in Soap-operas oder Krimis) lässt vermuten, dass sie Untiefen überbrücken bzw. etwas bannen sollen, was den Menschen innerlich mit Zerreißung bedrohen würde, könnte er denn die Oberfläche der Verleugnung durchdringen. In ihrem Wunsch nach immerwährender unmittelbarer Präsenz des Guten sind sie im Marxschen Sinne falsches Bewusstsein und falscher Schein. So fragt die kritische Theorie zu Recht, wie in einer Gesellschaft, die das „falsche Leben" zum Maßstab erhebt, Vorstellungen vom Guten und „richtigen Leben" möglich wären. Gibt es ein Glück im Unglück?

Nicht zufällig beginnt Freud (1930) sein großes Theoriedrama *Das Unbehagen in der Kultur*, das man auch als psychoanalytischen Entwurf einer politischen Ethik bezeichnen könnte, mit der Frage nach dem Glück. Greift er doch damit den Streit der Moralphilosophie, ob das höchste Gut die Glückseligkeit oder das Gute sei, wieder auf und verweist ihn aus der Transzendenz in die Immanenz des menschlichen Lebens in der politischen Gemeinschaft. Nur im Zusammenschluss der Einzelnen zur kulturellen Gemeinschaft, nur in der Beziehung zu anderen Menschen, so lautet sein Fazit, sind Ansätze eine guten Lebens realisierbar, sind (wie auch immer sublimiert) Anklänge von Glück für den Einzelnen erfahrbar – und auch nur um den Preis eines gleichermaßen wachsenden psychischen Unglücks, eben des Unbehagens in der Kultur. In diesem Argumentationsgang, den ich hier nicht ausführlich referieren möchte, zeigt sich, dass Vorstellungen von Glück und Unglück die klinische Arbeit und die Metapsychologie der Psychoanalyse mit dem utopischen Gehalt einer kritischen Theorie der Gesellschaft verbinden: In beiden geht es um den Wunsch, sich von einschränkenden Herrschaftsverhältnissen befreien und eine unverstellte Subjektivität entfalten zu können – sei es individuell oder in der Gemeinschaft, sei es in der inneren, psychischen Welt oder in der äußeren, sozialen Realität. Im Bild innerer und äußerer Befreiung von Herrschaft und Unglück verbinden sich Vorstellungen vom persönlichen Glück mit Bildern einer guten Gesellschaft.

Freud (1930, S. 432) meint aber, es sei im „Plan der ‚Schöpfung'" nicht vorgesehen, „daß der Mensch glücklich sei". Auch lässt sich Glück aus seiner Sicht nicht objektivieren, denn es bleibt für ihn, wie er sagt, „etwas durchaus Subjektives" (Freud 1930, S. 448). Das notwendige Leiden an der eigenen, vergänglichen Existenz stehe ihm entgegen, sodass es „weit weniger schwierig" sei, Unglück zu erfahren als Glück. „Was man im strengen Sinne Glück heißt", so schreibt er, „entspringt der eher plötzlichen Befriedigung hoch aufgestauter Bedürfnisse und ist seiner Natur nach nur als episodisches Phänomen möglich". Glück im eigentlichen Sinn gibt es für Freud (1930, S. 422) nur am Beginn des Lebens und später allenfalls noch in der Liebe. Er lokalisiert es im ozeanischen Gefühl, im Gefühl „der unauflöslichen Verbundenheit, der Zusammengehörigkeit mit dem Ganzen der Außenwelt", das er „die Empfindung der ‚Ewigkeit' nennen möchte" und das er auf die narzisstische Einheit mit der Mutter zurückführt. Die jedoch muss seiner Auffassung nach überwunden werden, damit der Mensch zu einem vernünftigen Wesen werden kann, der, wo nicht für sein eigenes Glück, so doch zumindest für seine Zufriedenheit und die Zufriedenheit der ihm nahen Menschen sorgen kann. Damit einher geht die Notwendigkeit, den eigenen grenzenlosen Narzissmus zu überwinden und die schrankenlosen ozeanischen Glücksansprüche der frühen Kindheit in die Begrenztheit nicht nur beglückender, sondern auch konflikthafter menschlicher Beziehungen zu überführen. Das aber lässt das Glück menschlicher

Beziehungen oftmals als unzureichend erscheinen, so dass eine Glückssuche mitunter als lebenslange Suche nach dem idealen Partner erscheint. Die aber muss notwendigerweise vergeblich bleiben.

Denn nicht nur angesichts der für eine vernünftige soziale Existenz erforderlichen Unglückstoleranz, sondern auch angesichts der von Freud stets reklamierten Nachträglichkeit alles Psychischen kann man im Kontext der Psychoanalyse kaum von einer unmittelbaren Glücksmöglichkeit bzw. dem Glück der Unmittelbarkeit sprechen. Denn wird das Glück bewusst, ist es auch schon wieder verflogen. Durch die Entwicklung des Sekundärprozesses, des psychischen Apparats und durch die Trennung von Innen- und Außenwelt ist der Mensch mit sich und den anderen zerfallen und somit notwendigerweise auch stets ein Stück weit unglücklich – ob er es nun weiß oder nicht. Und schließt die psychoanalytische Suche nach dem Glück als Prozess, in dem das Subjekt sich seiner selbst immer mehr bewusst wird, das Glück als Begriff unverstellter Unmittelbarkeit aus, so versucht sie doch zugleich auch das Unglück ein Stück weit einzudämmen. Mit der bewussten Erwartung des Glücks hofft man auch, die Erfahrung von Unglück zu verringern.

Schon Hegel (1807, S. 158) hatte in der *Phänomenologie des Geistes* in seiner Definition des unglücklichen, skeptischen Bewusstseins als „Bewußtsein seiner als des gedoppelten, nur widersprechenden Wesens" gezeigt, dass Unmittelbarkeit im Bewusstsein nicht möglich ist. Das „in sich entzweite Bewußtsein" ist ja eben gerade deshalb unglücklich, weil es schmerzhaft registrieren muss, dass Endlichkeit und Unendlichkeit, Unmittelbarkeit und Vermittlung, Ding und Bewusstsein, sich nicht in Übereinstimmung bringen lassen, dass es selbst als Bewusstsein des Allgemeinen besonders und damit endlich ist. Demzufolge wäre jedes kritische Bewusstsein, das nicht einfach affirmativ in seiner je besonderen Gegenwart verhaftet ist, sondern das darüber hinaus nach allgemeiner Erkenntnis strebt, notwendig skeptisch und unglücklich. Dass das unglückliche Bewusstsein aus dem Schmerz innerer Zerrissenheit an einer Erkenntnis seiner Selbst interessiert ist, nimmt die Einsicht der Psychoanalyse vorweg, dass innere Konflikte und seelisches Leiden den Prozess der Selbsterkenntnis befördern, der dann umgekehrt wiederum das Leiden auflöst. Bildet das unglückliche Bewusstsein den einen Pol rastloser Selbsterkenntnis, so steht am anderen Pol eine Erkenntnisfigur der gleichsam vollständigen Selbsttäuschung, des Stillstandes in der Erkenntnis, nämlich das, was Hegel (1807, S. 523), als „die Gegenseite und Vervollständigung" des unglücklichen Bewusstseins beschreibt, das „in sich vollkommen glückliche" Bewusstsein.

Die kritische Theorie greift diesen Dualismus von glücklichem und unglücklichem Bewusstsein auf, um eine ideologiekritische Figur der Selbsttäuschung zu markieren, die Individuum und Gesellschaft gleichermaßen umfasst, und die Psychoanalyse und Marxismus auf je unterschiedliche Weise hinterfragen. Indem die kritische Theorie die Frage nach der Möglichkeit von Glück mit der Frage nach dem richtigen Bewusstsein und gesellschaftlichen Formen der Selbsttäuschung verbindet, bezieht sie psychoanalytische Selbsterkenntnis auf eine marxistische Ideologiekritik. Wo Psychoanalyse individuelle Selbstentdeckung und Selbstaufklärung der Innenwelt zum Ziel hat, geht es kritischer Gesellschaftstheorie in der Tradition des Marxismus um eine aufklärerische Selbstreflexion der Gesellschaft. Dabei gehen die Arbeit am individuellen und am gesellschaftlichen Unbewussten ineinander über. Im Hinblick auf das eingangs erwähnte Problem der realen Möglichkeit oder Unmöglichkeit von Glück ergibt sich daraus die Frage, wie individuelle und gesellschaftliche Glücksmöglichkeiten aufeinander zu beziehen sind. In diesem Kontext erscheint mir der Rekurs auf den Begriff des Bewusstseins als eine Art Kunstgriff; denn das Bewusstsein ist der Bereich, in dem sich Allgemeines und Individuelles, unbewusste Prozesse und objektive Gedankenformen miteinander verbinden.

Nicht umsonst bezeichnet Adorno (1955, S. 13) die Trennung von Gesellschaft und Psyche in Marxscher Tradition als „falsches Bewußtsein" und zugleich richtiges Bewusstsein, da „inneres und äußeres Leben voneinander gerissen" sind. Angesichts universeller gesellschaftlicher Vermittlung und Verdinglichung wäre demnach keine Unmittelbarkeit der eigenen, inneren Existenz gegenüber möglich und somit auch kein wirkliches Glück. Marcuse interpretiert das glückliche Bewusstsein der Hegelschen Phänomenologie ebenfalls als falsches Bewusstsein, und zwar als eines, das dem Fetischcharakter der Ware, der Verdinglichung lebendiger Arbeit, verhaftet bleibt und noch nicht zum richtigen Bewusstsein der kapitalistischen Herrschaftsverhältnisse vorgedrungen ist. In seinem Wunsch nach immerwährender unmittelbarer Präsenz des Guten ist das glückliche Bewusstsein falsches Bewusstsein und – im Sinne des Marxschen Fetischcharakters der Ware (vgl. Marx 1864, S. 85ff.) – falscher Schein, nur eben dass nicht „gesellschaftliche Charaktere" fälschlicherweise als „gegenständliche Charaktere" oder „Natureigenschaften der Dinge" gespiegelt werden, sondern dass umgekehrt eine falsche Unmittelbarkeit vorgetäuscht wird. Vorgetäuscht wird sie, indem die Kulturindustrie dem Gebrauchswert und den Qualitäten der Dinge fälschlicherweise ein omnipräsentes Glücksversprechen jenseits aller gesellschaftlichen Vermittlung, Entfremdung und Rechenhaftigkeit zuschreibt.

In Marcuses (1967, S. 103) Gedankenführung bleibt das glückliche Bewusstsein in die Mechanismen des Marktes und der Kulturindustrie verstrickt und dringt nicht zu den inneren Konflikten der modernen Geistesverfassung durch. Glückliches Bewusstsein meint für ihn den Glauben, „daß das Wirkliche vernünftig ist und das System die Güter liefert", also nicht die lebendige Arbeit. Es reflektiere einen „neuen Konformismus", der „in gesellschaftliches Verhalten übersetzte technologische Rationalität" sei und verdränge mit Hilfe „totaler Kommerzialisierung" den Zusammenhang zwischen der „primitiven Irrationalität" (etwa der nationalsozialistischen Vernichtungslager) und jener gesellschaftlichen Rationalität indem sie „antagonoistische Lebensbereiche zusammen" bringt und deren „einander widerstreitende Bestandteile" verschleiert (Marcuse 1967, S. 108). Gerade weil es sich dadurch dem ideologischen Mechanismus des Fetischcharakters der Waren, der Verdinglichung der Lebenszusammenhänge und der kapitalistischen Warenästhetik unterwirft und deren latente Irrationalität verleugnet, ist das glückliche Bewusstsein notwendig falsches Bewusstsein. Und als solches weiß es nicht, dass es im Grunde unglückliches Bewusstsein ist oder sein müsste.

Verfangen in der Kulturindustrie unterliegt es, wie vor Marcuse bereits Adorno und Horkheimer in ihrer *Dialektik der Aufklärung* gezeigt haben, der Herrschaft zweckrationaler Vernunft. Das glückliche Bewusstsein ist insofern doch auch unglücklich zu nennen, als es in seiner unmittelbaren Unterordnung unter die Herrschaft fremder Zwecke weder spürt noch bemerkt, dass es der universalen Vermittlung des Marktes und seiner Verdinglichung unterliegt und gerade nicht unmittelbar und selbstbestimmt handelt. Es weiß es eben nicht besser. Man könnte daher auch sagen, dass es ein pathologisches Bewusstsein ist, das keinerlei Krankheitseinsicht besitzt, das sich für funktionsfähig hält, seine latente Konflikthaftigkeit verleugnet und damit auch das Empfinden von Leiden und Unglück verhindert. So sehr das Subjekt im glücklichen Bewusstsein der Objektwelt verfallen ist, so sehr ist es doch auch zugleich mit ihr zerfallen, kann keinen wirklich echten Kontakt mehr zu ihr herstellen. Nennt Hegel das vollständig glückliche Bewusstsein das „komische(n) Bewußtsein", so wird es für die kritische Theorie zum eigentlich unglücklichen Bewusstsein, das glücklich ist, weil es von seinem Unglück nichts weiß, weil es sich seiner Entzweiung nicht bewusst ist und somit falsches Bewusstsein bleibt, das der puren Affirmation einer falschen, in sich verlogenen und von Selbsttäuschung getragenen gesellschaftlichen Subjektivität verhaftet bleibt.

Doch bereits in beschwörenden Formeln wie „Geld allein macht nicht glücklich" drückt sich wie immer ironisch gebrochen eine Ahnung davon aus, dass dem vermeintlichen Glück eigentlich ein Unglück innewohnt. Kann es der kritischen Theorie zufolge in der universalen Vermitteltheit des Marktes und der kapitalistischen Zweckrationalität keine Unmittelbarkeit, keine Momente des Glücks geben, so erscheint dann das unglückliche Bewusstsein als das im Grunde glücklichere, weil es ihm allein gelingt, die falsche Unmittelbarkeit des Marktes zu durchdringen. Zum unglücklichen wird das Bewusstsein freilich erst in dem Moment, wo es sein Unglück erkennt und daran zu leiden beginnt. Dem entspricht in Analysen die Erfahrung, dass Leiden entsteht und depressive Gefühle erscheinen, wenn die narzisstische Abwehr geringer wird und ein (wie auch immer verlorenes oder beschädigtes) inneres Objekt in der Behandlung aufzutauchen beginnt. Gilt der Leidensdruck als ein Kriterium für eine Erfolg versprechende Behandlung, so steckt dahinter wohl auch die Ahnung, dass falsche Unmittelbarkeit und falsches Glück den Menschen von sich selbst und von anderen isolieren und ihm so die Quellen verschließen, die eine Erfahrung des Guten möglich machen. Wie aber sollte diese Erfahrung angesichts der Verstrickung in ein allseits herrschendes glückliches Bewusstsein möglich sein?

Das abgründig Tragische, ja Verzweifelte der märchenhaft repetitiven Glücksvorstellung der Kulturindustrie und ihres glücklichen Bewusstseins wird an der aufklärerisch-pantheistischen Glücksformel aus Goethes (1808, S. 57) *Faust* deutlich: „Werd' ich zum Augenblicke sagen: Verweile doch! du bist so schön! Dann magst du mich in Fesseln schlagen, Dann will ich gern zugrunde gehen! Dann mag die Totenglocke schallen, Dann bist du deines Dienstes frei, Die Uhr mag stehn, der Zeiger fallen, Es sei die Zeit für mich vorbei!". Sie zeigt, dass Glück stets ebenso sehr mit dem Wunsch nach Unmittelbarkeit, Selbstvergessenheit und Gegenwart verbunden ist wie mit dem nach Zeitlosigkeit und Unendlichkeit; absolute Lebendigkeit und totaler Stillstand, absolute Gegenwart des Objekts und absolute Destruktion treffen hier zusammen. Und sie enthält zugleich die bange Ahnung, dass, eben weil der Augenblick ebenso vergänglich ist wie das Objekt sterblich, Glück als dauerhafte Weise des menschlichen Daseins nicht möglich ist. Und sie macht zudem deutlich, dass eine absolute Dauer des Glücks die menschliche Existenz, die an Zeit und Vergänglichkeit, eben an Gegenwart, gebunden ist, zerstören würde. Jedes Postulat von Unendlichkeit im Endlichen bedeutet somit einen Angriff auf das, was eigentlich erreicht werden soll: die volle, erfüllende, beglückende Begegnung mit sich selbst und einem anderen Menschen, von Subjekt und Objekt. Dennoch verweist Marcuse (1937, S. 86, S. 68) wohl zu Recht auf den Trost, den der „schöne Augenblick" in der „glücklosen Welt" mit ihrer „nicht enden wollenden Kette von Unglück" bedeutet, auf seinen potentiell utopischen Charakter. Gerade aber weil jeder Augenblick mit der „Bitterkeit seines Verschwindens" auch den Tod in sich trägt, versuche die „affirmative Kultur", ihn scheinhaft zu verewigen und die idealistische, ihn zu idealisieren. Doch nur als wirklicher, vergänglicher und einzigartiger kann der Augenblick folglich aus Marcuses Sicht eine so kritische wie Trost spendende Kraft entfalten.

Die Vorstellung vom Glück als erfüllter Gegenwart, als Augenblick, der Ewigkeit beansprucht, bezieht sich implizit auf den griechischen Begriff des Kairos als „Inbegriff von Grenze, Vollkommenheit, Einheit und Glück" oder als günstiger Augenblick, der Gelingen verspricht, als „Wahl des rechten Moments" (Kerkhoff 1976, S. 667f.). Der Religionsphilosoph Paul Tillich hat im Kontext seines religiösen Sozialismus den Begriff des Kairos als erfüllter Zeit dem des chronos als „messender Zeit" entgegengestellt und ihn dazu verwendet, den utopischen Geist des Christentums zu verdeutlichen. Unter Kairos versteht Tillich (1963, S. 420f.) die „Gelegenheit für eine gewisse Handlung im praktischen Sinn", den „Augenblick der Reife in einer besonderen religiösen oder kulturellen Entwicklung" der nicht durch objektive wissenschaftliche Beobachtung oder gar Berechnung", also nicht durch Zweckrationalität, „sondern allein durch „existentielle Beteiligung" erfasst und vollzogen werden kann. „Solch eine Teilnahme betrifft den, der sie erlebt, in seinem ganzen Sein. Es bewegt das Zentrum der Persönlichkeit und mit ihm Wille, Erkenntnis und Gefühl." (1959, S. 145). Selbst wenn man Tillichs Deutung, der Kairos ermögliche es, dass sich das Reich Gottes in der Geschichte manifestiert, nicht mit vollziehen möchte, lässt sich festhalten, dass sein Verständnis von Kairos, die unerwartete Erfahrung von etwas Unendlichem, Absolutem in der Endlichkeit auch in psychoanalytischer Sicht zur anthropologischen Grundausstattung des Menschen gehört, die Weiterleben wie Wandel überhaupt erst ermöglicht. So, wie der Kairos aus Tillichs Sicht eine dämonische Struktur, die in einer Zeit vorherrscht, angreift und zerbricht, „ohne daß darum das Dämonische selbst verschwindet" (1959, S. 148), so bedeutet das Auftauchen des Guten in der Analyse eine Ahnung davon, dass der Schrecken der paranoid-schizoiden Position im Sinne von Melanie Klein überwunden werden kann.

Allerdings werden diese Vorstellungen, werden die guten Geister mitunter auch gewaltsam herbeizitiert: mit Hilfe der plötzlichen Entdeckung eines frühen Traumas soll das Unglück vernichtet und das Leiden durchbrochen werden, soll eine plötzliche Erkenntnis der Leidensursache eine Gewalttat entdecken und durch diese Erkenntnis das Unglück in Glück verkehren. Eine solche Vorstellung macht deutlich, dass die Glücksvorstellung der kritischen Theorie mitunter einem quasi religiösen Versprechen folgt, das Heil erwarten lässt, statt Heilung zu erarbeiten. „Es schwingt", wie Benjamin (1942, S. 251) schreibt, „in der Vorstellung des Glücks unveräußerlich die der Erlösung mit." Einer solch falschen Heilserwartung, die auf das plötzliche Dasein eines ganz und immer Heilen zielt, tritt die analytische Arbeit schon allein dadurch entgegen, dass es ihr immer wieder auch um das geht, was nicht heil ist. Und doch ist auch für diese Arbeit eine momenthaft utopische Vorstellung des Heilen dann förderlich, wenn diese nicht verabsolutiert und auf Dauer gestellt wird.

Dem notwendig Vergänglichen und Flüchtigen, das einer hilfreichen Vorstellung vom Guten notwendig anhaftet, trägt Benjamin durchaus Rechnung. Der magisch religiösen Vorstellung von psychischer Heilung durch das plötzliche Erscheinen des Guten entspricht sein Begriff des Schocks, den er mit der Erfahrung des Passanten in der Großstadt verbindet (Benjamin 1939, S. 209). Benjamin (1939, S. 191) bezieht sich auf die Psychoanalyse, die das Wesen des traumatischen Schocks „aus der Durchbrechung des Reizschutzes" versteht. Schock und Schrecken bilden das negative Pendant des Kairos, sie repräsentieren in der plötzlichen Erfahrung vom Tod des Lebendigen im Seelenleben, vom plötzlichen Verschwinden des Objekts den Schrecken darüber, dass alles Gute zerstörbar und endlich ist. Hier stellt sich die Frage, womit oder worin vermag der Kairos den Schock zu bannen und in eine positive Erfahrung umzuwandeln?

Adorno beantwortet diese Frage in seiner *Ästhetischen Theorie* indirekt damit, dass er den Kairos gemeinsam mit dem Schock in ein Ding bannt: in das Kunstwerk. Sein Diktum aus den *Minima Moralia* „Es gibt kein richtiges Leben im falschen" (Adorno 1969, S. 42) schließt Glück im Sinne einer Erfahrung erfüllter Gegenwart in der kapitalistischen Gesellschaft aus. Und doch glaubt Adorno, dass selbst im falschen Leben etwas vom Glück noch erfahrbar sei, und zwar im Kunstwerk. Diese Erfahrung knüpft er an den Begriff der *apparition*, an das plötzliche Erscheinen des Guten, das einen unmittelbaren Bezugs zu den Dingen ermöglicht und als Vorschein einer glücklichen Gesellschaft gilt. Insofern er den Kairos an bestimmte dingliche Objekte (nämlich Kunstwerke) bindet, lässt sich Adornos Begriff der *apparition* auch in der Tradition der Dingmystik von Martin Heidegger und Meister Eckehart verorten. Heidegger hat in seinem Aufsatz *Das Ding* die Möglichkeit eines unmittelbaren Bezugs zur Welt in der Erfahrung eines konkreten Dinges postuliert. Nicht zufällig entwickelt er dieses Postulat am Beispiel des Kruges. Denn er ist ein Ding, das in der Tradition von Meister Eckehart die Gottesschau, die mystische Erfahrung göttlicher Ewigkeit „als Strom des ewigen Quells" (um 1300, S. 20) in die Einzelheit eines konkreten Ding einschließen kann. „Im Wesen des Kruges", sagt Heidegger (1950, S. 45), „weilen Erde und Himmel." Und er bezieht sich explizit darauf, dass Meister Eckhart das Wort „dinc" „sowohl für Gott als auch für die Seele" gebraucht. „Gott ist ihm das ‚hoechste und oberste dinc'. Die Seele ist ein ‚groz dinc'." (Heidegger 1950, S. 49). Und in der Formel „Dingen ist Nähern von Welt" wird die Erfahrung der weltlichen Dinge mit der mystischen Gotteserfahrung gleichgesetzt. Im Unterschied zu dem „nur vorstellenden, d. h. erklärenden Denken" öffnet sich das „andenkende Denken" der Ding-Erfahrung: „Erst wenn, jäh vermutlich, Welt als Welt weltet" schließen sich Erde und Himmel zu einer Erfahrung von Transzendenz zusammen (Heidegger 1950, S. 54).

An diese Denkfigur Heideggers einer an die Dinge geknüpften Möglichkeit jäh plötzlicher, mimetischer Erfahrung von Transzendenz knüpft Adornos Begriff der *apparition* an. Auch hier offenbart sich Transzendenz nach Art des erfüllten Augenblicks in einem Ding, nur eben in einem Kunst-Ding. Ähnlich wie der Krug ist es etwas Hergestelltes, nur dass es in seiner Autonomie, die ihm Adorno im Unterschied zu Benjamin zuerkennt, der Zweck-Mittel-Rationalität partiell enthoben ist. Enthoben insofern, als es den Stoff der äußeren Welt dem eigenen immanenten Zweck unterordnet. Ähnlich wie für Heidegger das Ding scheint für Adorno das plötzliche Erscheinen des Guten im Kunstwerk Glück im Sinne des erfüllten Augenblicks doch zu ermöglichen. Dieser erfüllte Augenblick kann als plötzliche Erinnerung an jene „Glückseligkeit" interpretiert werden, die nach Melanie Klein (1957, S. 300) „der Säugling beim Stillen empfindet" und der ihr zufolge die Grundlage „jeglicher Glückserfahrung im späteren Leben" bildet. Denn diese Erfahrung ermögliche, „mit einem anderen Menschen eins zu sein" und sich verstanden zu fühlen. Dass auch Adorno den Zusammenhang von Psychoanalyse und individueller Glücksvorstellung reflektiert hat, zeigt sich an seiner Äußerung, Glück sei „nichts anderes als das Umfangensein, Nachbild der Geborgenheit in der Mutter" (Adorno 1969, S. 143; Goebel 2004, S. 484). Hat Heideggers plötzliche Erfahrung von Transzendenz im Ding psychoanalytisch gesehen den Charakter der plötzlichen oralen Erschließung einer nährenden Quelle, einer guten Brust, so schließt Adornos Begriff der *apparition* die Erfahrung des Destruktiven, der Zerstörung des Guten mit ein. Und ließe sich Heideggers Ding-Vorstellung in der Tradition der Kritik des glücklichen Bewusstseins der Vorwurf machen, sie bleibe in der universalen kapitalistischen Verdinglichung verfangen, so versucht Adorno, dieser Gefahr durch seinen Begriff der *apparition* zu entkommen.

In Adornos *apparition* drückt sich zwar die Hoffnung aus, dass angesichts eines Kunstwerks die Versöhnung von Ding und Begriff, Subjekt und Objekt, doch möglich sein könnte – wenn auch nur als momenthafte Erfahrung. Mit der *apparition* verbindet er aber nicht nur das Erscheinen von Unmittelbarkeit als etwas absolut Gutem, sondern auch die konkrete Erfahrung von Zerstörung. Adorno tut das, indem er Bezug nimmt auf Benjamins Konzepte der Spur, der Aura und des Schocks in einer konkret dinglichen Erfahrung. Setzt Benjamin (1982, S. 560) dem Begriff der Aura als Signum von Echtheit und Authentizität des Kunstwerks, als „Erscheinung einer Ferne, so nah sie auch sein mag", die Spur als „Erscheinung einer Nähe, so fern das sein mag, was sie hinterließ" und die plötzlich Zusammenhänge zerschneidende „Chockwirkung des Films" (1936, S. 165) entgegen, so dividiert er das Bindende und das Trennende, das Konstruktive und das Destruktive in der Erfahrung von Kunst auseinander. Adorno hingegen bringt beides im Begriff der *apparition* zusammen. Prototypisch für die *apparition* im Kunstwerk gilt Adorno (1970, S. 125) das Feuerwerk als „empirisch Erscheinendes, befreit von der Last der Empirie als einer Dauer", oder mit den Worten Meister Eckeharts (ca. 1326, S. 20): „Ich bin kommen als ein Blitz aus dem Feuer". Und, führt Adorno (1970, S. 130) diesen Gedanken weiter: „Als apparition, als Erscheinung nicht Abbild sind Kunstwerke Bilder." Mit direktem Bezug auf Benjamin schreibt er: „Ist apparition das Aufleuchten, das Angerührtwerden, so ist das Bild der paradoxe Versuch, dies Allerflüchtigste zu bannen. In Kunstwerken transzendiert ein Momentanes; Objektivation macht das Kunstwerk zum Augenblick." (Adorno 1970, S. 130). Mit dieser Definition treibt Adorno Walter Benjamins (1982, S. 576f.) im *Passagenwerk* geäußerte Auffassung, Bild sei „die Dialektik im Stillstand", „dasjenige, worin das Gewesene mit dem Jetzt blitzhaft zu einer Konstellation zusammentritt" insofern auf die Spitze, als im Feuerwerk wie auch im Augenblick das Dingliche am Bild ja im Moment seines Entstehens zugleich wieder vernichtet wird (vgl. Adorno 1970, S. 131f.). Indem Kunstwerke ihre selbst hervorgebrachte Imagination einer Dauer sogleich wieder zerstören, seien sie „der Explosion zutiefst verschwistert". Und diese Zerstörung bedingt aus Adornos (1970, S. 131) Sicht auch ihre Schockwirkung im Moment der Desillusionierung: „Die Schocks, welche die jüngsten Kunstwerke austeilen, sind die Explosion ihrer Erscheinung." Die Hoffnung, dass das Glück von Dauer sein könnte, muss in der Erfahrung plötzlich zerstört werden, damit augenblickshaft überhaupt etwas von ihm am Objekt erfahrbar werden kann. Auf diese Weise integriert Adorno Benjamins Begriff des Schocks und Tillichs Vorstellung des Dämonischen in die Erscheinung des Guten im Kunstwerk. Für Adorno ist das Gute, das in der *apparition* erscheint, etwas, was zwar den Kontakt mit der Objektwelt herstellt, das darin aber dem Schrecken eng verbunden bleibt und diesen nicht verleugnet, wie es das glückliche Bewusstsein tut. Das Plötzliche der *apparition* enthält den Schrecken wie auch den Schock, den das Dämonische, das Paranoide auf den Betrachter ausübt, wie auch die Befreiung vom Stillstand, von der inneren Lähmung, die der Schrecken bewirkt. Kunstwerke sind für Adorno (1970, S. 124f.) wahrhaft objektivierte „Nachbilder des vorweltlichen Schauers im Zeitalter der Vergegenständlichung; sein Schreckliches wiederholt sich vor den vergegenständlichten Objekten".

Die Erfahrung des Guten und des Glücks setzt also nicht nur voraus, dass das glückliche Bewusstsein zum unglücklichen wird, dass es, vereinfacht gesagt, eine Krankheitseinsicht entwickelt, sondern dass es auch bereit ist, sich der Schockwirkung auszusetzen, die das Erscheinen eines wirklich Guten bedeutet, also eines Guten, das die Erfahrungen der paranoid-schizoiden Position im Sinne Melanie Kleins integriert und nicht verleugnet. Die Ahnung davon wiederum mag das Gefühl begründen, das einen so häufig angesichts des glücklichen Bewusstseins beschleicht, dass sich nämlich hinter den Vorstellungen schlichter Unmittelbarkeit eine abgründige Konflikthaftigkeit verbergen könnte. Und angesichts der Plötzlichkeit und des Schocks lässt sich auch verstehen, warum viele Menschen nicht nur vor dem Schlimmen in der Psychoanalyse Angst haben, sondern auch vor dem Guten und warum manch einer es möglichst rasch besitzen will, statt es langsam zu erwerben. Und wohl ebenso oft wie das Gute wird auch das Glück in der Analyse gefürchtet, etwa weil es vergänglich und endlich ist oder weil es sich nicht kontrollieren lässt, sondern plötzlich und unerwartet erscheint oder aber weil der Analytiker nicht glücklich sein soll und man selbst darauf neidisch sein müsste.

Wendepunkte im Leben und der Therapie zeigen indes, dass die depressive Position durchaus nicht nur langsam errungen und plötzlich zerstört werden muss, sondern dass auch das plötzliche Erscheinen dem Guten einen Weg bereiten kann. Dies erinnert an Winnicotts (1970, S. 290) Überzeugung, dass die politische Symbolik (etwa in der Figur des Monarchen) den Menschen immer wieder vor Augen führen kann und muss, dass das Gute trotz seiner Zerstörung zu überleben vermag. Winnicott (1970, S. 293) meint, dass psychisches „Überleben auf die Eigenheit des Guten zurückzuführen sei, immer wieder zerstört" werden zu können. Und das bedeutet, dass im Laufe der seelischen Entwicklung jedes Menschen die frühen, ausschließlich inneren Vorstellungsobjekte in ihrem illusionären, phantasmatischen Charakter zerstört werden müssen, um als reale Objekte draußen anerkannt werden zu können. Das Glück narzisstischer Einheit mit dem Objekt muss, so könnte man sagen, zerstört werden, um eine zufriedene Beziehung zu anderen Menschen zu ermöglichen. Das Bewusstsein einer guten äußeren Realität, die für die Befriedigung der eigenen Bedürfnisse etwas Gutes bereithält, wird aus der unerlässlichen Außerkraftsetzung durch omnipotente Vorstellungen und Wünsche, also für „gut" gehaltener illusionärer Phantasien über das Objekt geboren. Diese entidealisierende Rücksichtnahme auf die Außenwelt erscheint als ein schmerzhafter Prozess, in dem die Phantasien als das emotional hoch Geschätzte sich zwar nicht behaupten, aber stets erneuern können. Wenn es trotz aller realitätsgerechten Anpassungs- und Entmächtigungszwänge überdauert, wird das Gute in den Phantasien, die ihm die Welt vertreten, „auf neue Weise geliebt, für Wert gehalten, ja geradezu verehrt." (Winnicott 1970, S. 293).

Literatur

Adorno, Th. W. (1970). Ästhetische Theorie. 2. Aufl. Frankfurt/M.: Suhrkamp (1974).
- (1969). Minima Moralia. Reflexionen aus dem beschädigten Leben (1951). Frankfurt/M.: Suhrkamp.
- (1955). Zum Verhältnis von Soziologie und Psychologie. In: Sociologica. Aufsätze, Max Horkheimer zum sechzigsten Geburtstag gewidmet. Frankfurter Beiträge zur Soziologie. Bd. I. S. 11–45. Stuttgart: EVA.
Benjamin, W. (1982). Gesammelte Schriften Band V.1. Das Passagen-Werk. Frankfurt/M.: Suhrkamp.
- (1942). Über den Begriff der Geschichte. In: Ders., Illuminationen. Ausgewählte Schriften. S. 251–261. Frankfurt/M.: Suhrkamp (1977).
- (1939). Über einige Motive bei Baudelaire. In: Ders., Illuminationen. Ausgewählte Schriften. S. 185–229. Frankfurt/M.: Suhrkamp (1977).
- (1936). Das Kunstwerk im Zeitalter seiner technischen Reproduzierbarkeit. In: Ders., Illuminationen. Ausgewählte Schriften. S. 136–169. Frankfurt/M.: Suhrkamp (1977).
Freud, S. (1930). Das Unbehagen in der Kultur. In: G. W. XIV. S. 421–506. Frankfurt/M.: Fischer.
Goebel, E. (2004). Das irre Ganze und der Glücksanspruch des Einzelnen. Adorno und die Psychoanalyse. In: Ette, W. / Figal, G. / Klein, R. (Hrsg.). Adorno im Widerstreit. Zur Präsenz seines Denkens. S. 482–495. Freiburg, München: Alber.
Goethe, J. W. von (1808). Faust. Der Tragödie erster und zweiter Teil. Urfaust. Hrsg. Und kommentiert von E. Trunz. München: Beck (1972).
Hegel, G. W. F. (1807). Phänomenologie des Geistes. Hamburg: Felix Meiner (1952).
Heidegger, M. (1950). Das Ding. In: Ders., Vorträge und Aufsätze. 3. Aufl. S. 37–55. Pfullingen: G. Neske (1967).

Klein, M. (1957). Neid und Dankbarkeit. In: Dies., Gesammelte Schriften. Bd. III. Schriften 1946–1963. Hrsg. Ruth Cycon unter Mitarbeit von Hermann Erb. S. 279–367. Stuttgart-Bad Cannstatt: frommann-holzboog (1995).
Mayer, H. (1986). Das unglückliche Bewusstsein. Zur deutschen Literaturgeschichte von Lessing bis Heine. Frankfurt/M.: Suhrkamp.
Marx, K. (1864). Das Kapital. Kritik der politischen Ökonomie. Erster Band. MEW 23. Berlin: Dietz Verlag (1975).
Meister Eckhart (ca. 1326). Von der Selbsterkenntnis, oder: Von der Vollendung der Seele. In: Vom Wunder der Seele. Eine Auswahl aus den Traktaten und Predigten. Stuttgart: Reclam (1951).
Hölderlin, F. (1801). Der Rhein. In: Werke und Briefe Bd. 1. Hrsg. von Friedrich Beißner und Jochen Schmidt. S. 147–153. Frankfurt/M.: Insel (1969).
Horkheimer, M. / Adorno, Th. W. (1944). Dialektik der Aufklärung Philosophische Fragmente. Frankfurt/M.: Fischer (1975).
Kerkhoff, M. (1976). Kairos. In: Ritter, J. / Gründer, K. (Hrsg.). Historisches Wörterbuch der Philosophie. Band 4: I–K. S. 667–669. Darmstadt: Wissenschaftliche Buchgesellschaft.
Marcuse, H. (1967). Der eindimensionale Mensch. Studien zur Ideologie der fortgeschrittenen Industriegesellschaft. Neuwied, Berlin: Luchterhand (1970).
– (1937). Über den affirmativen Charakter der Kultur. In: Ders., Kultur und Gesellschaft I. S. 56–101. Frankfurt/M.: Suhrkamp (1965).
Tillich, P. (1959). Kairos und Utopie. In: Ders. (1962), Auf der Grenze. Eine Auswahl aus dem Lebenswerk. S. 140–149. München, Zürich: Piper.
– (1963). Systematische Theologie. Band III. Stuttgart, Evangelisches Verlagswerk (1966).
Winnicott, D. W. (1970). Der Ort der Monarchie. In: Ders., Der Anfang ist unsere Heimat. Zur gesellschaftlichen Entwicklung des Individuums. S. 290–299. Stuttgart: Klett-Cotta.

Autorinnen und Autoren

Hans-Joachim Busch, Diplom-Soziologe, Dr. phil., wissenschaftlicher Mitarbeiter des Sigmund-Freud-Instituts in Frankfurt am Main, Privatdozent und von 2004–2006 Vertreter einer Professur für Soziologie und Sozialpsychologie am FB Gesellschaftswissenschaften der J. W. Goethe-Universität Frankfurt am Main; Sprecher des Arbeitskreises Politische Psychologie (DVPW); zahlreiche Publikationen zur psychoanalytischen Sozialpsychologie und zur politischen Psychologie, u. a. „Subjektivität in der spätmodernen Gesellschaft. Konzeptuelle Schwierigkeiten und Möglichkeiten psychoanalytisch-sozialpsychologischer Zeitdiagnose", Weilerswist 2001, sowie, als Hrsg., „Spuren des Subjekts. Positionen psychoanalytischer Sozialpsychologie", Göttingen 2006.

Angelika Ebrecht, Priv.-Doz., Dr. phil. Dipl. Psych.; Jg. 1957; Psychologische Psychotherapeutin und Psychologische Gutachterin; Tätigkeit als Psychotherapeutin im Rahmen der Vermittlungsstelle für externe Psychotherapie des Berliner Strafvollzugs in der JVA Tegel; in psychoanalytischer Ausbildung am *Berliner Psychoanalytischen Institut* (BPI/DPV); Privat-Dozentin am *Fachbereich Politik- und Sozialwissenschaften* der *FU Berlin*; Arbeitsschwerpunkte: Psychoanalytische Sozialpsychologie und Kulturtheorie, Politische Psychologie und Philosophie, Kulturelle Anthropologie, Genderforschung, Ästhetische Theorie und Literaturwissenschaft. Neuere Veröffentlichungen: Ebrecht, Angelika (2006): Masochismus und Macht. Zur Konstitution von Herrschaft im Geschlechterverhältnis. In: Haubl, R. / Busch, H.-J.: Spuren des Subjekts. Positionen Psychoanalytischer Sozialpsychologie (S. 169–199). Göttingen: Vandenhoek und Ruprecht. Ebrecht, Angelika (2005): Auf der Suche nach dem verlorenen Objekt – Die Funktion der Stimmung im depressiven Lebensgefühl der Moderne. In: Hau, S. / Busch, H.-J. / Deserno, H.: Zwischen Lebensgefühl und Krankheit – Depression heute (S. 228–252). Göttingen: Vandenhoek und Ruprecht. Ebrecht, Angelika (2003): Die Seele und die Normen – Zum Verhältnis von Psychoanalyse und Politik. Gießen: Psychosozial-Verlag.

Christine Kirchhoff, Dipl.-Psych., Jahrgang 1974, promoviert an der Universität Bremen über das psychoanalytische Konzept der Nachträglichkeit. Arbeitsschwerpunkte: Verhältnis Psychoanalyse und Gesellschaftstheorie, Kritische

Theorie (nicht nur) des Subjekts, Psychoanalyse und Neurokognitionsforschung. Ausgewählte Publikation: Die Möglichkeit als eine der Wirklichkeit fassen. Zum Erfahrungsbegriff Adornos. In: Kirchhoff, Christine, Meyer, Lars u.a. 2004: Gesellschaft als Verkehrung. Perspektiven einer neuen Marxlektüre. Freiburg: Ca Ira.

Richard Klein, Kirchenmusik, Orgel (A-Examen), Konzerte, Rundfunkaufnahmen. Dozent für Orgelspiel und Musiktheorie. Philosophie, Musikwissenschaft, Germanistik. 1990 Promotion über Adornos Wagnerkritik. Lehre in Musikwissenschaft und Philosophie. Herausgeber von Musik & Ästhetik. Relevante Publikationen: Antinomien der Sterblichkeit. Reflexionen zu Heidegger und Adorno (1999). Musik in der Zeit – Zeit in der Musik (1998, Hg.). Narben des Gesamtkunstwerks. Wagners „Ring des Nibelungen" (2001). Adorno im Widerstreit. Zur Präsenz seines Denkens (2004, Hg.). My Name It Is Nothin'. Bob Dylan: nicht Pop, nicht Kunst (2006). E-Mail: R.Klein@t-online.de

Claus-Dieter Rath, Dr. rer. soc., Psychoanalytiker in Berlin. *Gründungsmitglied von*: Fondation Européenne pour la Psychanalyse (1991); Assoziation für die Freudsche Psychoanalyse (1994); Freud-Lacan-Gesellschaft. Psychoanalytische Assoziation Berlin (1997); Psychoanalytisches Kolleg (2004). Veröffentlichungen über Fragen der psychoanalytischen Praxis, der Geschichte der Psychoanalyse und über die Massenpsychologie des Alltagslebens (wie Massenmedien, Autobiographien, Esskultur, die Wiederkehr des „Volks"). *Mitherausgeber von:* (mit Jutta Prasse) Lacan und das Deutsche. Die Rückkehr der Psychoanalyse über den Rhein. Freiburg i. Br. 1994; (mit André Michels, Peter Müller, Achim Perner) Jahrbuch für klinische Psychoanalyse. Tübingen 1998 ff.

Jochen Schade, Dr. med., Jg. 1946, Nervenarzt, Niedergelassener Psychoanalytiker in Leipzig, Lehranalytiker (DGPT, DPV). Wissenschaftliche Interessen: Psychoanalytische Kulturtheorie und Sozialpsychologie.

Gunzelin Schmid Noerr, Dr. phil., Jg. 1947, Prof. für Sozialphilosophie, Sozialethik und Anthropologie an der Hochschule Niederrhein, Mönchengladbach. Mitherausgeber der Gesammelten Schriften und Briefe Max Horkheimers (1985–1996). Buchveröffentlichungen u. a.: Das Eingedenken der Natur im Subjekt (Darmstadt 1990), Gesten aus Begriffen. Konstellationen der Kritischen Theorie

(Frankfurt/M. 1997), Hrsg.: Kultur und Unkultur (Mönchengladbach 2005), Geschichte der Ethik (Stuttgart 2006).

Michael Schwandt, Jg. 1971, Politikwissenschaftler, seit kurzem Vater einer Tochter, stammt aus und lebt in Berlin. Er ist beruflich in der der politischen Bildung und Beratung tätig. Für das Frühjahr 2007 ist die Veröffentlichung einer Monographie zur Kritischen Theorie in der Reihe *theorie.org* des Schmetterling-Verlags, Stuttgart, geplant.

Rolf-Peter Warsitz, Prof. Dr. med. Dr. phil., Jg. 1951, Psychoanalytiker und Psychiater, lehrt Soziale Therapie philosophische Anthropologie und psychoanalytische Theorie an der Universität Kassel, zahlreiche Veröffentlichungen zur Methodologie der Psychoanalyse, zur klinischen Theorie (Melancholie, Borderline, Psychosen), zuletzt (2006): Der Raum des Sprechens und die Zeit der Deutung in der Psychoanalyse, Psyche – Z Psychoanalyse 60, 1–30.

Rolf-Peter Warsitz
Baumgartenstraße 23
34130 Kassel
Fon+Fax: 0561/ 601627
E-Mail: Warsitz@t-online.de

Robert Heim, Emilio Modena (Hg.)
Jacques Lacan trifft Alfred Lorenzer
Über das Unbewusste und die Sprache, den Trieb und das Begehren

ca. 200 Seiten · Broschur
ISBN 978-3-8379-2532-6

Lacan und Lorenzer – eine einzigartige Konstellation, die es verdient, nach den Regeln der diskursiven Kunst noch einmal verhandelt zu werden.

Jacques Lacan (1901–1981) und Alfred Lorenzer (1922–2002) gehören zu den charismatischen Gestalten der Psychoanalyse nach Freud. Sie haben ein wissenschaftliches Erbe hinterlassen, von dem die Psychoanalyse noch heute lebt und mit dem sie ihre Aktualität als Theorie und klinische Behandlungsmethode bekräftigt. Beider Werk ist von den Krisen und Brüchen des 20. Jahrhunderts geprägt: Sie haben die wissenschaftlichen und intellektuellen Strömungen ihrer Zeit in ein psychoanalytisches Denken aufgenommen, das nie einen komfortablen Frieden mit einer kapitalistischen Welt zu machen bereit war.

Gegen die Tendenz des Rückzugs auf selbstreferenzielle Ansätze in der zeitgenössischen Psychoanalyse bringen die Autorinnen und Autoren dieses Buches Lacan und Lorenzer in einen nachträglichen Dialog. Das Aufeinandertreffen dieser kritischen Theoretiker des Subjekts betont Differenzen ihrer Denkpositionen, schlägt aber auch Brücken.

Mit Beiträgen von Robert Heim, Hans-Dieter König, André Michels, Emilio Modena, Ulrike Prokop, Marianne Schuller, Thierry Simonelli und Peter Widmer

Psychosozial-Verlag

Thierry Simonelli, Siegfried Zepf (Hg.)
Verstehen und Begreifen in der Psychoanalyse
Erkundungen zu Alfred Lorenzer

November 2015 · 257 Seiten · Broschur
ISBN 978-3-8379-2523-4

»Es kann nicht davon ausgegangen werden, was die Psychoanalyse – ihrem eigenen Verständnis nach – ›ist‹, sondern davon, was der Psychoanalytiker ›macht‹.«
Alfred Lorenzer

Seit den 1990er Jahren erfährt die Psychoanalyse aufgrund der Professionalisierung der Psychotherapie eine immer stärker werdende Reduzierung auf die Psychotechnik. Die praktisch-theoretische Dialektik, aus der die Psychoanalyse Freuds entstand, wird dadurch aufs Empfindlichste gestört.

Alfred Lorenzer gehörte zu den Analytikern der Nachkriegszeit, die nach Lösungen für das von Habermas postulierte »szientistische Selbstmissverständnis« der Psychoanalyse suchten. Geprägt von der Diskussion über den wissenschaftlichen Stellenwert der Psychoanalyse versuchte er die Rolle der Psychoanalyse in der Gesellschaft und ihr Verhältnis zur Soziologie neu zu überdenken. Die Beiträger widmen sich den verschiedenen Aspekten von Lorenzers Ansätzen, entwickeln diese weiter und zeigen neue zeitgemäße Perspektiven auf.

Mit Beiträgen von Helmut Dahmer, Sebastian Hartmann, Hans-Dieter König, Alfred Lorenzer, Bernd Nissen, Gunzelin Schmid Noerr, Thierry Simonelli, Hans-Volker Werthmann und Siegfried Zepf

www.ingramcontent.com/pod-product-compliance
Lightning Source LLC
Chambersburg PA
CBHW032140080925
32271CB00035B/387